Dilan S.

ICH BIN EINE ANDERE

Warum ich meine Familie verlassen musste, um frei zu sein

PIPER
München Berlin Zürich

Mehr über unsere Autoren und Bücher:
www.piper.de

Zum Schutz der Persönlichkeitsrechte wurden Namen, Orte und Personen verändert. Handlungen und Gespräche beruhen auf wahren Gegebenheiten, sind aber aus der Erinnerung rekonstruiert – Erinnerung kann nie den Anspruch auf alleinige Wahrheit erheben.

FSC
www.fsc.org
MIX
Papier aus verantwortungsvollen Quellen
FSC® C083411

ISBN 978-3-492-06045-5

Satz: Satz für Satz, Wangen im Allgäu
Gesetzt aus der Adobe Garamond Pro
Druck und Bindung: CPI books GmbH, Leck
Printed in Germany

INHALT

1 WER BIN ICH?

Ja, wer bin ich? Meine Mutter gab mir einen Namen, unter dem ich Jahre einer glücklichen Kindheit erlebte, erst inmitten meiner jesidisch-kurdischen Großfamilie in unserem irakischen Heimatdorf, wo ich mit meiner gleichaltrigen Tante Höhlen baute und Friseurin spielte; dann in einem kleinen Ort in Brandenburg, in dem ich bei Frau Meier in der Küche Zitronenkuchen aß. Als Schulkind in einem baden-württembergischen Dorf entdeckte ich meine Leidenschaft fürs Kicken. Da war ich noch ein neugieriges Kind, das viele Fragen hatte, vorlaut in der Schule war, gern den Kasper gab und den Religionsunterricht bei Pastor Voss liebte, weil der so schöne Geschichten aus der Bibel vorlas – die von Noah und seiner Arche faszinierte mich am meisten.

Zu der Zeit lebten wir sechs Geschwister mit Mama unter lauter Deutschen, die uns anfänglich wie exotische Tiere bestaunten und hinter unserem Rücken nicht nur nette Worte über uns verloren. Ja, es waren Jahre einer glücklichen Kindheit, besonders wenn mein Vater nicht da war. Denn mit ihm hielt die Gewalt Einzug. Er prügelte, er trank, er verzockte unser Kindergeld an Spielautomaten. Er schaffte es nicht, in diesem ihm so fremden Land Fuß zu fassen.

Mein Leben änderte sich, als wir aus dem Dorf in eine nicht weit entfernte Stadt zogen, in ein Viertel, in dem lauter Kurden lebten, viele davon Jesiden wie wir. Mama hatte uns anders erzogen, als kurdische Eltern es gemeinhin tun, freier und selbstbewusster. Unsere Nachbarn waren bisher nur Deutsche gewesen, und von denen hatte meine Ané sich einiges abgeguckt. Unter den argwöhnischen Augen der kurdischen Community änderten sich ihre Ansichten. Auch die meiner Brüder. Ich durfte nicht mehr am Religionsunterricht teilnehmen, sollte nicht mehr Fußball spielen und mir ein Beispiel an anderen kurdischen Mädchen nehmen.

Mein Vater verschwand eines Tages. Das tat er häufiger, niemand wusste dann, wo er war und wann er wiederkommen würde. Diesmal aber blieb er monatelang fort. Das störte uns nicht, wir waren eher erleichtert. Als er dann eines Abends wieder in der Tür stand, war er nicht mehr willkommen. Mama wollte sich scheiden lassen. Nie hatte sie einen Mucks von sich gegeben, wenn er sie verprügelte, nie aufbegehrt. Sie war dazu erzogen worden, selbst einen gewalttätigen Ehemann als »Schicksal« zu ertragen. Aber jetzt wollte sie das nicht mehr hinnehmen.

Das war ihr Todesurteil. Ihr Mann nahm uns Kindern die Mutter. Vater mochte ich ihn danach nicht mehr nennen.

Mein ältester Bruder Dogan, der uns Geschwistern Halt gab, ging für einige Zeit in den Irak. Mein Großvater hatte ihn gebeten zu kommen: Meine Großmutter war bei der Nachricht vom Tod ihrer ältesten Tochter zusammengebrochen. Dogan blieb viel länger als geplant. Wir anderen fünf Geschwister gerieten unter die Fuchtel unseres Onkels, auch er gewalttätig. Meine älteste Schwester floh. Und damit endete meine Kindheit.

Ich, die damals Zwölfjährige, musste den Haushalt führen und für meine jüngeren Geschwister sorgen. Ich hätte ihnen eine liebevolle Mutter oder zumindest eine herzliche Schwester sein müssen, das schaffte ich nicht. Aus mir, dem rebellischen Kind, wurde unter dem Terror unseres Onkels eine Marionette, die seine zahllosen Gebote und Verbote aus Angst vor Misshandlungen ertrug. Und niemandem davon erzählte.

Irgendwann kam Dogan zurück nach Deutschland, und für eine kurze Zeit fühlten wir uns von ihm beschützt. Bis zu dem Tag, als der schon lange schwelende Streit zwischen Onkel und Brüdern in einer tätlichen Auseinandersetzung endete. Meine Brüder habe ich seitdem nie wieder gesehen. Meinen Onkel auch nicht.

Vor der Polizei packte ich aus. Ich kam in eine Schutzeinrichtung.

Seitdem verfolgt mich die Furcht, eines Tages enttarnt zu werden. Meinen Namen musste ich zurücklassen auf dem Trümmerfeld der Vergangenheit – wie Mama und die meisten meiner Geschwister, von denen mir nur meine jüngste Schwester geblieben ist. Anna.

Ich nannte mich »Sara«, als ich volljährig und entschlossen war, mein Leben in die Hand zu nehmen. Ich bekam neue Papiere, veränderte mein Aussehen, schnitt mir die langen Haare ab, dachte mir Geschichten aus, die ich anderen über mich erzählte. Ich wollte alles hinter mir lassen. Ich jobbte als Tresenkraft, Bardame und Babysitterin, ich machte eine Ausbildung, verdiente mein eigenes Geld, bezog meine eigene Wohnung und kaufte mir ein Auto. Jetzt bin ich wieder Dilan – ein Name, den ich für dieses Buch gewählt habe.

Das Schreiben an diesem Buch hat die Erinnerungen wieder wachgerufen, auch jene, die ich sorgfältig verschnürt und eingemottet hatte. Ich konnte sie lange nicht zulassen, der Weg nach vorn war hart genug. Für das Buch musste ich sie wieder aufrufen, die Gespenster, die Trauer, die Verluste. Aber der Besuch im Land meiner Kindheit hat mir auch die vielen wunderbaren Momente wieder ins Gedächtnis gespült, die wir Kinder mit Mama erlebt haben. Diese habe ich bisher mit niemandem teilen können, dabei sind sie doch das Wertvollste, was ein Mensch besitzt. Es tut gut, anderen davon zu erzählen, auch wenn ich es unter falschem Namen machen muss. Gerade auch die schönen Geschichten möchte ich für Anna aufschreiben, die erst Jahre nach mir geboren wurde und viel zu lange die finsteren Zeiten erlebt hat. Die Wunden, die das Leben ihr zugefügt hat, sind kaum zu heilen. Die Mutter, die sie nur wenige Jahre hatte, konnte ich ihr nie ersetzen. Und ich weiß, dass das, was ich ihr in diesem Buch erzähle, im Vergleich zu dem Glück, das ich für eine gewisse Zeit erleben durfte, ein armseliger Versuch bleibt. Aber einer muss Anna von ihrer verlorenen Familie erzählen.

Die Gewalt, die ich erfahren habe, erleben auch andere Frauen. In der Schutzeinrichtung Papatya habe ich die grausamen Geschichten von Mädchen gehört, die dort zur gleichen Zeit wie ich Zuflucht gefunden hatten. Nur eine von ihnen schaffte es, sich von ihrer Familie zu befreien. Die Angst, für immer allein zu sein, war für die anderen bedrohlicher als jede Knechtschaft. Sie wurden nicht fertig mit der Einsamkeit, die dieser Weg mit sich bringt, sie kehrten zurück zu denen, vor denen sie geflohen waren.

In dieser Versuchung war ich nie – trotz der Einsamkeit, die auch ich kennengelernt habe. Ich wollte vorwärts, ich wollte wissen, was in mir steckt. Das ging nicht immer glatt, oft verzweifelte ich, wenn die Welt mal wieder stillzustehen schien und mich Trauer und Selbstmitleid zu ersticken drohten. Aber ein Ziel verlor ich auf meinem Weg nie aus den Augen: Ich wollte eine Zukunft haben, die ich gestalte. Ich wollte High Heels und Tops tragen können, ohne dass mich jemand »Schlampe« nannte, eine Currywurst essen, ohne dass mich jemand rügte, das sei haram, tanzen gehen, ohne mich dafür rechtfertigen zu müssen: Ich wollte wieder die Freiheit schmecken, die ich in frühen Jahren gehabt hatte. Und niemals mehr sollte jemand anders über mein Leben bestimmen.

Ich wünsche mir, dass mehr Frauen, die von ihren Eltern oder Brüdern oder Ehemännern wie rechtlose Wesen behandelt werden, diesen Versuch wagen und sich ihre Selbstbestimmung erkämpfen. Ich weiß, wie schwer das ist, es gab Momente, in denen ich zu verzagen drohte und mich fragte, ob es das denn alles wert sei. Es gab Erlebnisse, die ich gern vermieden hätte – ich war so unglaublich lebensunerfahren. Es gab Begegnungen, die nur Fremdheit in mir aufkommen ließen. Und ganz wird man die Einsamkeit nie los, immer bleibt ein Stück Heimatlosigkeit, der Eindruck, nirgendwo ganz dazuzugehören, trotz vieler Freunde, die ich inzwischen habe. Aber wagt es, Schwestern – sicher, es gehört Mut dazu. Allein im Leben zu stehen kann Angst machen. Aber ihr könnt Hilfe finden und es schaffen, ich habe es auch geschafft. Und dabei nicht nur unendlich wichtige Erfahrungen gemacht, sondern mich auch selbst entdeckt. Das Glück, über sein Leben selbst bestimmen zu können, endlich ein »Ich« zu werden, ist es wert. Wie ich es geworden bin, auch davon will ich erzählen – um andere zu ermutigen: Es gibt einen Weg.

Für dieses Buch habe ich alle Namen geändert, für mich »Dilan« gewählt, auch meine Geschwister heißen in Wirklichkeit anders als hier, ebenso mein Vater, mein Onkel, Frau Meier und Frau Steiner, Frau Krüger und Frau Müller, Herr Wilke und Herr Paul – es gibt sie, wie alle Personen und Ereignisse dieses Buches, wirklich, aber sie heißen anders, manche Geschehnisse fanden an anderen Orten statt, manche auch zu etwas anderen Zeiten. Diese Verfremdungen waren nötig. Ich muss nicht nur mich selbst, nicht nur Anna, ich muss auch viele andere Menschen schützen.

Frankfurt im Mai 2016

2 INCOGNITO

Kennen Sie das auch? Man wacht morgens auf, der neue Tag lockt, aber man ist noch in den Nachwehen eines nächtlichen Traums gefangen und kriegt die Augen einfach nicht auf. Man steckt fest zwischen Vergangenheit und Zukunft, kann nicht mehr zurück, kommt aber auch noch nicht wirklich vorwärts. Wie ein Transitpassagier, der darauf wartet, dass es endlich weitergeht.

So ging es mir, als ich an einem sonnigen Frühlingsmorgen im Zug saß und meinem neuen Leben entgegenfuhr. Einem Leben ohne Roza und Dogan, ohne Rezan und Diwan, meine Geschwister. Und ohne Anna. Sie hatte ich zurücklassen müssen. Es ging nicht anders, so schwer mir das auch fiel. Ich würde künftig auf mich allein gestellt sein, kein Jugendamt würde mehr über mich bestimmen können. Denn ich war volljährig, 18 Jahre alt, den Höllenjahren unter meinem Onkel entkommen und entschlossen, meine Zukunft ohne jede Bevormundung zu meistern.

Der Zug fuhr planmäßig los. Ich hatte extra den frühestmöglichen gewählt, weil ich hoffte, so auf wenige Mitreisende zu treffen. Ein Irrtum. Es war erst sieben Uhr morgens, dennoch war der Zug nach Berlin bereits ziemlich voll. Meine alte, abgewetzte Männersporttasche, ein Erbe meiner einstigen Fußballleidenschaft, fest im Griff, zwängte ich mich auf der Suche nach einem freien Platz durch die engen Gänge der Waggons – für eine Reservierung hatte das Geld nicht gereicht. Meine Augen flatterten dabei suchend durch die Sitzreihen, ich betete, niemanden zu sehen, der mich kannte, und konnte meine Ängste doch kaum unterdrücken – mein etwas verkrampftes

Lächeln dürfte meine Unsicherheit kaum kaschiert haben. Vermeide jeden direkten Blickkontakt, mahnte ich mich stumm selbst, aber jeder Fahrgast, an dem ich mich vorbeidrückte, schien mich anzustarren – zumindest kam es mir so vor. Das ist Einbildung, Dilan, musste ich mir immer wieder selbst sagen. Ich wusste, wie unwahrscheinlich es war, auf dieser Fahrt in aller Frühe auf ein bekanntes Gesicht zu stoßen, aber ich wusste auch: Die Furcht, gesehen, entdeckt oder enttarnt zu werden, würde ich so schnell nicht los werden, womöglich würde sie mich Jahre, vielleicht sogar das ganze Leben lang begleiten.

Mit jedem Schritt spürte ich meinen Herzschlag, und nun fing ich auch noch an zu schwitzen. Verdammt, wann würde ich endlich einen freien Platz finden? Meine Tasche war schwer, nur mühsam gelang es mir, sie immer wieder über die im Gang stehenden Gepäckstücke der anderen Reisenden hinwegzuwuchten. Es kam mir vor, als hätte jemand, wie in dem Märchen von Rotkäppchen und dem bösen Wolf, das Susanne uns vor vielen Jahren im Kindergarten vorgelesen hatte, tausend Wackersteine hineingepackt. Dabei enthielt sie nur die wenigen traurigen Habseligkeiten meines bisherigen Lebens – einige Fotos meiner Geschwister und die wenigen Klamotten, die ich hatte. Das war alles, was ich auf die Reise in die neue Freiheit mitnehmen konnte.

Endlich! Zwei freie Plätze nebeneinander, ohne Reservierungsschild, nur für mich. Erleichtert setzte ich mich ans Fenster, parkte die hässliche Tasche auf dem Nebensitz und begann langsam zu realisieren, dass ich tatsächlich dabei war, den Ort zu verlassen, an dem ich Jahre verbracht hatte und der voller schrecklicher Erinnerungen war. Bilder tauchten beim Blick nach draußen vor meinem Auge auf und drängten sich immer wieder vor die gerade erst erwachende Frühlingslandschaft, durch die der Zug rollte. Bilder voller Verluste, blutige Bilder, die so gar nichts gemein hatten mit der lieblichen Hügellandschaft, ihren knospenden Bäumen und Büschen, die hinter dem Fenster an uns vorbeizog. Sie quälten mich, ich versuchte, sie abzuwehren, denn sonst würden sie mich nur in eine Vergangenheit zurückziehen, die ich hinter mir lassen wollte. Sie sollten nicht das letzte Wort haben.

Viel lieber wollte ich mich an die guten Tage und an die schönen Momente erinnern, die meine fünf Geschwister und ich mit Mama gehabt hatten. An die wunderbaren Jahre in einem kleinen brandenburgischen Dorf, wo ich den »Eismann« kennenlernte, der klingelnd die Straße auf und ab fuhr; an das unbeschreiblich stolze Gefühl, das ich hatte, als ich endlich Fahrrad fahren konnte; an meine Spaziergänge mit Mama, bei denen ich Himbeeren entdeckte und zum ersten Mal probierte – für mich die köstlichste Frucht, die es gibt; an Rezans, Annas und mein Lachen, wenn Mama uns beim Versteckspielen in der Abenddämmerung suchte und jeden, den sie fand, so fest in die Arme schloss, als würde sie ihn nie mehr loslassen wollen. Oder an unser turbulentes Zusammensein am Essenstisch, wenn es gefüllte Weinblätter gab, die Mama so köstlich wie niemand sonst zubereiten konnte.

Am Wochenende backte Mama immer Fladenbrot. Das musste samstags und sonntags auf dem Tisch stehen, denn für sie verband sich damit die Erinnerung an den Steinofen in Omas Garten, damals in unserem irakischen Dorf; unser elektrischer Backofen in Deutschland fand vor ihren Augen keine Gnade. »Das Brot schmeckt ganz anders!«, nörgelte sie manchmal. Uns Kindern war das egal. Schon der warme Duft, der uns morgens weckte, war unbeschreiblich heimelig. Wir Jüngsten waren ganz erpicht darauf, die dünnen Fladen mit etwas Butter zu bestreichen und mit Zucker zu bestreuen. Ach, Mama, du konntest so wunderbar kochen! Darin werde ich dir, trotz der Übung, die ich inzwischen habe, wohl nie das Wasser reichen können. Nur Spaghetti Bolognese kann ich mindestens so gut machen wie du.

Ich wünschte, du stündest jetzt vor mir, aber das einzige Bild, das mir von dir geblieben ist, steckt etwas zerknittert als zehn mal acht Zentimeter große Erinnerung in meinem Portemonnaie. Auf dem Foto hockst du mit einer deiner vielen Schwestern auf einem Felsen in den Bergen eures irakischen Heimatdorfes, vielleicht macht ihr gerade ein Picknick. Du trägst ein traditionell buntes kurdisches Kleid und siehst entspannt aus, fast glücklich und sehr jung. Da kannst du höchstens neunzehn gewesen sein. Dogan, dein Ältester, war bereits geboren, und vielleicht warst du schon mit Roza schwanger. Das Bild hat mich auf allen meinen Wegen begleitet, ich wollte dich immer ganz nah bei mir wissen, auch wenn ich es mir nur selten anschaue, denn es erinnert mich jedes Mal wieder an das, was ich verloren habe. Adieu, Mama, adieu, altes Leben! Oder vielleicht doch: Bis bald, bis wir uns wiedersehen? Wer weiß das schon?

Jetzt aber brauchte ich erst einmal viel Abstand, Hunderte von Kilometern wünschte ich mir zwischen Vergangenheit und Zukunft, einen Sicherheitspuffer, je größer, desto besser. Am liebsten hätte ich Deutschland ganz verlassen, wäre dorthin gegangen, wo mir alles fremd wäre – die Sprache, die Bräuche, die Landschaft, die Menschen. Aber ich konnte Anna doch nicht einfach zurücklassen.

Mit jedem Kilometer, den der Zug zurücklegte, ließ meine Anspannung ein wenig nach. Ich war noch nie so weit weg von meinem Wohnort gewesen, nach unseren mehrfachen Umzügen war ich nicht mehr über die jeweiligen Landesgrenzen hinausgekommen. Als wir in der vierten Klasse für fünf Tage auf Klassenfahrt nach Schwäbisch Hall fuhren und Mama mir erlaubte mitzufahren, war das ein Riesenereignis für mich. Ich war so aufgeregt damals, voller Erwartung auf das Neue, und gleichzeitig fürchtete ich mich vor dem Heimweh, das ich vielleicht nach meiner Ané haben könnte, die mir abends, wenn sie uns ins Bett brachte, mit ihren sanften Händen den Bauch streichelte, bis wir einschliefen. Aber solche Erlebnisse und Erfahrungen lagen inzwischen eine gefühlte Ewigkeit zurück. Noch vor der Mordnacht, in der alles zerbrach.

Dass mich an diesem Morgen im Zug wieder diese Mischung aus Erwartung und Ängstlichkeit ergriff, war nicht zufällig: Mich erwartete ein Leben, in dem ich meinen eigenen Weg finden und Entscheidungen treffen musste – ohne jemanden an meiner Seite. Das war ungewohnt. Und kam mir immer noch so vor, als träumte ich es nur.

Aber es war kein Traum. Dilan, wach auf, die Nacht ist vorbei! Du kannst dein Leben jetzt selbst in die Hand nehmen – endlich! Das hast du doch gewollt, oder?

Es war kein Traum. Das Rattern des Zuges war lärmende Wirklichkeit. Und trotzdem nagten Zweifel an mir. Würde ich es schaffen? Würde mir all das gelingen, wovon ich träumte? Eine Ausbildung machen, einen Job finden, eine eigene Wohnung haben, vielleicht eines Tages sogar ein eigenes Auto? Würde ich mich verlieben können und geliebt werden? Würde ich wachsen, allen Widrigkeiten meines bisherigen Lebens trotzen? Die Gespenster der Vergangenheit eines Tages vielleicht sogar abschütteln können? Was würde auf mich warten, wenn ich aus dem Zug stiege und ein ganz neues Kapitel in meinem Buch des Lebens aufschlüge? Eine leere Seite, für deren Beschriftung ich, und nur ich, verantwortlich war? So viele Fragen schwirrten in meinem Kopf herum, auf die eigentlich erst die Zukunft Antworten geben konnte.

Ich musste es einfach schaffen, ich hatte gar keine Wahl. Außer Anna hatte ich niemanden mehr, der auf mich wartete, falls ich scheitern sollte. Und ich würde es schaffen, zumindest redete ich mir das ein, während die fahlen Sonnenstrahlen dieses friedlichen Morgens die Sommersprossen auf meiner Nase kitzelten. Schau aus dem Fenster, Dilan! Es war ein Tag voller Versprechen, die Bäume zeigten die ersten lindgrünen Blattansätze, silbrige Kätzchen schaukelten an Weiden vorüber, und in der Ferne hoppelten fünf Lämmer unbeholfen zu ihren Müttern – eine deutsche Postkartenidylle. Die Natur erwachte gerade wieder und schenkte der Welt Farbe und Hoffnung. Und mir Zuversicht: Ja, ich würde es schaffen.

Und ich würde alles daransetzen, meine Schwester Anna zu mir zu holen. Ihre traurigen, ja, verloren dreinblickenden Augen beim Abschied ließen mich schon den ganzen Morgen nicht los. Was sollte aus Anna werden, wenn ich nicht mehr an ihrer Seite war? Halt durch, Anna, ich werde bald kommen und dich holen. Versprochen – ganz bestimmt!

Ich wusste, es würde ein harter Kampf werden, das Jugendamt

davon zu überzeugen, dass wir beide unbedingt zusammenbleiben mussten, weil wir uns gegenseitig brauchten. Anna war doch die Einzige, die mir von meinen Geschwistern, von meiner Familie geblieben war. Ihr ganzes Leben lang war ich mit ihr zusammen gewesen. Bisher hatte ich jeden Versuch der Behörden, uns zu trennen, erfolgreich abwehren können. Aber wie würde das künftig sein?

Unser Opferschutzbeauftragter, Herr Wilke, hatte vor einigen Wochen auf einer gemeinsamen Veranstaltung mit dem Jugendamt und der Heimleitung davon gesprochen, dass wir künftig »in Kognition leben« müssten, um unsere Sicherheit gewährleisten zu können. Was hieß das bloß, »in Kognition«? Es klang beängstigend.

Und: Wie würden unsere Verwandten reagieren, wenn sie möglicherweise erfuhren, dass auch wir, Anna und ich, nicht mehr in ihren Schoß zurückkehren wollten? Würden sie nach uns suchen? Wie lange müssten wir damit rechnen? Oder würden sie, wie bei Rozas plötzlichem Verschwinden, die Suche nach einiger Zeit wieder aufgeben?

Und vor allem: Was würden sie mit uns tun, falls sie uns – vielleicht sogar mithilfe der Behörden – fänden? Uns in den Arm nehmen? Oder grün und blau schlagen? Oder gar Schlimmeres? Abwegig waren solche Befürchtungen bestimmt nicht. Meinem Onkel Ferhat, dessen Gewalt ich die letzten Jahre zu spüren bekommen hatte, war das durchaus zuzutrauen.

Meine verlorene Familie gehört zu der großen jesidischen Glaubensgemeinschaft, die in Deutschland Zuflucht vor Verfolgung fand, und häufiger schon hatte ich von dem mörderischen Schicksal entflohener jesidischer Frauen in den Nachrichten gehört, die von ihren Familien wieder aufgespürt und umgebracht wurden – im Namen der Ehre. Ich wollte nicht enden wie sie, ich wollte eine von denen sein, die es schafften, ein freies Leben zu führen und in einer fremden Welt Anschluss zu finden; ich wollte endlich herausfinden, was ich konnte, was in mir steckte, ob ich, auf mich selbst gestellt, dazu fähig war, mein Leben so zu gestalten, wie ich es wollte.

Das war ich auch Anna schuldig. Ich musste ihr vorleben, was möglich war. Ich fürchtete, dass das Jugendamt sie, nun, da ich nicht mehr bei ihr war, in einem Kinderheim oder bei einer Pflegefamilie unterbringen könnte, der womöglich das Geld vom Jugendamt wichtiger war als meine Schwester. Anna würde das nicht verkraften. Und ich auch nicht. Ich wusste, was das hieß: Ich würde kämpfen müssen. Angst davor hatte ich nicht. Wozu auch? Ich hatte so viel Schreckliches erlebt, was sollte denn noch Schlimmeres kommen?

Ganz sicher konnte ich da allerdings nicht sein. Damals, 2003, als meine Mama ermordet wurde und meine Welt abrupt zerbrach, hatte ich auch geglaubt, dass damit das Schlimmste bereits hinter mir läge – bis mich die darauffolgenden Jahre eines Besseren belehrten. Die Mordnacht, in der uns die Ané geraubt wurde, war noch nicht die Endstation. Wenn ich zurückdenke, kommt mir mein Leben immer noch wie die Höllenfahrt in einer Geisterbahn vor – gleich um die Ecke taucht der nächste Schrecken auf.

Vielleicht bist du manchmal zu optimistisch, Dilan, dachte ich noch, als ich hörte, wie der Zugbegleiter die baldige Ankunft an meinem Zielbahnhof durchsagte. Vielleicht musste ich noch lernen, dass das Leben sich nicht vorschreiben ließ, ob es eine Tragödie beendete oder nur den nächsten Akt des Dramas auf die Bühne brachte.

Nun gut. Dann sollte er kommen. Das würde nichts daran ändern, dass irgendwann, nach jedem Tief, auch wieder ein Hoch kommt. Diese Zuversicht würde mir niemand nehmen können.

Ich griff nach meiner Tasche und reihte mich in die Schlange ein, die sich zum Ausstieg versammelt hatte.

3 IRGENDWO IN AFRIKA

Da stand ich nun etwas ratlos auf dem Bahnsteig und sah, wie hier Menschen hin und her eilten, bepackt mit Koffern und Taschen, eine letzte Umarmung für Freunde oder Familienangehörige, und dann stiegen sie, viele mit einem coffee-to-go in der Hand, in den Zug und winkten zum Abschied noch einmal durchs Fenster. Mich hatte keiner so verabschiedet, als ich in Stuttgart in den Zug gestiegen war. Auch Anna nicht.

Wir hatten uns nicht einmal richtig voneinander verabschiedet. Ausgerechnet am Abend vor meiner Abreise stritten wir uns – es ging nur um eine Kleinigkeit, nicht der Rede wert, aber wir hatten uns getrennt, ohne einander noch einmal in die Arme genommen zu haben. Mama hätte das nicht geduldet, immer wieder hatte sie alle ermahnt, niemals im Streit auseinanderzugehen: »Erst müsst ihr euch wieder vertragen!«

In der quirligen Menge auf diesem Bahnsteig schien jeder zu wissen, wohin er wollte – nur ich nicht. Minutenlang stand ich einfach nur da und beobachtete das Treiben in dieser für mich so fremden Welt. Vermutlich war es keine allzu gute Idee, in dieser umtriebigen Menschenmasse regungslos zu verharren, für andere musste ich total orientierungslos aussehen, und womöglich quatschte mich deshalb noch jemand an. Aber ich konnte einfach keinen klaren Gedanken fassen. Wo war ich? Wohin wollte ich? Ein Gefühl von Verlorenheit kroch in mir hoch.

Endlich fing mein Hirn wieder an zu arbeiten. Ich sollte doch abgeholt werden! Wir hatten dafür extra einen Treffpunkt ausgemacht – auf dem Bahnsteig zwischen Abschnitt B und C sollte ich warten, bis ich angesprochen wurde. Von Tülay. Hastig griff ich nach meiner Tasche und lief, so schnell ich konnte, zum verabredeten Treffpunkt. Ich betete, dass Tülay nicht schon wieder gegangen war, ich wäre aufgeschmissen! Warum hatte ich Pappnase auch so lange vor mich hingeträumt!

Wie mag sie wohl aussehen, fragte ich mich und musterte im Laufschritt jede irgendwie »ausländisch« aussehende Frau mit Kurzhaarschnitt. Das waren die einzigen Anhaltspunkte, die man mir als Beschreibung von Tülay gegeben hatte. Da, die musste es sein, die jetzt mit schnellen, energischen Schritten, ohne nach rechts und links zu gucken, auf mich zukam! Sie ist bestimmt eine ziemlich taffe Frau, war mein erster Eindruck, und ich sollte in den nächsten Wochen merken, dass ich mich nicht getäuscht hatte.

»Du musst Dilan sein. Hallo, ich bin Tülay«, begrüßte sie mich freundlich.

»Ja ..., bin ich.« Mehr als dieses ziemlich blöde Gestammel bekam ich vor lauter Erleichterung, endlich in guten Händen zu sein, nicht heraus.

»Komm, ich helfe dir tragen«, bot sie mir an und streckte die Hand nach meiner Tasche aus.

»Ach, nein, danke, geht schon!« Ich wollte doch mein Leben selbst in die Hand nehmen – dann musste ich auch meine Tasche selbst tragen, obwohl sie mir immer noch so schwer vorkam, als wöge sie mehr als ich.

Tülay war in große Teile meiner Geschichte eingeweiht, sie wusste, was mich in diese neue Umgebung verschlagen hatte. Herr Wilke, Polizeikommissar und Opferschutzbeauftragter beim Weißen Ring, der sich um Kriminalitätsopfer kümmerte, hatte Kontakt zu Papatya aufgenommen, der Einrichtung, in der Tülay arbeitete. Dort, so versprach er mir, würde ich den notwendigen Schutz vor Verfolgung und Bedrohung finden.

Ich vertraute ihm und seinen Ratschlägen. Er war es auch gewesen, der uns sechs Jahre zuvor fassungslos und schweren Herzens mitteilen musste, dass unsere Mutter die Nacht nicht überlebt hatte.

Als die Rettungskräfte eintrafen, war sie an den Messerstichen schon verblutet, die ihr Mann in ihren Körper gerammt hatte. Nach Mamas Tod hatten wir immer mal wieder Kontakt mit Herrn Wilke, der da war, wenn einer von uns ihn brauchte. Unser Schicksal berührte ihn, sodass er fortan ein offenes Ohr für mich und meine Geschwister hatte. Als das Jugendamt uns sechs Kinder nach dem Tod unserer Ané und der Verhaftung unseres Vaters trennen und in verschiedene Einrichtungen und Pflegefamilien bundesweit aufteilen wollten, sprach er sich dagegen aus. Auf ihn hörte das Jugendamt. Seine Erfahrung war uns oft sehr hilfreich; auch wenn das, was er uns sagte, manchmal sehr hart klang, so hatte er doch immer eine sehr nüchterne, realistische Sicht auf alle Dinge. Anfangs mochte ich seine knallharte Ehrlichkeit nicht, mittlerweile schätzte ich sie. Und als ich vor der Herausforderung stand, mir selbstständig ein Leben aufzubauen, war er wieder da und handelte: Kaum war das Jugendamt mit seinem Vorschlag einverstanden, mich bei Tülay und den anderen Frauen unterzubringen, hatte ich bereits das Ticket in der Hand und saß im Zug.

Papatya ist eine Einrichtung, die Mädchen und jungen Frauen mit Migrationshintergrund Schutz vor ihren Familien bietet, ihnen den Ausstieg aus dem alten Leben ermöglicht und sie auf den Einstieg in ein neues Leben vorbereitet. Dort arbeiten türkische, kurdische und deutsche Sozialpädagoginnen und eine Psychologin, von den Frauen ist immer eine rund um die Uhr anwesend. Von allen würde ich bereits freudig erwartet, erzählte Tülay mir, nachdem ich meine Tasche im Kofferraum des Transporters verstaut hatte, mit dem sie mich zu meinem vorläufigen neuen Zuhause chauffierte.

Auf der Fahrt instruierte sie mich, wie das Zusammenleben mit den anderen Mädchen aussehen würde, die bei ihr und den Frauen Zuflucht gefunden hatten. Eine Notlösung in Zeiten der Krise, sagte Tülay. Klang dramatisch, für mich aber genau richtig, nach einem geschützten Provisorium, das ich jetzt brauchte. Denn die »Krise« hatte auch mich fest im Griff: Ich hatte keine Ahnung, wie mein Leben weitergehen sollte. Ich wusste nicht, wie ich den drohenden

Schatten der Vergangenheit und der immer gegenwärtigen Gefahr des Entdecktwerdens entkommen konnte. Würde ich mein Abitur nachholen? Und dann? Oh Gott, Dilan, und was willst du eigentlich einmal werden? Ich hatte jetzt die freie Wahl. In meiner derzeitigen Verfassung war das keine beglückende Aussicht. Noch nie hatte ich mir bisher realistische Gedanken über die Zukunft machen müssen, noch nie eine wichtige Entscheidung selbst treffen dürfen. Ich musste erst lernen, mit dieser neuen Freiheit umzugehen.

Das Berufskolleg, das ich nach Ende der Schulzeit besucht hatte, hatte ich wie alles andere hinter mir gelassen – und das wenige Monate vor dem Abitur. Trotzdem hatte ich Glück, dass ich überhaupt so lange lernen durfte. Für ein jesidisches Mädchen wie mich war das durchaus ungewöhnlich. Länger als bis zum Ende der Schulpflicht zu einer schulischen Einrichtung zu gehen, gilt als unangemessen. Dass ich weitermachen konnte, verdankte ich dem Umstand, dass ich erfolgreich lernte. Das war nicht immer so gewesen – noch in der Grundschule hätten mich Bildungsforscher zur sogenannten Risikogruppe gezählt: Ich war die Einzige in der Klasse, die eine Hauptschulempfehlung erhielt. Aber nach Mamas Tod wurde ich richtig ehrgeizig – ich wusste ja, wie wichtig ihr der Schulerfolg ihrer Kinder war, oft genug hatte sie das betont. Und in der sechsten Klasse hatte ich es zur Klassenbesten gebracht, Mama wäre stolz auf mich gewesen.

In der jesidischen Nachbarschaft sprach sich meine erstaunliche Karriere schnell herum und rief Bewunderung hervor, dass »eine von uns« so erfolgreich war. Mein Onkel Ferhat, der über mein Leben bestimmte, hätte sich in ein schlechtes Licht gerückt, wenn er mir verboten hätte, weiter zur Schule zu gehen. Deshalb tat er so, als sei mein Schulerfolg auch sein Verdienst. In Wahrheit hielt er nichts von einer guten Bildung für Mädchen – die würde doch nur dazu führen, dass sie Ansprüche entwickelten, die sich nicht gehörten, sagte er. Aber in einer jesidischen Community trifft keiner eine individuelle Entscheidung, sondern die, die alle anderen für richtig halten. Für mich war das in diesem Fall ein Glück, denn so durfte ich weiter lernen und einmal am Tag Freiheitsluft schnuppern.

Die Schule war meine Zuflucht, die einzige Brücke zur »normalen Welt«. Dort blühte ich auf, war glücklich, zumindest einige Stunden lang ein ganz normales Mädchen sein zu dürfen. Unter meinen Mitschülern war ich der Klassenclown, der alle zum Lachen bringen konnte – ich wollte das befreiende Lachen, das mir zu Hause fehlte, zumindest in der Schule erleben. Dabei ahnte keiner meiner Klassenkameraden, was mich nach Schulschluss erwartete, auch meine Lehrer nicht. Wenn alle anderen sich über Ferien, Wochenenden oder Unterrichtsausfall freuten, war ich traurig und angespannt, denn das hieß, ich würde tage- oder gar wochenlang kaum vor die Tür gehen dürfen, außer zum Einkaufen. Für alles brauchte ich Ferhats Erlaubnis. Urlaub oder Ausflüge kannte ich nur aus den Erzählungen meiner Klassenkameradinnen. Wenn die montags von den Wochenendpartys schwärmten, auf denen sie beschwipst waren und mit Jungs flirteten, hörte ich neugierig zu, konnte mir aber das meiste nicht vorstellen, solche Erfahrungen waren meinem Leben so fern.

Als Tülay plötzlich in einer kleinen Seitenstraße anhielt, purzelte ich aus meinen ungeordneten Gedanken.

»Da wären wir, meine Liebe«, sagte sie. Als ich die Tür öffnen wollte, um auszusteigen, hielt sie mich sanft am Arm fest.

»Warte noch eine Minute, Dilan. Ich muss dir noch etwas sagen: Es ist ganz wichtig, dass du niemals, hörst du: niemals, irgendjemandem verrätst, wo du wohnst und wo sich unsere Einrichtung befindet. Die Adresse ist absolut geheim, und sie muss es auch bleiben. Wenn sie bekannt wird, sind wir alle gefährdet!«, erklärte sie mir in eisernem Ton.

»Natürlich. Verstehe.« Ich nickte und war etwas eingeschüchtert.

Der Name der Kriseneinrichtung stand, wie ich mir denken konnte, auch nicht am Klingelschild. Stattdessen klingelte Tülay bei einem Fantasienamen.

»Bitte merk dir den Namen, damit du weißt, wo du künftig läuten musst. Wenn du ihn vergisst, kommst du nicht rein und musst warten, bis jemand zufällig die Eingangstür öffnet, das ist schon einigen Mädchen passiert. Denn solange du bei uns bist, wirst du weder ein Handy noch eine andere Möglichkeit haben, um uns zu erreichen«, erläuterte Tülay mir.

Ich versuchte, mir den Namen auf dem Klingelschild einzuprägen. Gar nicht so leicht bei den vielen Wohnungen in diesem Haus. Im Treppenhaus stieg meine Nervosität. Eine Tür ging auf und eine Frau Mitte fünfzig empfing uns.

»Hallo, ihr beiden. Guten Tag, Dilan, ich bin Sabine.« Sie reichte mir lächelnd die Hand. Ich betrat die Wohnung und stellte erleichtert die schwere Tasche im schmalen Flur ab. Nur eine der vielen Türen stand offen, Stimmen drangen heraus, vielleicht warteten da schon andere auf mich – allzu vielen Fragen fühlte ich mich in diesem Moment aber gar nicht gewachsen.

Sabine muss mir das angesehen haben. »Da drin sitzen meine Kolleginnen, wir haben heute Teamsitzung«, sagte sie. »Aber wir beide setzen uns jetzt hier in das kleine Zimmer. Dort erzählst du mir erst einmal deine Geschichte. Okay?«

Eine Stunde lang schilderte ich Sabine, warum ich von zu Hause geflohen war, was meine Ängste und meine Wünsche für die Zukunft waren. Beim Erzählen schämte ich mich immer wieder für meine von Gewalt durchzogene Vergangenheit, dabei wusste ich doch, dass ich nichts dafürkonnte. Sabine hörte einfach zu und verschonte mich mit Fragen. Hauptsächlich machte sie mich mit den Regeln vertraut, die hier galten: Handys waren verboten – zu groß die Gefahr, dass die hier untergekommenen Mädchen wieder Kontakt zu ihren Familien aufnahmen. Es gab drei Mahlzeiten am Tag, die zusammen mit der Köchin zubereitet wurden. Gegessen wurde grundsätzlich gemeinsam. Nur zu bestimmten Zeiten war es erlaubt, die Einrichtung zu verlassen. Es gab wöchentlich ein kleines Taschengeld, außerdem erhielt ich eine Telefonkarte, die ich bei den Betreuerinnen aufladen lassen konnte. Mit dieser Karte konnte man telefonieren – anonym. Die Möglichkeit, angerufen zu werden, gab es nicht. All diese Regeln seien nicht erdacht worden, sagte Sabine, um uns das Leben schwer zu machen, sondern dienten unserer Sicherheit. Das fand ich sehr beruhigend.

Bevor mir Sabine, von nun an meine persönliche Betreuerin, mein Zimmer und den Rest der Wohnung zeigte, gab sie mir noch eine Aufgabe für die nächsten Tage: Ich sollte mein Leben zusammenfassen und handschriftlich zu Papier bringen, das verschaffe den Frauen einen besseren Überblick über die Mädchen und ihre individuellen Geschichten, meinte sie. »Außerdem hilft es dir selbst ein wenig beim Verarbeiten der Vergangenheit.« Das sollte ich in den nächsten Tagen noch merken, als ich mich an die Arbeit machte.

Am späten Abend, beim Ausräumen meiner Tasche, spürte ich körperlich, wie viel Kraft dieser lange und aufregende Tag gekostet hatte. Ich war erschöpft und hundemüde! Das Einräumen meiner Habseligkeiten ist der letzte Akt für heute, nahm ich mir fest vor, und dann werde ich schleunigst ins Bett hüpfen und versuchen, mein Gefühlschaos zu ordnen und die vielen Eindrücke zu verarbeiten.

Mein Zimmer war schöner, als ich erwartet hatte. Zwei Betten, ein Nachttisch, dazwischen ein Kleiderschrank, in dem einige Kleidungsstücke hingen. Ich war hier also nicht allein untergebracht. Die Wand über meinem Bett war mintgrün gestrichen und mit einem riesigen Poster beklebt, auf dem eine idyllische Palmenlandschaft zu sehen war. Wo mochte das sein? In Vietnam? In Süditalien? Oder irgendwo in Afrika? Alles Länder, in denen ich noch nie war. Meine alte Schule hatte eine Partnerschaft mit einer Schule in Tansania. Im Erdkundeunterricht hatten wir über die Massai gesprochen und ihre erstaunliche Ausdauer, mit der sie riesige Strecken im Laufschritt zurücklegen konnten. Sie sahen wunderschön aus in ihren bunten Gewändern und ihrem Perlenschmuck um Hals und Handgelenke – eines Tages würde ich nach Afrika reisen und sie mit eigenen Augen sehen, das versprach ich mir und strich dabei ganz vorsichtig über das Poster, um ihm bloß nichts von seinem Zauber zu nehmen, der mich mit Wärme und Optimismus erfüllte.

Als ich mit dem Ausräumen meiner Tasche fast fertig war, fiel mir, etwas versteckt zwischen meinen Schuhen und einem Pullover, ein mehrfach gefaltetes kariertes DIN-A4-Blatt in die Hände, das offensichtlich aus einem Heft herausgerissen worden war. Als ich den Zettel auseinanderfaltete, erkannte ich Annas etwas krakelige Schrift und las: »Dilan, entschuldige, dass ich so böse war. Ich werde dich vermissen. Kussi, Anna.« Die mit Bleistift geschriebenen Zeilen trafen mich mitten ins Herz. Meine kleine Schwester musste mir den Zettel kurz vor meiner Abreise heimlich in die Tasche gestopft haben. So klein war sie eigentlich gar nicht mehr, vor einigen Wochen war sie zwölf geworden und damit eigentlich schon in der Pubertät, aber für mich wird sie wohl immer »meine kleine Schwester« bleiben, für die ich mich verantwortlich fühle. Wie gern hätte ich sie jetzt in die Arme genommen, ihr ein Küsschen gegeben oder sie zumindest angerufen, um von ihr zu hören, wie sie ihren ersten Tag ohne mich überstanden hatte. Aber die Telefonzeit war längst verstrichen, danach herrschte ein strenges Telefonverbot. Ich würde mich bis zum nächsten Tag gedulden müssen.

»Hey, warum guckst du denn so traurig?« Die Tür ging auf, und ein Mädchen ungefähr in meinem Alter kam herein.

»Ich bin Layla«, sagte es und reichte mir die Hand.

»Hey, ich bin die Neue – Dilan. Ich musste gerade an meine kleine Schwester denken. Sie ist jetzt ohne mich.«

»Glaub mir, alle Mädchen, die hier Schutz suchen, vermissen jemanden, den sie zurücklassen mussten. Ich kann kaum an meinen jüngsten Bruder denken, dann fange ich gleich wieder an zu heulen. Er fehlt mir so. Sei nicht traurig. Du bist nicht allein.«

»Schläfst du auch in diesem Zimmer?«

»Ja, das Bett rechts ist meins. Ich bin vor vier Tagen hierhergekommen, ich bin vor meiner Familie geflüchtet.«

Bevor ich genauer nachfragen konnte, betraten noch mehr Mädchen unser Zimmer – Samira, Gülcan, Beriwan und Hatice, alle etwa in meinem Alter – und setzten sich zu uns auf den Boden. Sie waren neugierig, wer die Neue in ihrem Kreis sein mochte, wirkten aber zugleich schüchtern. Alle sahen, trotz eines bezaubernden Lächelns, mit dem sie mich willkommen hießen, gezeichnet aus. Ich konnte förmlich spüren, dass jede von ihnen eine traurige Geschichte mit sich herumschleppte.

Layla war Kurdin wie ich, aber sie stammte aus der Türkei und hatte einen weiten Weg zurücklegen müssen, bis sie hier Zuflucht vor ihrer Familie fand. In diese Einrichtung kamen ausschließlich Frauen, die um ihr Leben fürchten mussten und Schutz und Anonymität suchten, um eine Chance auf eine selbstbestimmte Zukunft zu haben. Eine nach der anderen erzählte mir ihre Geschichte, jede war anders, und doch hatten alle eins gemeinsam: Sie waren schrecklich, unmenschlich – ob sie nun von Zwangsheirat, Sklaverei oder Vergewaltigung handelten.

Samira war gezwungen worden, eine Burka zu tragen. In der Schule wurde sie dafür gehänselt und von allen gemieden. Selbst im Sommer, wenn es heiß war und ihre Mitschülerinnen mit Shorts oder luftigen Kleidchen durch die Gegend liefen, musste sie den Ganzkörperschleier anlegen. Sie beschrieb uns mit leuchtenden Augen das ganz neue Gefühl, das sie empfunden hatte, als sie neulich das erste Mal in Jeans und Top nach draußen ging und ihre schönen, fast bis zum Po reichenden dunklen Haare offen zeigen konnte.

Gülcan wurde jahrelang von ihrem Bruder vergewaltigt. Eines Tages raffte sie ihren ganzen Mut zusammen und erzählte ihrer Mutter davon. Und was sagte die dazu? Das ginge vorbei, Gülcans Bruder würde eines Tages wieder damit aufhören. Sie selbst sei als junges Mädchen von ihrem Ehemann auch vergewaltigt worden. Sie hielt das für ein normales Frauenschicksal.

Beriwan war auf ihrer Flucht blutüberströmt auf ihr Kinderfahrrad gestiegen und, so schnell sie konnte, zur nächsten Polizeistation gefahren, nachdem ihre Mutter sie immer wieder mit dem Kopf gegen die Bettkante gestoßen hatte.

Hatice, eine andere Türkin, hatte eine Beziehung zu einem Deutschen, von dem sie schwanger wurde. Als ihre Mutter davon erfuhr, zerrte sie die 17-Jährige zum Arzt. Eine Woche später wurde ihr neunwöchiges Kind abgetrieben. Hatice stand nach wie vor unter Schock. Alle von uns waren täglich geschlagen und misshandelt worden, sei es von den Eltern, von einem Onkel oder von den älteren Geschwistern. Keiner von uns wurde je das Recht auf eigene Entscheidungen zugestanden.

Selten fühlte ich mich so verstanden wie in diesem Kreis von Schicksalsgenossinnen. Noch am selben Abend vertraute ich ihnen auch meine Geschichte an. Gemeinsam weinten wir über schreckliche Jahre, die hinter uns lagen, vielleicht waren es auch Tränen der Erleichterung, dass andere uns jetzt beschützten. Oder es war die Ahnung, dass jeder von uns noch ein langer Weg der Ungewissheit bevorstand.

Jahre später erfuhr ich von den Betreuerinnen bei Papatya, dass außer mir nur eins der Mädchen, mit denen ich an diesem Abend zusammen war, die Trennung von der Familie verkraftet und die eigenen Ängste vor der Zukunft überwunden hatte; alle anderen haben irgendwann kapituliert und wieder Kontakt zu ihren Eltern oder Geschwistern aufgenommen. Nur Gülcan schaffte es, sich allein auf den Weg in die Zukunft zu machen. Ich sah sie später häufiger in der U-Bahn, aber dann guckte ich immer weg oder verdrückte mich in einen anderen Gang. Ich wollte nicht, dass sie mich wiedererkannte – das hätte meine neue Identität gefährdet, denn sie wusste, wer ich war. So freute ich mich nur im Stillen, dass sie stark geblieben war. Auch das verbindet.

Erst um Mitternacht verließen die Mädchen mein Zimmer. Als ich in meinem Bett lag, stellte ich mir vor, wie nach und nach überall das Licht ausging und Stille einkehrte. Aus dem Bett neben mir waren von Layla bald darauf ruhige Atemzüge zu hören. Mir fiel es trotz unendlicher Müdigkeit schwer einzuschlafen. Wo war ich hier? Wie lange würde ich hier bleiben können? Was erwartete mich? Tat ich überhaupt das Richtige?

Als ich daran dachte, dass ich morgen Annas Stimme am Telefon hören würde, fielen mir endlich die Augen zu. Im Traum erschien mir Sibel, meine Tante, sie rief nach mir: »Dilo! Dilo! Wo bist du?«

4 KUHFLADEN UND DATTELBAUM

»Dilo, Dilo! Nun komm doch endlich! Die Kühe laufen uns schon davon! Und vergiss den Eimer nicht!«, ruft Sibel, meine Tante, mir zu, sie ist nur wenige Monate älter als ich. Hastig greife ich nach meinem blauen Plastikeimer und folge ihr und einem Dutzend anderer Kinder aus der Nachbarschaft, die dem Vieh hinterherjagen. Ich darf den Anschluss nicht verlieren, stolpere aber immer wieder über Steine. Und verliere dabei meine von Oma genähten Stoffsandalen. Ich bin den Tränen nahe.

Ich war damals erst etwas mehr als drei Jahre alt, erinnere mich aber deutlich an dieses Einsammeln von Kuhfladen, das in dem nordirakischen Dorf, aus dem ich komme, zu den Aufgaben der Kinder gehörte, auch die kleinen mussten sich daran beteiligen. Zu Hause wurden die Fladen dann von den Frauen getrocknet und dienten als wertvolles Brennmaterial. Denn Strom zum Kochen oder Heizen, wenn es im Winter sehr kalt wurde, gab es nicht immer, auch kein fließendes Wasser. Bei den meisten Familien stand eine große Tonne neben dem Haus, in der das Regenwasser aufgefangen und über einen kleinen Wasserhahn abgezapft wurde. Wasser war kostbar, alle gingen sehr sparsam damit um, da man nie wusste, wann es wieder regnen würde.

Wenn »Waschtag« war, stellte Mama uns fünf Kinder nacheinander in eine Plastikwanne, seifte uns entschlossen am ganzen Körper ein und schrubbte uns alle in demselben Wasser kräftig ab. So machte man das in allen Familien. Ich hasste diese Waschtage, denn die Bürste war hart, das Schrubben schmerzhaft und das Wasser oft eiskalt. Dass ich heute in meinem Badezimmer nur den Hahn aufdrehen muss, und dann läuft heißes Wasser in meine Badewanne, kommt mir immer noch vor wie ein unfassbarer Luxus.

Wir lebten – wie alle im Dorf – in einfachen quadratischen Steinhäusern, die meist keine Fenster hatten. Die Sonne brannte vom Himmel, und oft fegte von den Bergen hinter unserem Dorf ein heißer Wind um die Häuser, der einem Sand zwischen die Zähne trieb. Straßen gab es kaum in dieser steinigen, staubigen Geröllwelt, sie waren auch nicht nötig, ein Auto hatte ohnehin kaum jemand. Das war unerschwinglich.

Nur für den Transport der Schulkinder fuhr jeden Morgen ein Van auf dem Dorfplatz vor. Mein Bruder Dogan und meine Schwester Roza waren schon alt genug, um in die Schule zu gehen, die sich einige Kilometer entfernt in der nächstgrößeren Stadt befand. Die beiden gingen gern zur Schule, jedenfalls hielten sie frühmorgens schon, frisch gewaschen und gekämmt, in ihrer braun-weißen Schuluniform erwartungsvoll Ausschau nach dem Schulauto. Ich beneidete sie, ich wollte auch ein Schulkind sein, so bunte Stifte haben wie sie, Hefte voller Buchstaben und eine Schuluniform, die von Mama jede Woche gewaschen und gebügelt wurde. Aber ich fürchtete mich auch ein bisschen vor der Schule, seitdem Roza mir erzählt hatte, dass der Lehrer vor Unterrichtsbeginn immer die Hände und Nägel aller Schüler kontrollierte – waren sie nicht sauber, wurde man vor den Augen der Mitschüler mit einem Stock geschlagen. Eine schreckliche Vorstellung! Da lernte ich später, als ich in Deutschland eingeschult wurde, zum Glück ganz andere Lehrer kennen.

Sibel und ich waren unzertrennlich. Sie war meine beste Freundin und zugleich die Schwester meiner Mutter. Meine Oma und meine Mama müssen etwa zur gleichen Zeit schwanger gewesen sein. Sibel und ich wuchsen zusammen in unserer Großfamilie auf, waren etwa gleich groß, hatten den gleichen Haarschnitt mit einem kurzen Pony im Gesicht und die gleichen dummen Ideen im Kopf. Wir hätten auch als Zwillinge durchgehen können. Sibel war die etwas Ruhigere von uns beiden, ich gab damals schon gern den Faxen machenden

»Kaspar«, eine Rolle, die ich auch später, selbst in den Zeiten des Schreckens, nicht aufgab. Beide naschten wir gern von den süßen Rosenblüten aus Omas prachtvollem Garten, in dem wilde Damaszenerrosen blühten und sich die Frauen des Dorfes nachmittags im Schatten des großen Dattelbaumes trafen, um zu sticken, zu nähen und den neuesten Tratsch auszutauschen. Keiner in der Nachbarschaft hatte einen so farbenfrohen und vor allem so großen Garten wie meine Oma, er war ihr ganzer Stolz. Durch die vielen Schatten spendenden Büsche und Bäume war er in unserem baumlosen Dorf ein besonderer Ort, an dem sich alle gern aufhielten.

Einen Spielplatz oder Spielzeug gab es für uns Kinder nicht, wir nutzten das, was wir in unserer Umgebung fanden. Aus Gerümpel und Abfällen bauten wir uns Höhlen, in denen wir Mädchen stundenlang – wie vermutlich alle Mädchen auf dieser Welt, ganz egal, wo sie leben – Vater-Mutter-Kind spielten. Oder Friseurin, wobei wir uns einmal zum Entsetzen unserer Eltern wirklich die Haare abschnitten. Meine Brüder schnitzten sich, wie die anderen Dorfjungen, Steinschleudern aus Holz, befestigten ein Gummi daran und holten so Vögel vom Himmel, die anschließend gebraten und verspeist wurden. Nicht jeder dieser jungen Jäger war besonders treffsicher – ich weinte jämmerlich, wenn ich mal wieder unvermutet von einem Stein am Kopf getroffen wurde.

Meine Großeltern waren in der ganzen Gegend bekannt für ihre auffallend hübschen Töchter, sie hatten sieben, eine attraktiver als die andere. Meine Mama war die älteste, eine Schönheit mit schwarzen Locken und einem zarten hellen Teint, fast wie Schneewittchen. Zur Schule ist sie nie gegangen, ihr Leben lang wurde sie auf die Rolle der Hausfrau, Ehefrau und Mutter vorbereitet – so wie alle Töchter im Dorf. Eine gute Hüterin des Hauses und möglichst vieler Kinder zu sein, das war die Bestimmung der Frauen.

So war auch die Arbeitsteilung zwischen meinen Großeltern, sie hielten eisern an der konservativen Rollenzuweisung fest, sie kannten es auch gar nicht anders. Mein Großvater war der Patriarch, was er anordnete, wurde gemacht, Großmutter hätte nie gewagt, ihm zu widersprechen. In Fragen der Erziehung der Kinder aber hatte sie den Hut auf, sie war streng, und wehe, irgendjemand hielt sich nicht an die Regeln. Sie schlug kräftig zu, wenn sie mich, die ewig Hungrige, dabei erwischte, wie ich nachts klammheimlich zu unserer Kühlkammer schlich, die wir uns mit mehreren Familien in der Nachbarschaft teilten. Ich naschte so gern von dem selbstgemachten Joghurt, der darin in großen Kübeln aufbewahrt wurde. Tagsüber war es aussichtslos, daranzukommen, weil entweder mein Großvater oder einer meiner Onkel Wache davor hielt. Lebensmittel waren knapp, und Vorräte wurden gehütet. Unsere Großfamilie musste mit dem auskommen, was die kargen Felder und das Vieh hergaben. Einen Traktor für die schwere Feldarbeit konnten wir uns nicht leisten, so sehnlichst sich mein Großvater sich auch einen wünschte. Die Gesichter der Alten waren vom harten Leben gezeichnet – wie gegerbtes Leder sahen sie aus. Besonders meiner Großmutter waren Sorgen und Kummer ins Gesicht geschrieben. Sieben Töchter so zu erziehen, dass sie gut verheiratet werden konnten, war keine leichte Aufgabe.

Von Mamas insgesamt elf Geschwistern war Sibel die Jüngste. Wahnsinn – zwölf Kinder! Eine Ausnahme? Nein. In einem irakischen Dorf ist es bis heute durchaus üblich, dass die Frauen sehr jung verheiratet werden und viele Kinder gebären. Ob sie das wollen oder nicht, spielt keine Rolle. Und kaum haben die Nachkommen das Licht der Welt erblickt, werden sie bereits »versprochen«. Oftmals ist es der Cousin oder die Cousine, die sie später heiraten sollen, so vereinbaren es die beiden Familien untereinander. In Deutschland weiß man, dass die Verwandtenehe ein genetisches Risiko für die Nachkommen darstellt, aber bei uns im Dorf war sie Normalität. Man hofft, dadurch soziale Bindungen aufrechterhalten zu können, das Erbe zu sichern, und Jesiden, so die Heiratsregel, dürfen ohnehin nur Jesiden heiraten.

Manchmal verlieben sich die bereits Vermählten während der Ehe ineinander – wenn alles gut geht. Mitentscheiden über die Wahl der

Partnerin darf nicht einmal der künftige Bräutigam. Ich werde nie vergessen, wie mein Großvater einem seiner Söhne eine Waffe an den Kopf hielt, als dieser sich gegen die Heirat mit einem ihm völlig unbekannten Mädchen sträubte. Mein Onkel war gerade erst 17 geworden, damit aber – so war es Tradition – bereits im heiratsfähigen Alter. Eine Waffe hatten alle Männer im Dorf, das war nichts Ungewöhnliches. Und mein Großvater zögerte nicht, notfalls von ihr Gebrauch zu machen, vor allem wenn es um die Wahrung seiner Autorität ging. Ein Mitspracherecht seiner Kinder in Heiratsfragen duldete er jedenfalls nicht.

Als Frau hatte man dabei schon gar kein Wörtchen mitzureden. Wieso auch? Eine Frau ist schließlich nur eine Frau und damit ein Mensch zweiter Klasse. Die Eltern bestimmen, mit wem die Tochter verheiratet wird. Und darüber entscheidet nicht zuletzt das für sie gebotene Brautgeld, um das es immer wieder Streit gibt. Bieten sich mehrere Bewerber an, wird um die Tochter gefeilscht wie auf dem Basar um ein Kilo Obst.

Das Brautgeld steht dem Vater zu, er hat in diesem patriarchalischen System die Macht über die Frauen. Mit der Heirat legt er die Verantwortung für die Tochter in die Hände ihres Ehemannes, der fortan das Sagen über sie hat. Nur mit viel Glück erwischt die Braut einen Mann, der ihr mehr Freiheiten schenkt als Verbote auferlegt – das allerdings kommt dann fast schon einem Sechser im Lotto gleich. Es ist leider keine Seltenheit, dass die Ursprungsfamilie der Frau mitansehen muss, wie die eigene Tochter nach der Vermählung misshandelt oder als Sklavin missbraucht wird. Ein Recht, etwas dagegen zu tun, hat niemand. Die Tochter wieder nach Hause zu holen kommt nicht infrage, die Familie würde allen Respekt im Dorf verlieren. Zudem würde kein Mann eine Frau heiraten, die bereits verheiratet war.

Dass eine Frau, so wie ich heute, selbst für ihr Leben sorgt, das ist in meiner Heimat nicht denkbar. Dort fügen sich die Frauen fast immer in das ihnen aufgezwungene Leben. Das tat meine Mutter auch, sie gehorchte meinem Vater, selbst wenn der sie schlug – bis sie sich viele Jahre später einmal gegen ihn zur Wehr setzte. Das waren die letzten Stunden ihres Lebens.

An die Familie meines Vaters kann ich mich überhaupt nicht erinnern. Das liegt vermutlich daran, dass meine Mutter, nachdem sie mit 17 Jahren verheiratet worden war, nicht – wie eigentlich üblich – in das Haus der Schwiegermutter zog, der sie hätte dienen müssen, sondern in ihrem Elternhaus blieb, wo ich meine ersten Lebensjahre verbrachte. Vielleicht weil das Haus größer war? Oder weil mein Vater, wie meine große Schwester Roza mir viel später erzählte, meine Mutter gegen ihren Willen »genommen« hatte und mit ihr untergetaucht war, bis Mamas Familie ihn als Ehemann akzeptierte? »Entehrt« hatte er sie vermutlich ja ohnehin schon. Vielleicht aber konnte mein Vater das geforderte Brautgeld einfach nicht aufbringen und entführte meine Mutter deshalb?

Ich könnte ihn fragen. Es gibt ihn noch. Er sitzt hinter Gefängnismauern. Aber ich will nichts mehr mit ihm zu tun haben. Ich hoffe, ich muss ihn nie wieder sehen. »Vater« will ich ihn seit der schrecklichen Nacht, in der er uns die Mutter genommen hat, am liebsten gar nicht mehr nennen, für mich ist er ein Mörder. In meinem Kopf habe ich ihn für tot erklärt, ich vergesse manchmal sogar, dass er tatsächlich noch lebt. Bald wird er aus dem Gefängnis entlassen, aber darüber will ich nicht nachdenken – denn dann, so fürchte ich, wird er sich auf die Suche nach seinen Kindern machen.

Wie meine Mutter damals zu der unerhörten »Entführung« durch meinen Vater stand, weiß ich nicht. Als Roza mir davon erzählte, konnte ich meine Ané schon nicht mehr fragen, da war Mama bereits tot. Ich kann mir kaum vorstellen, dass von ihrer Seite Liebe bei diesem Ehebund im Spiel war. Vermutlich gehorchte sie einfach, schließlich galt das als höchste Tugend der Frauen, und fand sich mit ihrem Schicksal ab. Noch vor Mamas achtzehntem Geburtstag kam mein ältester Bruder Dogan zur Welt. Als wir nach Deutschland gingen, hatte meine Mama schon fünf Kinder. Nur Anna, die Jüngste, war noch nicht geboren.

Was mag meine Eltern dazu bewogen haben, aus dem Irak fortzugehen? Waren es die Nachrichten von einem besseren Leben in Deutschland, die sich in allen Dörfern herumsprachen, nachdem die ersten Jesiden den Irak verlassen hatten und in der Fremde angekommen waren – die Geschichten und Gerüchte um ein reiches Land, in dem es den Menschen gut ging, alle zu essen und ein Auto hatten? War es die Hoffnung auf Arbeit, auf Sicherheit vor Verfolgung? 1996 begannen die Amerikaner mit ihrer Operation *Desert Strike* ihren Angriff auf den Irak. Hatte mein Erzeuger von anderen jesidischen Männern von der Möglichkeit erfahren, anderswo um Asyl nachsuchen zu können? Auch wenn ich nicht erinnern kann, dass unser Dorf akut bedroht war, so erlebten die Jesiden unter dem 2003 – nach fast 25 Jahren diktatorischer Herrschaft – gestürzten Saddam Hussein doch immer wieder, dass sie als »Ungläubige«, als »Teufelsanbeter« verdammt und ihre Dörfer vom Regime dem Erdboden gleichgemacht wurden. So wie heute auch der so genannte »Islamische Staat« handelt, der die Jesiden als »Gottlose« mit brutalem Terror verfolgt.

Die Jesiden glauben, dass vor der Islamisierung alle Kurden Jesiden waren, dann aber zwangsislamisiert wurden. Zum Jesidentum kann man nicht, wie zum Islam, konvertieren, Jeside wird man durch Geburt, sofern beide Eltern Jesiden sind. Streng genommen führt die Heirat mit einem oder einer Andersgläubigen zum Ausschluss aus der Religionsgemeinschaft. Das Jesidentum will niemanden missionieren. Es ist keine Buchreligion, es hat keine für alle verbindliche heilige Schrift wie andere Religionen; die Gebräuche, die Mythen und Gebete wurden jahrhundertelang nur mündlich tradiert, von Erzählern, die das religiöse Gedächtnis waren, sie brachten die Überlieferungen in die Dörfer. Erst seit einigen Jahrzehnten bemühen sich Wissenschaftler, diese schriftlich festzuhalten. Jesiden glauben, dass Gott die Welt in die Obhut eines Engels gegeben hat – *Tausi Melek*, symbolisiert durch einen Pfau, zu dem die Seele jedes Einzelnen nach dem Tod zurückkehrt. Er tritt in der Welt der Menschen an die Stelle Gottes.

Aber in unserer Familie spielte Religion keine große Rolle. Keine der Frauen in meiner Familie trug ein Kopftuch, das machen Jesidinnen in der Regel nicht – in manchen Gegenden höchstens als Anpassungs-, als Schutzmaßnahme gegenüber Muslimen. Auch Gebete gab es bei uns nicht, Mama brachte uns Kindern bei, gläubig sei, wer seinem Gewissen folge. Aber sie wusste wunderbare Geschichten aus den alten jesidischen Mythen zu spinnen, wie die Welt aus einer Perle entstand, wie Tausi Melek mit seinen Tränen das Höllenfeuer löschte und den Jesiden das Tor zur Welt mit einem Schlüssel öffnete. Oder wie er einmal im Jahr auf die Welt kommt, um seinen Glaubensbrüdern und -schwestern alles zu bringen, was sie für ihre irdische Existenz brauchen. Wenn wir abends im Bett lagen und Mama mit sanfter Stimme in diese Welt der Geschichten eintauchte, dann wirkte sie irgendwie entrückt – als wäre sie wieder in der kargen, staubigen Bergwelt und nicht in einem brandenburgischen oder badischen Dorf.

Ob sie ihre Familie vermisste? Ihre Schwestern, ihre Mutter, den Garten, die Sonne, die »Heimat«? Weiß *ich* eigentlich, was Heimat ist? Ist Heimat ein Ort, oder ist es eine Erinnerung an einen Ort, an dem man aufgewachsen ist? Sehe ich Deutschland als meine Heimat an, weil es mir eine Zukunft ermöglicht hat? Oder bin und bleibe ich eine Heimatlose?

Vielleicht. Aber ich empfinde es als großes Glück, dass meine Eltern mit uns Kindern eines Tages in ein Land gingen, das uns die Chance auf ein besseres Leben eröffnete, auf Bildung, Freiheit und ein Leben in demokratischen Verhältnissen. Was wäre sonst wohl aus mir geworden? Womöglich wäre ich heute in irgendeinem Bergdorf eine verheiratete Frau mit einem Ehemann, den andere für mich bestimmt haben, mit vielen Kindern inmitten meiner kurdisch-jesidischen Nachbarn.

Viel ist es nicht, woran ich mich vom Land meiner Kindheit erinnere. Es sind Schemen, Bruchstücke, die sich nicht mehr zu einem ganzen Bild zusammenfügen. Manchmal allerdings ruft mein Gedächtnis unwillkürlich Bilder auf – die Rosen aus Omas Garten, wenn ich Marzipan esse. Oder wenn ich frühmorgens an einer Bäckerei vorbeikomme und den Geruch von frisch gebackenem Brot wahrnehme, dann sehe ich plötzlich den Steinofen in unserem Dorf wieder deutlich vor Augen, in den die Frauen morgens und abends die Brotfladen schoben. Aber ich habe niemanden mehr, mit dem ich diese Erinnerungen teilen kann. Anna kam erst zur Welt, als wir schon in Deutschland waren. Zu Roza habe ich keinen Kontakt mehr. Wo meine Brüder sind, weiß ich nicht. Mein Erzeuger sitzt im Gefängnis. Sibel habe ich seit meiner Kindheit nicht mehr gesehen. Als wir nach Deutschland gingen, blieb sie zurück. Vielleicht ist sie heute noch dort, dann vermutlich längst Ehefrau und Mutter vieler Kinder. Vielleicht aber ist sie in die Hände des IS gefallen, versklavt oder von seinen Menschenhändlern verkauft worden. Vielleicht lebt sie schon gar nicht mehr.

Jahrelang hat es mir geholfen, dass ich die Vergangenheit, die Zeit, als ich noch Teil einer großen Familie war, ganz beiseitegedrängt, tief in mir begraben hatte. Das hat mich befähigt, die erlebten Schrecken einzufrieren und die Hoffnung auf bessere Zeiten selbst in den dunklen Jahren nicht aufzugeben. Für dieses Buch muss ich nun die schwarzen Schatten, die durch mein Leben geisterten, wieder zulassen und den Verlorenen meines Weges – Mama, Roza, meinen Brüdern, ja, selbst Afsan, meinem Vater – wieder Zutritt erlauben, auch wenn mich das unruhig macht. Manchmal rutschte ich beim Schreiben dieses Buches auf meinem Stuhl am Schreibtisch so nervös hin und her wie früher kurz vor Schulschluss, wenn ich wusste, gleich geht es nach Hause, wo mein Onkel wartet.

Auf meinem Weg nach vorn verbot ich mir den Blick zurück, auch wenn das nicht immer gelang. Aber nun fordert die Vergangenheit ihr Recht ein, sie will Teil meines Lebens sein. Meine Vernunft mahnt mich, ihr die Tür zu öffnen, wir Menschen sind schließlich keine geschichtslosen Wesen, sagt sie zu mir, die Vergangenheit lässt sich nicht einfach einmotten wie die alte Winterkleidung, die man im Sommer in den Keller verbannt, und selbst die muss man schließlich irgendwann wieder hervorholen. Ich weiß, dass Erinnerungen Leben sind, sie machen uns ja erst unverwechselbar, wir brauchen sie, wie wir die Füße fürs Gehen brauchen. Meine Seele sträubt sich dennoch, sie fürchtet, dass die Gespenster sich wieder in meinem Leben einnisten könnten.

Aber Anna soll um die Geschichten ihrer Familie wissen. Und ich bin die Einzige, die ihr davon berichten kann.

5 SCHWARZKÖPFE

»Sag mal, Dilan, wie findest du eigentlich deinen Kindergarten? Gehst du gern dahin?«, fragte Mama mich an diesem wunderbaren Spätsommernachmittag, als wir gerade dabei waren, einen vollen Himbeerstrauch zu plündern. Mama und ich hatten diesen üppigen Strauch vor einigen Tagen beim Spaziergang am Waldrand entdeckt.

Wir lebten inzwischen – nach einer Odyssee durch triste Asylantenheime – in einem kleinen Dorf, etwa 120 Kilometer entfernt von Berlin, in einem mehrstöckigen Plattenbau, den die Dorfbewohner »Neubau« nannten. Er sah noch aus wie zu DDR-Zeiten, grau und hässlich. Aber wir waren glücklich, dass man uns hier endlich eine eigene Wohnung zugewiesen hatte. Unsere erste Wohnung in Deutschland!

In dem 2000-Seelen-Ort waren wir die einzigen Kurden und fielen dort, wo jeder jeden kannte, natürlich auf – eine fremdländische Familie mit vielen lauten schwarzhaarigen Kindern, die auf klapprigen und verbogenen Fahrrädern durch die Gegend sausten. Die hatten wir aus dem Sperrmüll gezogen, niemand hätte diesen eiernden »Gurken«, wie Anja sie nannte, noch irgendetwas zugetraut, aber Dogan, unser Superhandwerker, bastelte so lange an ihnen herum, bis sie fahrtüchtig waren.

»Der Kindergarten? Der ist toll, Mama. Wenn nur Rezan nicht auch da wäre! Der nervt mich. Dauernd kommt er bei mir an, immer will er bei mir sein. Und wenn ich ihn da nicht haben will, fängt er an zu weinen! Alle Kinder nennen ihn schon Heulsuse!! Wenn die Betten für unseren Mittagsschlaf aufgestellt werden, bringt Susanne ihn in meine Gruppe und sagt, er will unbedingt bei dir schlafen, Dilan! Nicht eine Sekunde hält er es ohne mich aus! Aber ich bin doch schon bei den Großen! Und da hat Rezan nichts zu suchen!«

Ich fand, ich hatte angesichts meines lästigen kleinen Bruders eine kleine Trostration Himbeeren verdient, und warf gleich mehrere von ihnen mit Schwung in die Luft, um sie dann gekonnt mit offenem Mund aufzufangen. Das hatte ich in den letzten Tagen geübt, als wir schon zwei Mal zum Sammeln hier waren, man musste schnell und geschickt dabei sein und den Mund ganz weit aufreißen. Himbeeren waren meine Lieblingsfrüchte, seit ich sie zum ersten Mal probiert hatte. Am liebsten mochte ich die unreifen, die waren nur für mich, Mama und meinen Geschwistern waren sie zu sauer.

Mama und ich hamsterten Obst, wo immer wir es fanden. In Brandenburg gab es überall an den Straßen oder Waldrändern oder auf den verwilderten Obstwiesen etwas zu holen – Rhababer, Kirschen, Pflaumen, Birnen und Äpfel, die aßen wir gern mit Salz bestreut. Geld war bei uns knapp, das meiste davon sackte mein Vater ein, und so waren unsere Fundstücke aus der Natur zu Hause eine willkommene Aufstockung unserer Essensvorräte.

In Deutschland lernte ich so viel Neues zum Essen kennen! Nutella zum Beispiel. Traumhaft! Am liebsten wollte ich immer gleich das ganze Glas leerlöffeln und danach auch noch ausschlecken. Aber leider hatte ich Geschwister, die ebenso erpicht wie ich auf den Schokoladengeschmack waren. Mit ihnen musste immer alles geteilt werden, und da blieb nicht allzu viel für jeden von uns. Essen war immer ein Kampfplatz: Wenn Mama Pommes frites gemacht hatte, ging es zu wie bei der Raubtierfütterung. Wenn einer von uns sich dabei hastig eine ganze Handvoll in den Mund stopfte, gab es Zank, Streit und manchmal eine Ohrfeige von Mama.

»Dilan, wenn du schon jetzt alle Himbeeren vernaschst, werden wir den Eimer nie vollkriegen!«, lachte meine Ané, als die Früchte in meinem Mund verschwanden. »Und mit Rezan, das musst du verstehen, er ist nun mal der Kleinste, und du bist seine große Schwester. Du musst ihm ein bisschen Zeit geben. Er wird schon noch lernen, auf eigenen Beinen zu stehen.« Das würde er auch müssen. Denn

Mama war hochschwanger, und damit war Rezan die längste Zeit »der Kleine« gewesen. Er würde den Platz räumen müssen.

Als Mama uns Kindern mitteilte, dass sie ein Baby erwartete, war das für alle eine Riesenüberraschung. Eine kleine Schwester würde es werden! Ich war gleich tierisch aufgeregt und machte lauter Pläne: eine Schwester, die ich wickeln, waschen, anziehen und frisieren konnte! Mama sagte, wir dürften mit überlegen, welchen Namen die Kleine erhalten sollte. Es sollte auf jeden Fall ein typisch deutscher Name sein, schließlich war die Neue die Einzige von uns, die in diesem fremden Land das Licht der Welt erblicken würde. Und so saßen wir abends alle am Tisch und ratterten unsere Vorschläge herunter – wir kannten aus dem Kindergarten und der Schule genügend Namen. Mama hatte meine älteren Geschwister bald nach unserem Einzug in der Schule angemeldet und Rezan und mich im Kindergarten.

Unsere Favoriten nach einigen Tagen waren »Anna« oder »Lea«, bis Mama schließlich entschied: »Sie wird Anna heißen«, sagte sie. »Den Namen werden Deutsche wie Kurden gut aussprechen können, das gefällt mir«, meinte sie.

Mein Vater beteiligte sich nicht an diesen Diskussionen. Ihm war der Name völlig schnuppe, das Kind vielleicht auch, es war jedenfalls nicht erkennbar, ob er sich darauf freute. Er hatte sich verändert, seit wir in Deutschland waren. Er war oft missmutig, hing tagelang auf dem Sofa herum und ranzte uns oder Mama an. Das Arbeitsamt bot ihm immer wieder Jobs an, die er alle ablehnte. Wahrscheinlich fürchtete er, an einem Arbeitsplatz nichts zu verstehen, denn die deutsche Sprache beherrschte er noch weniger als Mama. Da blieb er lieber zu Hause und sah fern. Wenn er unterwegs war, dann vermutlich bei seinen Spielautomaten. Oder er betrank sich. Er sagte auch Mama nie Bescheid, wenn er ging oder wann er wiederkommen würde. Wir Kinder gaben das Nachfragen bald auf. Nur die Aussicht auf eine Tüte voller Süßigkeiten, die er manchmal mitbrachte, wenn er länger fort gewesen war, ließ mich zuweilen bei Mama quengeln, wann Baba denn nun endlich wiederkäme. Dann wollte ich diejenige sein, die ihm schon an der Wohnungstür in die Arme fiel, das sicherte mir das erste Zugriffsrecht auf die Süßigkeiten. Besonders vor Rezan, dem erpresserischen Heuler, musste ich am Zug sein!

Wenn Afsan an Tagen, an denen er besser drauf war, mit uns »spielte«, artete das immer in eine wilde Toberei oder in Ringkämpfe aus, sehr zum Ärger von Mama, denn entweder ging dabei in der Wohnung etwas zu Bruch oder eins von uns Kindern trug Blessuren davon. Mama konnte dabei kaum zusehen. »Afsan, sag mal, kannst du mit den Kindern nicht mal was Vernünftiges spielen? Muss sich dabei immer jemand verletzen oder etwas kaputtgehen? Wozu putze und räume ich auf, wenn du zu so später Stunde noch wie ein Tornado durch die Wohnung fegst? Außerdem sollten die Kleinen längst im Bett sein!« Er kannte nichts anderes als Spiele, die eher Raufereien waren. Wenn er dann auch noch Mama grob an den Armen packte, um sie beschwichtigend zu sich auf den Schoß zu ziehen, war für sie der Spaß restlos vorbei: »Jetzt hör endlich auf! Lass mich! Du tust mir weh!« Und in der Tat hatte sie oft genug blaue Flecken an den Oberarmen.

Bei blauen Flecken an Mamas Armen blieb es nicht. Immer häufiger ließ Afsan seinen Frust an ihr aus. Dabei konnte er sich richtig in Rage prügeln – auch von uns Kindern ließ er sich dabei nicht aufhalten, da mochten wir noch so sehr schreien, er solle endlich damit aufhören. Von Mama kam bei seinen Gewaltausbrüchen kein Mucks. Sie schämte sich vor den Nachbarn – die sollten bloß nichts mitbekommen, wir, die »Flüchtlinge«, waren ohnehin nicht bei allen im Dorf willkommen.

»Wie viele Kinder die Frau hat!«, tuschelten sie über meine Mutter. »Wahrscheinlich will sie möglichst viel Kindergeld kassieren! Und bestimmt sind die kriminell!« Wenn Mama das mitbekam, weil sie darauf bestand, dass wir ihr das Getuschel übersetzten, zog sie sich noch mehr in ihr Schneckenhaus zurück. Sie hatte kaum Kontakt zu den Einheimischen, ihren neuen Nachbarn ging sie eher aus dem Weg, sie fürchtete, sich mit ihren unzulänglichen Verständigungsmöglichkeiten zu blamieren.

Ich habe mich später oft gefragt, warum nie einer unserer Nachbarn bei uns vor der Haustür stand, um dem Geschrei der Kinder nachzugehen. Sie mussten es doch alle hören! Hielten sie es für normal für eine fremdländische Familie, dass in der Wohnung offenbar Dinge vor sich gingen, die auf Streit und heftige Auseinandersetzungen hinwiesen? Hatten sie Angst nachzufragen? Waren wir ihnen gleichgültig? Oder hofften sie, dass ihre neuen Mitbewohner wegen solcher Streitereien eh bald wieder verschwinden würden? Bei einigen von ihnen lag dieser Verdacht nahe.

Manche Nachbarn schauten uns schon böse an, wenn wir ihnen im Treppenflur oder vor dem Haus begegneten. Andere sahen es gar nicht gern, wenn ihre Kinder mit uns spielten, Frau Heinrich zum Beispiel. »Mit denen aus dem Vierten wird nicht gespielt, Michael«, fauchte sie ihren Fünfjährigen an, wenn sie ihn dabei erwischte, wie er mit mir Kreidebilder auf dem Gehweg malte. Dabei war Michael froh, dass er mich hatte, denn andere Kinder unseres Alters gab es in dem Haus nicht. Wenn seine Mutter ihm die bunten Kreidestücke aus der Hand riss, sie mir mit einem giftigen Blick vor die Füße warf und ihren Sohn ins Haus zerrte, fing er jämmerlich zu weinen an. Ich verstand gar nicht, warum sie so handelte – Michael auch nicht. Der Arme musste danach auch noch eine Strafpredigt über sich ergehen lassen, sein Heulen hörte ich oft noch lange aus dem offen stehenden Fenster.

Aber nicht alle Nachbarn waren so wie Frau Heinrich. Frau Meier war ganz anders und mir die liebste unter den Bewohnern des Hauses, eine alte Frau, die im Erdgeschoss wohnte. Sie nannte mich »mein Mädchen«, das gefiel mir. Ihr Mann Hermann war schon vor vielen Jahren gestorben. Sie sprach oft von ihm, wenn ich bei ihr in der Küche saß und ein Stück von ihrem wunderbaren Zitronenkuchen aß, den sie immer zum Wochenende backte. Manchmal holte sie auch ein altes Fotoalbum aus dem Schrank, in dem viele Bilder von ihr und ihrem Hermann zu sehen waren, und erzählte davon, wie sie mit ihm nach Berchtesgaden gereist oder in Garmisch-Partenkirchen gewandert war. »Nun kann ich das alles nicht mehr«, sagte sie dann seufzend und wies auf den Rollator, der in einer Zimmerecke stand. »Aber ich freue mich immer, wenn du zu mir kommst, mein Mädchen!«

»So, Dilan, jetzt haben wir genug Beeren.« Mama griff noch einmal in den Himbeerstrauch, richtete sich auf und stützte mit den Händen ihren schweren Bauch. »Ich kann kaum noch stehen, wir gehen nach Hause, es wird auch Zeit. Morgen pflücken wir zusammen Weinblätter, die hab ich neulich auf dem Weg zum Supermarkt gesehen. Und dann mach ich euch gefüllte Weinblätter, wie zu Hause im Irak!«

»Kannst du nicht auch mal was Deutsches kochen?«, bettelte ich, als wir mit dem vollen Eimer nach Hause liefen. »Immer gibt es bei uns Reis mit Hühnchen! Im Kindergarten kriegen wir oft superleckeres Mittagsessen, Pfannkuchen oder Nudeln mit Tomatensauce, darauf freue ich mich schon morgens beim Frühstück! Ich weiß nur nicht, wie das alles auf Kurdisch heißt.«

»Dilan, dein Vater isst doch kein deutsches Essen, er mag nur Huhn oder Lamm mit Reis. Aber wenn er das nächste Mal nicht da ist, dann probier ich was Neues aus, versprochen. Rezan liegt mir mit eurem tollen Essen aus dem Kindergarten auch schon ständig in den Ohren. Morgen kommt ihr mit mir zum Einkaufen«, schlug Mama vor. »Ich brauche ohnehin Nachschub für meine Gewürze, sonst kann ich euch gar nicht mehr Berjan kochen, Omas Gewürze sind fast aufgebraucht.« Dogan und Diwan waren ganz verrückt nach dieser kurdischen Reispfanne. »Dann könnt ihr mir auch helfen, die Zutaten für deutsche Gerichte auszusuchen, denn das meiste, was man im Supermarkt kaufen kann, kenne ich gar nicht.«

»Au ja! Und, Mama, kannst du dann ganz viele Fruchtzwerge und Milchschnitten kaufen? Bitte! Die sind so lecker!«

Anfangs mochte ich weder Fruchtzwerge noch Milchschnitten, jetzt aber liebte ich sie! In den ersten Monaten in Deutschland hatten wir Kinder fremde Gerichte, ob Obst oder Süßigkeiten, als abscheulich empfunden. Die Geschmäcker waren fremd für uns, das meiste spuckten wir gleich wieder aus. Inzwischen hatte fast alles, was wir zu Beginn nicht ausstehen konnten, geradezu Suchtpotenzial entwickelt. Derzeit waren die kleinen Pizzabaguettes bei uns der absolute Renner. Mama musste sogar einen abschließbaren Kühlschrank kaufen, um die Sachen vor den Plünderungsaktionen ihrer gefräßigen Kinder zu schützen. Süßigkeiten versteckte sie in ihrem Zimmer. Ohne solche Vorsichtsmaßnahmen wären wir vermutlich schon Mitte des Monats pleite gewesen.

Wir Kinder hatten uns schnell in Deutschland eingelebt. Wir hatten Freunde, Dogan, Roza und Diwan gingen gern zur Schule und Rezan und ich in den Ganztags-Kindergarten. Für uns war es von Vorteil, dass wir die einzige ausländische Familie im Dorf waren, dadurch lernten wir die Sprache, Kultur, die Ansichten, Sitten und Gebräuche der Deutschen quasi im Crashkurs kennen. Und auf das Gerede im Dorf gaben wir nichts. Viel wichtiger für uns war: Wir durften Kinder sein!

Dazu trug auch Frau Steiner bei. Die alleinerziehende Mutter, die mit ihrer 14-jährigen Tochter Anja am Ende unserer Straße wohnte, hatte uns mit offenen Armen empfangen und uns den Start im fremden Land leichter gemacht. Dogan kannte die taffe blonde Anja aus seiner Klasse. Sie verstanden sich auf Anhieb, denn Anja hatte im Gegensatz zu ihren pubertierenden Klassenkameraden, die mit sich selbst beschäftigt waren, überhaupt keine Scheu, Dogan anzusprechen, der anfänglich noch etwas hilflos mit der Sprache kämpfte. In den Pausen lernten auch Roza und Diwan Anja kennen, und so unterschiedlich meine älteren Geschwister sonst auch waren, Anja fanden alle toll. Sie war selbstbewusst, lustig, sportlich und überhaupt nicht schüchtern. Auch Anja fand Gefallen an den dreien und verbrachte mit ihnen viel Zeit nach der Schule, während ich mit Rezan die Straße mit Kunstwerken aus Kreide verschönerte.

Anja hatte ihrer Mutter offensichtlich von uns erzählt, denn eines Sommerabends kam Frau Steiner mit einem Sack gebrauchter Kleidung an, als wir gerade mit Anja vor der Haustür spielten. Sie stellte die Tüte ab und setzte sich zu Mama auf die Treppenstufen.

»Hallo, ich bin Anjas Mutter. Ich heiße Frauke. Und Sie?« Sie sprach dabei ganz langsam, damit Mama ihr folgen konnte, die verstand allerdings nur Bahnhof und war sichtlich beschämt. Aber da rückten wir schon an, schließlich waren wir auch neugierig auf Frau Steiner. Und jeder von uns drängte sich vor, um für Mama und Frau Steiner zu übersetzen – nur zu gern wollten wir allen zeigen, wie gut wir schon Deutsch konnten. »Roza, Dilan, Diwan, Kinder! Bitte nur einer, nicht alle gleichzeitig!«, unterbrach Mama das Sprachengewirr, das auf sie einprasselte. »Ich Mutter von Kinder«, radebrechte sie dann an Frau Steiner gewandt und lächelte sie schüchtern an. Wir Kinder verloren nach einigen Minuten das Interesse an den beiden Frauen und ließen sie allein.

Als ich mich noch einmal umschaute nach meiner Ané, sah es so aus, als würden Frau Steiner und sie tatsächlich miteinander reden – oder besser gesagt: kommunizieren. Beide fuchtelten mit den Händen herum, zeigten auf einzelne Körperteile, und Frau Steiner streckte den Arm weit aus, möglicherweise um auf irgendetwas in der Ferne hinzuweisen. Wie sie sich verständigten, war mir schleierhaft, aber bei einigem guten Willen braucht es offensichtlich nicht viele Wörter, um sich gegenseitig etwas zu erzählen.

Jedenfalls war der Bann, der von Mamas Angst vor einer Blamage lebte, gebrochen. Frau Steiner kam jetzt häufiger und half Mama, wenn sie mit irgendeinem Behördenschreiben nicht klarkam. Sie brachte dann viel Geduld auf, um Mama alles zu erklären. Die brauchte sie auch. Denn Mama saugte zwar alle neuen Eindrücke in diesem Land auf wie ein Schwamm, aber sie tat sich schwer mit der deutschen Sprache, sie war zu schüchtern, einfach drauf los zu plappern, wie wir Kinder es taten. Aber sie versuchte, sie zu lernen. Wenn sie sich abends am Essenstisch wieder und wieder an der für sie so schwierigen Aussprache deutscher Wörter abmühte, lachten wir Kinder sie so lange für ihr Kauderwelsch aus, bis sie irgendwann fröhlich in unser Gelächter einstimmte. Wir Geschwister sprachen untereinander Deutsch. Manchmal vergaßen wir, dass unsere Ané nichts verstand, manchmal aber setzten wir das Deutsche auch als

Geheimwaffe ein, wenn wir wollten, dass Mama nichts mitkriegte. Oder auch einfach nur aus Spaß. Mama fand das überhaupt nicht lustig.

Frau Steiner war ein Goldstück. Sie brachte uns immer wieder Kleidungsstücke, die fast alle wie neu aussahen. Oder sie schickte Anja vorbei, um uns Spielsachen zu schenken. Die gebrauchten Rollschuhe, die sie Rezan und mir auslieh, waren der Hit! Stundenlang sausten wir damit auf dem Platz vor den Garagen unseres »Neubaus« hin und her. Roza, Diwan und Dogan hatten eine Schnupperstunde in dem Inline-Skater-Verein machen dürfen, in dem Frau Steiner Trainerin war, und sich danach gleich dort angemeldet.

Am Wochenende packte Mama unzählige Tupperdosen mit warmen sowie kalten Speisen ein und ging mit uns zu einem großen Brunnen neben einem Spielplatz, der im Sommer von einer Fontäne und zahlreichen kleinen Wasserfällen gespeist wurde – eine richtige Wasserlandschaft. Rezan und ich liebten diesen Ort und füllten wieder und wieder unsere Plastikgießkannen, um den Sand für unsere Burgenbauten nass zu machen. Viele kleine Kinder planschten hier, nackt oder nur mit einem Höschen bekleidet, während ihre Eltern auf den Bänken saßen und ein Auge auf sie hatten. Mama konnte mit ihrem dicken Bauch kaum noch richtig sitzen, sie musste ganz vorn auf die Bank rutschen. Sie war inzwischen so kugelrund, dass ich sie mindestens einmal am Tag fragte, ob Anna denn nicht endlich herauskommen und mit uns spielen wollte.

An einem Sonnabend kam Afsan zeitgleich mit uns nach Hause, wie üblich brachte er nicht einmal ein Wort der Begrüßung über die Lippen, sondern ließ sich gleich auf die Couch im Wohnzimmer fallen, schaltete den Fernseher an und zappte sich bei einem Bier und dem unvermeidlichen Whiskey durch kurdische und arabische Sender. Mama seifte uns, die beiden Kleinen, noch in der Badewanne ab, wie sie es immer tat, obwohl wir doch schon den ganzen Tag im Wasser gewesen waren.

Es klingelte.

»Roza, machst du mal auf?«, rief Mama aus dem Badezimmer, die gerade den heulenden Rezan in der Mangel hatte. Ich hatte mich schon abgetrocknet, streifte eilig meinen Pyjama über und lief, neugierig wie ich war, hinter Roza her. Vor der Tür standen zwei Polizisten, zwischen ihnen Dogan, der nicht mit uns gemeinsam nach Hause gekommen, sondern noch mit einigen Schulfreunden »abhängen« war. Er hielt den Kopf gesenkt und sagte keinen Ton. Dafür sprach einer der Polizisten: »Guten Abend. Ich bin Polizeioberwachtmeister Liebs, und das ist mein Kollege. Ihr Sohn wurde beim Diebstahl im Einkaufszentrum erwischt. Ich muss sie darüber aufklären, dass er mit vierzehn bei uns bereits strafrechtlich verantwortlich ist«, sagte der Dickere von beiden.

Afsan, der zwar nicht mehr als bestenfalls Guten Abend verstanden, sich aber – nichts Gutes ahnend – vom Sofa erhoben hatte, kam in den Flur. Das Erscheinen der Polizei an unserer Tür beunruhigte ihn. »Was ist passiert, Dogan?«, bellte er unseren ältesten Bruder wütend auf Kurdisch an. Dogan schwieg. Nachdem Roza und Diwan meinen sichtlich entsetzten Eltern das Erscheinen der uniformierten Herren erklärt hatten, schnappte sich Afsan Dogan und zerrte ihn weg von den Beamten in den Flur. »Okay, okay, danke«, stammelte mein Vater noch und schloss hastig die Tür.

Im Zimmer meiner Brüder dudelte – wie schon seit Wochen – das Album von Culture Beat im CD-Player rauf und runter, als Afsan Dogan zum ersten Mal ins Gesicht schlug. »Was fällt dir ein zu klauen? Ich kann es nicht glauben, mein Sohn klaut!«, schrie er. »Wie kannst du deine Familie so in Gefahr bringen? Wir sind Asylbewerber! Weißt du überhaupt, was das bedeutet? Wenn wir uns etwas zuschulden kommen lassen, können wir wieder zurückgeschickt werden in den Irak! Oder sonst wohin! Du bist eine Schande für die ganze Familie!«

Mit jedem Satz wurde Afsan noch wütender. Mama versuchte vergeblich, ihn zu beschwichtigen, unser Erzeuger war schon dabei, seinen Gürtel aus den Schlaufen seiner Hose zu fummeln, befahl Dogan, das T-Shirt auszuziehen und sich auf allen Vieren hinzuknien. »Das machst du nicht noch einmal!«, brüllte er, während er mit dem

Gürtel wieder und wieder auf Dogans nackten Rücken einpeitschte – das Bild verfolgt mich bis heute. Dogan gab keinen Laut von sich, nicht einmal, als sich schon rote Striemen auf seinem Rücken abzeichneten. Dafür heulten und brüllten wir anderen umso lauter.

Als ich unseren Vater so auf Dogan eindreschen sah, sah ich meinen Großvater, wie er meinem heiratsunwilligen Onkel die Pistole an den Kopf hielt. Hatte mein Vater, wie alle Männer bei uns im irakischen Dorf, womöglich auch eine Waffe, die er gleich holen und Dogan an die Schläfe setzen würde? Er war so außer sich vor Zorn.

Wie gut, dass wir nicht mehr im irakischen Dorf waren! Lange Zeit hatte ich meine Großeltern und Sibel sehr vermisst. Inzwischen fühlte ich mich zu Hause in unserem brandenburgischen Dorf. Als meine Eltern bei uns im Heimatdorf das erste Mal davon sprachen, dass wir nach Deutschland gehen würden, war ich ganz stolz gewesen. »Sibel, wir gehen nach Deutschland! Und dort kriegen wir ein Haus! Und ein Auto!«, prahlte ich vor meiner Tante. Angesichts dieser Aussicht fühlte ich mich als etwas Besonderes, denn noch keiner aus unserer Großfamilie hatte sich bisher auf den Weg gemacht. Sibel glaubte mir deswegen auch nicht recht. »Du willst doch nur angeben!«, meinte sie und boxte mich in die Seite.

Aber so wenig mein Vater auch in den darauffolgenden Jahren zustande brachte – diesen Plan zog er durch, vielleicht auch deshalb, weil sein Ansehen in der Familie meiner Großeltern nicht allzu gut war, sie behandelten ihn eher wie einen Geduldeten. Eines Tages hatte er es tatsächlich geschafft, einen Wagen zu organisieren, der uns nach Bagdad, in die Hauptstadt, bringen sollte. Mama hatte gepackt, und wir alle standen frühmorgens mit einigen Koffern, in denen sich auch unzählige Erinnerungsfotos und etliche Dosen mit Omas berühmter Kräutermischung befanden, erwartungsvoll vor dem Haus. Das ganze Dorf war gekommen, um uns zu verabschieden. Es flossen Tränen ohne Ende. Vor allem meiner Großmutter fiel der Abschied schwer. Ich war irgendwann von den tränenreichen Umarmungen, den Ermahnungen und den vielen Abschiedsküssen nur noch genervt und froh, als wir uns endlich alle ins Auto quetschten. Die Koffer wanderten aufs Dach. Rezan, mein kleiner Bruder, heulte so lange, bis er nach vorn zu Mama auf den Schoß durfte. Alle waren voller Erwartungen – und aufgeregt. Zum ersten Mal würden wir in einem Flugzeug sitzen und in ein fremdes Land reisen, von dem ich im Dorf schon so viel Märchenhaftes gehört hatte.

Aber daraus wurde nichts. Wir fuhren Stunden um Stunden auf holprigen Wegen, manchmal schnappte ich trotz des Lärms im Auto Gesprächsfetzen zwischen meinen Eltern auf, die ziemlich gereizt klangen. Als das Auto abends endlich anhielt, waren wir wieder auf dem Dorfplatz. Warum, weiß ich nicht. Mama sagte nur, wir hätten noch einmal zurückgemusst. Ich vermute eher, dass mein Vater den Weg nicht gefunden hatte. Er hatte unser Dorf und seine nähere Umgebung noch nie verlassen, Straßenkarten gab es nicht, und so war er vermutlich einfach auf gut Glück oder vagen Beschreibungen anderer Dorfbewohner folgend losgefahren und hatte irgendwann komplett die Orientierung verloren.

Am nächsten Morgen ging alles wieder von vorn los – weinende Frauen, feuchte Abschiedsküsse, Umarmungen, alle winkten dem Staub aufwirbelnden Auto nach. Und diesmal schafften wir es. Am nächsten Morgen saßen wir tatsächlich im Flugzeug. Mama stopfte uns noch hektisch Watte in die Ohren, und dann hoben wir ab – nach Istanbul.

Die Stadt am Bosporus war nur eine Zwischenstation. Von dort ging es weiter nach Deutschland. Ein Jahr verbrachten wir in unterschiedlichen Asylantenheimen, die uns alle grässlich vorkamen. Meist waren es ziemlich heruntergekommene Gebäude in den neuen Bundesländern, in denen wir auf engstem Raum mit vielen anderen leben mussten. Es gab nur wenige Toiletten, der Herd in der von vielen Familien geteilten Küche war klebrig und verschmutzt. Und es war immer kalt. Ich wollte am liebsten wieder nach Hause, zu Sibel, meinen Großeltern, zu meinen vielen Tanten und Onkeln und dem Garten mit dem großen Dattelbaum. Da war es uns doch viel besser ergangen. Mama musste mich oft trösten. »Es wird alles irgendwann gut werden, Dilan«, sagte sie dann, »du wirst es sehen. Irgendwann werden wir eine eigene Wohnung haben, du wirst Freunde finden, und ich werde für euch gefüllte Weinblätter machen.«

Sie sollte recht behalten. Eines Tages wurde uns endlich eine Vier-Zimmer-Wohnung in einer »Platte« zugewiesen. Mama war erleichtert, das Warten auf ein Zuhause hatte endlich ein Ende. Und spätestens als ich im ersten Sommer im Dorf den Eismann klingeln hörte und von Mama einige Groschen in die Hand gedrückt bekam, war für mich die Welt wieder in Ordnung: Von dem Geld kaufte ich mir meine erste Kugel »blauer Engel« – unglaublich süßes Kaugummieis!

Und dann war Anna eines Tages da! Als ich sie nur einen Tag nach der Geburt im Krankenhaus sah, war ich hin und weg. Sie lag, eingewickelt in ein hellblaues Tuch, schlummernd in den Armen unserer Mama. Die ganze Familie stand um das Bett herum und begutachtete das neue Mitglied. Mich verblüffte Annas Haarfülle, der ich am liebsten sofort mit Spangen und Klammern zu Leibe gerückt wäre. Frisieren hatte ich an meiner Barbiepuppe oft genug geübt. Aber so weit war Anna noch nicht, und Mama hatte rund um die Uhr ein Auge auf das Nesthäkchen. Rezan nahm Annas Hand und hielt sie an seine, um allen zu zeigen, wie viel größer er doch schon war. Damit hatte er seine neue Rolle als großer Bruder zumindest beschnuppert, akzeptiert hat er sie erst viel später, den Platz des verhätschelten Kükens gab er nicht kampflos ab.

Alles drehte sich nun um die Kleinste, alle liebten sie. Anna war ein kleiner Moppel, am liebsten wollte sie jeder knuddeln, abknutschen und in ihre dicken Pausbacken kneifen. Zu Hause wanderte sie von Schoß zu Schoß, ich durfte sie baden und ihr mit einer weichen Bürste die Haare kämmen. Wenn wir mit ihr im Dorf spazieren gingen, wurden wir fast immer von anderen Menschen angesprochen. Jeder war entzückt von ihren großen schwarzen Olivenaugen.

»Ist das eine Puppe?«, fragte eine alte Nachbarin am Hauseingang und zeigte dabei auf die erst wenige Wochen alte Anna, die im Kinderwagen schlief. »Mann, das ist doch keine Puppe!«, lachte ich und schaute dabei zu Roza hoch, die mich angrinste und nickte. »Das ist meine kleine Schwester!«, sagte ich voller Besitzerstolz.

»Meine Güte, ist die Kleine süß! Und schon so viele Haare! Erstaunlich für das Alter«, meinte die Nachbarin und lächelte uns an. Mit der kleinen Anna begegnete man uns im Dorf plötzlich viel freundlicher.

Aber bald nach Annas Geburt war unser beschauliches Brandenburger Dasein plötzlich zu Ende. Mein Vater fremdelte dort zu sehr. Er hatte von jesidischen Bekannten gehört, die nahe einem kleinen Ort in Baden-Württemberg wohnten. Da wollte er hin, um endlich wieder unter Seinesgleichen zu sein. Einer dieser Bekannten, der bereits seit Jahren in Deutschland lebte, besaß dort ein Haus. Das bot er meinem Vater an – zu »einem Freundschaftspreis«, behauptete Afsan, wir würden dafür nur eine geringe Miete zahlen. Wir sollten umziehen, ordnete er an.

Es war wieder so eine von Afsans einsamen Entscheidungen, die er nicht einmal mit Mama abstimmte. Sie fühlte sich noch schwach von der gerade erst überstandenen Geburt, aber das interessierte ihren Ehemann nicht. Er hatte in dem Dorf nie Fuß gefasst, nichts dafür getan, Freunde zu finden, und wollte diesen Ort endlich hinter sich lassen. Mama musste packen.

Mir fiel der Abschied schwer, besonders von Frau Steiner, Anja und Frau Meier, die mir als Wegzehrung noch einen halben Zitronenkuchen zusteckte. Vorbei war es nun auch mit dem Rollschuhlaufen, bei dem wir uns austoben konnten. »Sei nicht traurig, Dilan, irgendwann können wir dir vielleicht wieder Rollschuhe besorgen. Oder Schlittschuhe. Und außerdem: Wenn wir dort sind, kommst du zur Schule! Und als Schulmädchen bekommst du eine große Schultüte. Vielleicht sind darin sogar Milchschnitten und einige Fruchtzwerge«, versprach Mama.

In diesem Moment kam Anja angelaufen – auf dem Rücken einen Schulranzen, in den Händen zwei riesige Schultüten, die sie und ihre Mutter gebastelt und mit Leckereien gefüllt hatten. Eine war für mich, eine musste ich Rezan überlassen. »Du kommst doch jetzt bald in die Schule, Dilan, ich hab dir schon Stifte und ein Malbuch in meinen Ranzen getan. Den sollst du jetzt haben«, sagte Anja, noch ganz atemlos. »Und damit du dich während der ganzen langen Fahrt richtig auf die Schule freuen kannst, haben Mama und ich dir auch noch eine Zuckertüte gemacht!« Anja umarmte mich und drückte mir einen Kuss auf die rechte wie auf die linke Wange.

Ja, ich freute mich über die Zuckertüte. Und auf die Schule. Ich würde bald ein Schulkind sein – endlich! Aber warum bekam Rezan auch eine Tüte? Der musste doch noch in den Kindergarten gehen! Zum Glück! Dann konnte er mich endlich nicht länger nerven, dachte ich und gab ihm widerwillig die rote Schultüte.

6 KURDISCHE HOCHZEIT

Auf den ersten Blick sah das Haus, das uns in Baden-Württemberg erwartete, wie ein ganz normales Einfamilienhaus aus: Spitzdach, Obergeschoss, Tür, Fenster. Aber der Schein trog: Einige der roten Dachziegel fehlten, die Fenster ließen sich nicht richtig schließen, und die Tür hatte offensichtlich seit Jahrzehnten keinen Anstrich mehr abbekommen. Hier und da bröselte es auch aus der niedrigen Decke. Ich klammerte mich bei unserem Gang durchs Haus an Mamas Rock, ich fürchtete, die Decke könnte uns gleich auf den Kopf fallen. Mama schwieg.

Afsan begrüßte unseren neuen Vermieter, einen Jesiden, der auf dem großen Parkplatz vor dem Haus auf uns wartete. »Ein bisschen was musst du machen an dem Haus, Afsan«, meinte er, als er meinen Vater begrüßte. »Aber dafür überlass ich es euch ja auch für einen Spottpreis!«

Nun ja, wenn man sich die Häuser unserer Nachbarn anschaute mit den davorstehenden glänzenden Autos, gepflegten Blumenrabatten und Gewächshäusern im Garten, manche sogar mit einem kleinen Swimmingpool, dann war ziemlich klar, warum dieses Haus so lange leer gestanden hatte. Aber wir trösteten uns damit, dass wir endlich mehr Platz haben würden.

Und Afsan war stolz auf den neuen Besitzstand! Er lud uns, nachdem wir Koffer und Kartons ausgeladen hatten, gleich wieder ins Auto, um mit uns ins nächste Café zu düsen, wo er Mama bat, mit ihren Eltern im Irak zu telefonieren. Er wollte sie schnell wissen lassen, dass er es jetzt in Deutschland zu etwas gebracht hatte! Ein eigenes Haus – auch wenn die Miete vom Sozialamt bezahlt wurde, aber diese wundersame deutsche Einrichtung würden meine Großeltern eh nicht verstehen. Zur Feier des Tages spendierte unser Vater jedem von uns sogar ein Stück Kuchen. Ich tat mich schwer bei der Wahl – Zitronentörtchen oder Käsekuchen? Es war ein so rares Ereignis, dass ich lange vor dem Tresen in dem Café stand, bis Afsan ungeduldig wurde.

Unsere irakische Verwandtschaft war nach der Nachricht von unserem Einzug in das Haus fest davon überzeugt, dass wir unglaublich reich sein müssten und bestimmt so viel Geld hätten, dass am Monatsende noch etwas für sie abfallen würde. Mama war nach künftigen Telefonaten mit ihrer Familie verärgert. »Immer wollen sie Geld! Um Reis zu kaufen! Um einen Traktor anzuschaffen! Um das Dach auszubessern! Jedes Gespräch kreist darum! Die glauben, wir schwimmen im Geld und leben wie die Könige! Was wissen die denn schon von unserem Leben hier«, murmelte sie dann vor sich hin und schloss den Schrank mit den versteckten Süßigkeiten auf. In dem lag für Gäste immer auch eine Schachtel Zigaretten, nach der meine Ané in solchen Momenten griff. Ich sah sie nicht oft rauchen, sie wollte kein schlechtes Beispiel für uns sein, aber wenn sie es doch tat, dann war sie ziemlich deprimiert. Für eine Jesidin gehörte sich das nicht – rauchende Frauen gelten als »Schlampen« oder schlechte Hausfrauen und Mütter.

Meine Großeltern wussten nichts von den Problemen, die meine Mutter mit Afsan hatte, womöglich hätten sie die auch gar nicht als »Probleme« anerkannt. Gewalt in der Ehe? Ist doch nichts Ungewöhnliches! Mama erzählte ihnen nur von den schönen Dingen, die Spielsucht und den Alkoholkonsum meines Vaters sprach sie bestimmt nie an. Und schon gar nicht, dass mein Vater unser Geld für seine Solovergnügungen verprasste.

Einige Tage später erkannten wir dann auch, wofür die riesige Halle gebraucht wurde, die direkt an die Rückwand unseres Hauses gebaut war, am Anfang hatte sie uns rätseln lassen. Es war eine typische Hochzeitshalle, in der die Kurden aus dem weiteren Umfeld jeden Samstag ein anderes Brautpaar feierten. Dafür wird eine Halle gebraucht, denn es rücken Hunderte zu diesem Ereignis an. Man muss wissen: »Klein« wird da nicht gefeiert, Hochzeiten sind für Jesiden und Kurden keine bescheidenen Ereignisse, im Gegenteil, da wird geklotzt – viele Familien verschulden sich dafür auf Jahre, wenn nicht sogar Jahrzehnte. Die Eltern des Bräutigams müssen ordentlich in die Tasche greifen. Eine als mickrig geltende Feier kommt nicht infrage, das wäre eine Blamage vor der ganzen Community.

Gleich morgens geht die Großinszenierung los, wenn die sorgfältig zurechtgemachte Braut abgeholt wird, natürlich mit einem Mercedes S-Klasse, einer Stretch-Limousine oder einer pompösen Kutsche. Die Braut trägt ein rotes Band um die Taille, Symbol ihrer unverzichtbaren Jungfräulichkeit. Ihre Haare werden mit Dutzenden von Klammern und Spangen zu einem Turm hochgesteckt, der mit Litern von Haarlack haltbar gemacht und aufwändig geschmückt wird. Ihr Gesicht ist meist bis zur Unendlichkeit mit Make-up zugekleistert, besonders an schwarzem Kajal zur Betonung der dunklen Augen wird dabei nicht gespart.

So war jede Braut hergerichtet, die wir in den nächsten Jahren in dieser Halle heiraten sahen. Anfänglich war ich von den Frisuren noch schwer beeindruckt, später frisierte ich selbst meine kurdischen Freundinnen für Hochzeiten. Zuerst wurden die Haare mit einem Glätteisen zu Wellen geformt, anschließend kräftig toupiert und zu guter Letzt mit Klammern in Form gebracht. Mama behauptete, meine Leidenschaft fürs Frisieren sei schon früh erkennbar gewesen, ich hätte bereits mit drei Jahren immer einen kleinen Kamm in der Hosentasche gehabt.

Den ganzen Nachmittag lang rollen die Gäste an. Ein Stand ist aufgebaut, an dem Hunderte von Hähnchen gegrillt werden. Kellner zum Servieren des Essens zu späterer Stunde sind engagiert, natürlich auch eine kurdische Liveband, die bekannt und gut sein muss, notfalls muss man sie eben von weit her anreisen lassen; auch ein Kameramann wird angeheuert, er ist eine der wichtigsten Personen an diesem Tag, denn er muss das ganze Geschehen minutiös filmisch festhalten.

Zu essen gibt es eigentlich immer Grillhähnchen mit Reis und Salat, der Geruch der am Stand rotierenden Hähnchen umwaberte ständig unser Haus, auch noch Tage nach den wöchentlichen Gelagen. Serviert wird erst spätabends, mit reichlich Fladenbrot, wenn alle bereits am Verhungern sind. Anders als ich es aus dem Irak kannte, wo Männer und Frauen getrennt im Saal feierten, saßen bei den baden-württembergischen Jesiden-Hochzeiten die Familien zusammen an einem Tisch. Danach findet die vom Brautpaar mit Spannung erwartete öffentliche Bekanntmachung statt, wer was – oder besser wie viel – geschenkt hat. Denn außer von den engeren Familienangehörigen, deren Geschenkereigen vom Set an Töpfen bis hin zum Auto reichen kann, wird dem Brautpaar Geld bzw. Gold geschenkt. Die Band macht eine Pause, in der Mitte des Saales wird ein Tisch mit einem Mikrofon aufgestellt, an dem der Moderator Platz nimmt. Ein männlicher Vertreter der eingeladenen Familien geht nach vorn zum Tisch und überreicht das Geldgeschenk, wobei er dem Moderator den Namen der Schenkenden ins Ohr raunt, der ihn laut verkündet. Namen und die Höhe der Beträge werden sorgfältig notiert – unter 50 Euro kommt da keine der schenkenden Familien weg, das wäre eher »Kleingeld«, man muss sich großzügig zeigen, um das Gesicht zu wahren.

Es gibt viele ungeschriebene Gesetze für kurdische Hochzeiten, zum Beispiel die Kleiderordnung. Nur wer dem Brautpaar verwandtschaftlich näher steht, darf ein etwas auffälligeres Outfit wählen, das Kleid darf glamouröser, der Rock kürzer sein. Frauen, die nicht zu diesem auserwählten Kreis gehören, sollten sich bedeckter zeigen, es schickt sich nicht, zu diesem Anlass ein aufreizendes Kleid aus dem Schrank zu holen. Auch beim Tanz wird eine solche Unterscheidung gemacht: Nur engere Familienmitglieder dürfen im wahrsten Sinne des Wortes aus der Reihe tanzen und in der Mitte des von allen gebildeten Kreises tanzen. Anhand der Kleiderordnung und der Tanzchoreografie ist auch für Außenstehende schnell erkennbar, wer welche Rolle auf der Hochzeit spielt.

Frauen werden an diesem Tag genau unter die Lupe genommen –

auch deshalb, weil kurdische Hochzeiten immer zugleich ein Heiratsmarkt sind. Junggesellen wie Eltern halten Ausschau nach einer potenziellen Kandidatin. Die Frauen wissen alle, dass sie wie eine Jagdbeute aufs Korn genommen werden und sich angemessen verhalten müssen. Beim Flirten darf man sich nicht erwischen lassen, zumindest dem weiblichen Part darf das nicht passieren, denn dann scheidet die Ertappte gleich als künftige Schwiegertochter aus. Aber natürlich finden trotzdem Annäherungsversuche statt, wir Kinder konnten zwischen Parkplatz und Grillhähnchenstand, wo eine Reihe von Büschen die Sicht verdeckte, eigentlich immer eine durchaus gut besuchte Partnerbörse beobachten. Sobald die Teilnehmer wieder die Halle betraten und unter Beobachtung standen, ignorierte man sich wieder.

Das ist auch erforderlich, denn nicht nur Hunderte von Augenpaaren scannen ständig die Gästeschar, um ja alles mitzukriegen, was für einen guten Klatsch tauglich sein könnte. Das Geschehen an diesem besonderen Tag wird schließlich auch gefilmt. Der Kameramann dreht den ganzen Tag über zahllose Videos, um das wichtigste Familienereignis für die Nachwelt festzuhalten. Die Videos sind ein gesuchtes Unterhaltungsprogramm bei künftigen Verwandtenbesuchen und geben Stoff für monatelangen Tratsch her – eine Lieblingsbeschäftigung kurdischer Frauen. Es wird Schwarztee serviert, Sonnenblumenkerne zum Knabbern werden auf den Tisch gestellt, und dann werden Hochzeitsvideos angeschaut. Was heißt »angeschaut«? Sie werden in allen Details analysiert: Wie sah die Braut aus? Ihr Kleid? Ihr Make-up? Wer hat wie viel Geld gegeben? Wer welche Geschenke? Wer hat möglicherweise zu aufreizend getanzt? Gern wird dann auch das einstige Hochzeitskleid noch einmal aus dem Schrank geholt, befühlt und bewundert. Und natürlich werden auch die in Servietten eingeschlagenen Goldgeschenke im Schlafzimmer stolz präsentiert. Ich langweilte mich bei solchen Besuchen immer zu Tode, aber Mama fand durchaus Gefallen an dieser Freizeitunterhaltung.

Seit wir hier wohnten, bekamen wir jeden Samstag ein solches Spektakel geboten, und wir mittendrin, wir durften zugucken und hätten auch mittanzen dürfen, aber meist lehnten wir ab. Schon aus Scham. Was hätten wir sagen sollen, wenn uns einer der Gäste gefragt hätte, welcher Seite des Brautpaares wir zugehörten? Nicht regulär eingeladene Gäste fallen auf.

Und auffallen taten wir auch sonst schon genug. Auch in diesem Dorf. Wieder gab es außer uns kaum Ausländer, schon gar nicht eine Familie mit so vielen Kindern. Die kurdischen Familien, die zu den Hochzeiten eintrudelten, kamen überwiegend aus einer nahegelegenen Stadt, die zu den Hochburgen der Community in Deutschland zählte.

Auch in diesem baden-württembergischen Dorf kannte jeder jeden, auch hier waren die Reaktionen der anderen Dorfbewohner auf uns am Anfang durchweg misstrauisch und skeptisch. Von uns, den Neuen im Ort, hatte jeder in Windeseile gehört. »Die kommen aus dem Irak«, tuschelte man, »und gleich sechs Kinder haben die!« Deutsche Familien konnten mit einem solchen Kindersegen nicht mithalten.

Meine Grundschule war nur hundert Meter von unserem Haus entfernt. In den ersten Wochen brachte Mama mich zur Schule und trug meinen schweren Ranzen, den Anja mir überlassen hatte. »Benimm dich, Dilan. Mach deine Kleider nicht schmutzig. Ich hol dich mittags ab«, mahnte Mama dann regelmäßig und drückte mir zum Abschied einen Kuss auf die Stirn. Dann brachte sie Rezan in den Kindergarten, da musste er sich von nun an ohne mich durchheulen.

In der Klasse galt ich als vorlaut. Ich war ein neugieriges Kind, das eine Unmenge an Fragen hatte, und quatschte auch ziemlich oft dazwischen, wenn Frau Lenz, unsere Klassenlehrerin, meinen erhobenen Arm ignorierte oder wenn ich glaubte, eine bessere Antwort zu kennen als eine meiner Mitschülerinnen. Das konnte Frau Lenz zur Weißglut treiben. »Habe ich dich gefragt, Dilan?« Lass andere bitte ausreden, ruf nicht einfach in die Klasse hinein, schnipp nicht mit den Fingern, ich sehe auch so, dass du dich meldest – Frau Lenz hatte einen unerschöpflichen Vorrat an Ermahnungen, die ich durchaus verdiente. Ich gehörte bestimmt nicht zu ihren Lieblingsschülern. Das änderte sich später, als Frau Lenz mehr über unsere Familie wusste. Mama ging regelmäßig zu den Elternabenden, an denen Dogan oder Roza für sie übersetzte. Sie und Frau Lenz entwickelten ein herzliches Verhältnis zueinander.

Die Pausen fand ich am besten an der Schule. Während die Mädchen auf dem Schulhof Seilhüpfen spielten oder Himmel und Hölle, trieb ich mich mit den Jungs beim Tischtennis herum. Dabei konnte ich mich richtig austoben – Mädchenspiele interessierten mich nicht sonderlich. Ich ging lieber in die Judo-AG oder zum Schachclub, auch da war ich das einzige Mädchen, so wie in meiner Fußballmannschaft.

Hausaufgaben hingegen fand ich überflüssig. Mich kontrollierte sowieso keiner, und meine Noten in den Klassenarbeiten interessierten niemanden. Damals war mir das recht, denn zu feiern oder zu belohnen, wie bei einigen meiner Mitschüler, gab es beim Anblick meiner Zeugnisse nichts. Und Mama war schon genervt, wenn sie einen meiner Einträge ins Klassenbuch unterschreiben sollte, die ich Frau Lenz wieder abliefern musste. »Was soll ich damit, Dilan? Ich versteh das doch nicht! Geh zu Roza, lass deine große Schwester unterschreiben«, sagte Mama dann. Sie konnte kaum schreiben, sie war einfach nicht darin geübt, selbst ihre arabische Unterschrift war kaum lesbar. Und das war ihr peinlich. »Ané, das geht nicht. Frau Lenz sagt, die Eltern müssen sowas unterschreiben«, erklärte ich ihr dann. Aber sie blieb dabei, Roza sollte unterschreiben, und Frau Lenz gab irgendwann auf, die Unterschrift eines Elternteils bei mir einzufordern.

So mogelte ich mich durchs Schulhalbjahr, erst wenn es am Ende des Halbjahres Zeugnisse gab, und Dogan oder Diwan Mama darüber aufklärten, wie schlecht ich in der Schule war, gab es richtig Ärger. Ich wusste das schon vorher und versuchte alles, um Mamas Zorn schon im Vorfeld abzufangen.

»Mama, ich hab wieder eine Eins in Sport! Als einzige in der ganzen Klasse«, krähte ich schon an der Haustür, wenn es Zeugnisse gab. Für jedwede sportliche Aktivität war ich ja immer zu haben. Mama wusste das. Und in den Anfängen meiner Schulzeit ließ sie mich gewähren, auch wenn sie mich wieder und wieder ermahnte, mich in der Schule mehr anzustrengen. Aber irgendwann riss ihr der Geduldsfaden.

»Dieses Jahr gehst du nicht zum Fasching«, sagte sie, als sie erfuhr, wie mein Halbjahreszeugnis in der vierten Klasse ausgefallen war. Das war eine herbe Strafe! Zwei Mal war ich schon mit Rezan und Anna zu diesem merkwürdigen Ereignis gegangen, zu dem die Deutschen sich verkleideten, rote Pappnasen aufsetzten, große Figuren bastelten und mit ihnen durch die Straßen zogen, bis sie irgendwann in einer Kneipe saßen und schunkelnd Lieder sangen. Die »Fasnet«, die den Winter vertreiben sollte, war bei uns Kleineren äußerst beliebt. Wenn die Zeit der Umzüge nahte, ging unter uns der Zank um die Aldi-Tüten los. Es musste eine Aldi-Tüte sein, die wir zur Fastnacht mitnahmen – denn die war größer als andere Plastiktüten. Da passte ordentlich was rein! Mama und meine größeren Geschwister wollten irgendwann nicht mehr auf den langen Marsch mitkommen, wenn die Narren mit ihren gruseligen Holzmasken, begleitet von absichtlich falsch gespielter Blasmusik und Schellen, durch den Ort zogen. Rezan, schon als kleiner Junge mit Abstand der Musikalischste unter uns Geschwistern, hielt sich dabei die Ohren zu, er konnte die dissonanten Töne einfach nicht ertragen. Aber er, Anna und ich scheuten keinen Weg, um die begehrten Süßigkeiten abzustauben, die von den Hexen, Narren und den »Hästrägern« in die Menge geworfen wurden.

Seit Anna gut laufen konnte, durfte sie mit. Mama hatte ihr sogar ein entzückendes Marienkäfer-Kostüm genäht – Anna sah darin einfach unwiderstehlich aus. Rezan und ich waren durch die Erfahrung früherer Jahre schon kampferprobt und wussten, wie man sich in die vorderste Reihe drängt, um möglichst vor allen anderen zuzulangen, wenn der Bonbonregen durch die Luft fliegt. Aber in Anna erwuchs uns eine nicht zu schlagende Konkurrentin. Wenn sie mit piepsiger Stimme ihr »Horrido!« rief, sorgten sämtliche Erwachsene dafür, dass ihr Beutel mit den tollsten Süßigkeiten gefüllt wurde. Um dagegen noch eine Chance zu haben, kamen mein Bruder und ich eines Tages auf die geniale Idee, einfach einen Regenschirm umgekehrt aufzuhalten, um mehr Bonbons zu ergattern als Anna. Nachdem wir einem anderen Kind dabei fast ein Auge ausgestochen hatten, nahm uns unsere Nachbarin Frau Breuer, die neben uns gewartet hatte, schimpfend den Schirm aus der Hand. Die Idee war gut, aber leider in dem engen Gedränge nicht umzusetzen.

Zu Hause zogen wir uns in unsere Zimmer zurück, sperrten die Tür ab und schütteten die Aldi-Tüten aus. Es lohnte sich immer! Die Beute wurde nach Lieblingseroberungen sortiert und das eine oder andere Stück, sofern mehrfach vorhanden, getauscht. Diese Tauschgeschäfte konnten sich über Tage hinziehen, denn zumindest Rezan und ich feilschten dabei hartnäckig wie Händler auf einem orientalischen Basar. Aber immerhin – für einige Wochen waren wir unabhängig von Mamas streng rationiertem Nachschub an Süßigkeiten.

7 ICH BIN MARIA

Mamas Nachsicht verdankte ich es, dass ich in jungen Jahren zu meiner großen Leidenschaft kam: dem Fußball.

»Nimm deine Schwester mit zum Bolzplatz, Diwan!«, befahl Mama meinem Bruder, wenn er sich, mit dem Ball unter dem Arm, heimlich, still und leise zu seinen Kumpels verdrücken wollte, weil er schon ahnte, dass er seine kleinere Schwester wieder ins Schlepptau nehmen sollte. Aber es half ihm nichts, da konnte Diwan noch so sehr die Augen verdrehen oder protestieren, dass dort »nur Jungs« spielten. Für meine Ané war das kein Argument. »Dann sorg dafür, dass Dilan mitspielen darf! Du bist schließlich ihr Bruder!«

Mama sah, dass in Deutschland Jungen und Mädchen zusammen spielten – auch beim Fußball. Ihr war das eigentlich fremd, in kurdischen Familien werden Mädchen und Jungen zu getrennten Beschäftigungen angehalten. Aber sie fand es wichtig, dass wir Kinder gemeinsam loszogen und dass sich die Älteren dabei um die Jüngeren kümmerten, sie sollten Verantwortungsbewusstsein für die Kleinen entwickeln. Und da ich Dogan und Diwan in jeder freien Minute auf dem Schulhof, dem Sportplatz und manchmal sogar im Hausflur kicken sah, wollte ich mitspielen. Dogan und Diwan waren bereits Mitglieder in einem Fußballverein, und so meldete Mama auch mich dort an.

Dass meine Ané keinen großen Unterschied zwischen ihren Töchtern und ihren Söhnen machte, war ungewöhnlich. Kurdische Jungen werden von ihren Eltern oft wie kleine Prinzen behandelt, die Mädchen müssen im Haushalt helfen. Zu sportlichen Aktivitäten werden sie jedenfalls höchst selten ermuntert, besonders wenn sie dabei mit Jungen zusammenspielen. Mama dachte in dieser Frage anders, oder vielleicht dachte sie sich auch gar nichts dabei. Damals jedenfalls noch. Da lebten wir ja auch noch unter lauter Deutschen.

Nur für Roza war es eines Tages vorbei mit dem Bolzplatz. Auch sie war eine begeisterte Fußballerin und kickte oft mit uns – bis sie in die Pubertät kam. Mama entschied, dass sie jetzt andere Dinge zu lernen hatte. Wie man einen Haushalt ordentlich führt, wie man kocht und putzt. Roza passte das nicht, Mama und sie bekamen sich in dieser Zeit oft in die Haare. »Was ist, wenn ich nicht mehr da bin? Wie willst du für deine Geschwister kochen können? Schau mir zumindest über die Schulter«, hörte ich unsere Ané oft in der Küche schimpfen, bis meine Schwester irgendwann die Flucht ergriff und Mama vor lauter Ärger Selbstgespräche beim Kochen führte.

Fußball wurde mein Ein und Alles. Ich kickte bei jeder sich bietenden Gelegenheit, egal ob es draußen hell oder dunkel, warm oder kalt war. Eine Mädchenmannschaft gab es nicht, ich spielte bei den »Bambini« mit, wo es außer mir ausschließlich Jungen gab. Die meisten von ihnen gingen in meine Klasse. So lernte ich Nils kennen, dessen wohlhabende Eltern unsere direkten Nachbarn waren. Obwohl Nils Einzelkind war und nur mit seinen Eltern zusammenlebte, war ihr Haus mindestens doppelt so groß wie unseres, das wir uns zu acht teilten. Und es sah erheblich gepflegter aus. Nils Mutter war Hausfrau und hatte sichtlich Spaß an Gartenarbeit, ständig schnippelte sie an der Hecke herum oder mähte gleich frühmorgens den Rasen, bevorzugt am Wochenende, was wir, die wir alle am liebsten bis mittags schliefen, nicht besonders schätzten. Was sein Vater beruflich machte, wusste ich nicht, aber er schien gut zu verdienen. Nils wurde jeder Wunsch von den Augen abgelesen, und dennoch hatten seine Eltern und er ein ziemlich unterkühltes Verhältnis zueinander, sodass er sich meistens bei uns aufhielt und irgendwann ganz selbstverständlich auch bei uns übernachtete. Danach ging er bei uns ein und aus, wie ein weiteres Mitglied unserer großen Geschwisterschar. Nils war auch der größte Fan des kurdischen Essens, das Mama auftischte, und am Wochenende wollte er schon allein deshalb immer bei uns übernachten, weil es dann Mamas dünnes Fladenbrot mit Butter und Zucker gab.

Als ich das erste Mal zu Nils nach Hause ging, war mir ziemlich mulmig zumute. Bevor ich mit ihrem Sohn Freundschaft schloss, hatten seine Eltern auf mich sehr unfreundlich gewirkt, sie glotzten mich und meine Geschwister meistens nur an, so wie man Tiere im Zoo bestaunt, ohne ein Lächeln und ohne eine Miene zu verziehen oder etwas zu sagen – sie machten es eben so wie die meisten in der Nachbarschaft. Erst als Nils und ich uns über die Schule und den Fußball näherkamen, tauten auch seine Eltern allmählich auf.

Nils mochte nicht nur mich, sondern auch Rezan, und je älter wir drei wurden, desto enger schlossen sich die beiden Jungs zusammen. Manchmal war ich richtig eifersüchtig auf die beiden, aber das Problem löste sich von selbst, denn Nils und meine Wege trennten sich immer mehr.

Aber schulisch half er mir oft aus der Patsche. Er war in meiner Klasse der Erste gewesen, der lesen konnte, das war seine große Stärke, wenn er mal die Play-Station aus der Hand legte und schon genug Süßigkeiten in sich hineingestopft hatte. Trotz seines enormen Konsums an Bonbons und Schokolade war er ein sehr schlanker Junge, immer modisch gekleidet, nur seine blonden Locken bekam er nicht recht in den Griff. Ich war unter meinen Altersgenossen mit Abstand die Kleinste, alle waren mindestens einen Kopf größer als ich. Mir machte das gar nichts, denn schwächer als andere fühlte ich mich deshalb keineswegs. Ich legte mich auch mit älteren Jungs aus der Schule an, ich prügelte mich überhaupt ziemlich oft. Es gab Zeiten, da stand jeden zweiten Tag ein Vater oder eine Mutter vor unserer Tür. »Hallo, ich bin der Vater von Tim. Ihre Tochter hat meinem Sohn heute bei einer Prügelei die Brille kaputt gemacht. Und die war teuer«, sagte der aufgebrachte Vater von Tim, der seinen Sohnemann gleich als Zeugen mit angeschleppt hatte und nun Geld verlangte. Geld, das wir nicht hatten.

Mama war nach solchen unangenehmen Besuchen jedes Mal fix und fertig. Und stinksauer auf mich, ich kassierte gleich mehrere Ohrfeigen von ihr, die mindestens so weh taten wie seinerzeit die von meiner Großmutter. Körperliche Zurechtweisungen hielten mich allerdings nicht davon ab, mich beim nächsten Mal wieder mit voller Kraft voraus ins Kampfgetümmel zu stürzen. Sobald ich etwas als ungerecht empfand oder jemand glaubte, mich schubsen zu dürfen, um mir seine Überlegenheit zu demonstrieren, wurde ich wütend und dachte dann gar nicht mehr darüber nach, ob mein Sparringspartner größer oder kleiner, jünger oder älter als ich war. Fünf Geschwister, drei davon Brüder, hatten mich gestählt. Und wenn ich mir doch nicht mehr zu helfen wusste, dann zog ich meinen letzten Trumpf aus dem Ärmel und drohte mit meinen älteren Brüdern. Das fruchtete immer – Diwan oder Dogan sorgten dann für Ordnung. Mit mir aber rechneten sie hinterher ab: »Tu nicht so, als ob du das Unschuldslamm bist, Dilan. Das nächste Mal klärst du die Sache selbst!«

Beim Fußball tat ich das. In meiner reinen Jungenmannschaft musste ich mir die Anerkennung hart erkämpfen. Und ein Zuckerschlecken war das nicht: Wenn ich zum Umziehen in die Kabine der Jungs mitging, gab es regelmäßig Theater: »Was will die denn hier? Die ist doch ein Mädchen! Iiihh, ein Mädchen«, fielen dann alle im Chor ein, bis einer sagte: »Ey, du gehörst nicht hierher! Sieh zu, dass du Land gewinnst! Da hinten gibt es noch einen Raum, da kannst du dich umziehen!«

Solche Auseinandersetzungen liefen nicht immer ganz gewaltfrei ab, manchmal bezog ich Prügel, manchmal einer meiner Mitspieler. Aber allmählich setzte ich mich in meiner Mannschaft durch, ich wurde eine talentierte Kickerin, die dem Team zu manchem Sieg verhalf. Das schätzten auch die Jungs. Schlimm allerdings waren die Begegnungen mit gegnerischen Mannschaften auf einem Turnier – für meine Mitspieler eine echte Prüfung, bei der sie Hohn und Spott über sich ergehen lassen mussten. »Guck mal, die haben ein Mädchen in der Mannschaft! Alleine kriegt ihr das wohl nicht hin! Müsst euch jetzt schon von Weibern helfen lassen, oder was?«

Unser Trainer bereitete dem Theater eines Tages ein Ende: Er ernannte mich zum Kapitän, er honorierte meinen Spielerfolg. Für mich wurde damit ein Traum wahr – der allerdings ein jähes Ende fand, als ich mit zwölf Jahren erfuhr, dass es fortan vorbei war mit dem Spiel. Ich war keine »Bambina« mehr. In dem Alter wechselten die Jungs in die männliche Jugendmannschaft über, was mir verwehrt wurde. Ich war niedergeschmettert.

Mein Trainer riet mir, den Verein zu wechseln, damit ich in einer reinen Mädchenmannschaft weiter spielen könnte, aber das wollte ich nicht. Nur Mädchen? Die hatten doch gar keine Ahnung vom Spiel! Ich hatte mir die Vorbehalte der Jungs zu eigen gemacht, ich tutete in das gleiche Horn wie sie. Ich erinnere mich dunkel an ein Freundschaftsspiel mit meinem Jungenteam gegen eine reine Mädchenmannschaft aus einem anderen Ort. Nach dem Spiel, bei dem wir einen klaren Sieg errungen hatten, machte ich mich mit meinen Mitspielern über die Mädchen lustig. »Habt ihr gesehen, wie die Riesenbrüste von der Nummer acht beim Laufen schaukeln? Ja, und einer ist der Nagel beim Einsatz abgebrochen, die hat ja fast geheult! Warum entschuldigen die sich eigentlich immer, wenn es mal zur Sache geht?« So grölten und lachten wir.

Es war mein letztes Spiel, danach endete meine Fußballkarriere. Manchmal, wenn ich später die deutsche Nationalmannschaft der Frauen im Fernsehen sah, wie gekonnt sie kickten und einen Titel nach dem anderen abräumten, bedauerte ich meine Überheblichkeit – vielleicht hätte ich es auch zu einer solchen Meisterschaft gebracht!

Inzwischen weiß ich es besser. Neulich habe ich mich bei einer Damenmannschaft im Fußballverein gemeldet. Nach dem ersten Probetraining war ich nicht nur körperlich an meine Grenzen gekommen, sondern obendrein auch noch frustriert. Ich hatte immer geglaubt, dass man Fußballspielen nicht verlernen kann. Das ist wie Fahrrad fahren, Dilan, wenn man es einmal kann, dann kann man es für immer, so hatte ich mir selbst Mut zugesprochen, als ich meine Sporttasche gepackt hatte, um zum ersten Training zu gehen. Nach der freundlichen Begrüßung durch den Trainer und meine Mitspielerinnen schnappte ich mir auf dem Platz gleich den Ball und legte los. Aber bereits nach wenigen Minuten ging mir die Puste aus, dann verlor ich auch noch mehrfach den Ball und etliche Zweikämpfe. Meine Kolleginnen versuchten mich zu trösten, man sähe doch auf Anhieb, meinten sie, dass ich einen harten Schuss hätte. Aber ich machte mir keine Illusionen: Entweder war ich inzwischen grottenschlecht geworden, oder die anderen waren einfach so viel besser als ich. Vermutlich beides.

Mein früherer Hochmut gegenüber Mädchenmannschaften bekam einen ziemlichen Dämpfer verpasst, die Spielerinnen dieser Mannschaft hatten mich längst überholt – bessere Technik, bessere Kondition, ich bekam zu spüren, dass ich jetzt Mitte zwanzig war. Meinem Freund habe ich jedenfalls gleich nach dem ersten Training strikt untersagt, mich in absehbarer Zukunft bei einem Spiel anzufeuern. So gut bin ich noch lange nicht, dass ich die Blicke anderer, die mir nahestehen, dabei haben möchte.

Früher hatte ich mir immer so sehr gewünscht, dass meine Eltern mir mal zugeschaut hätten. Die Eltern anderer Kinder verfolgten stolz jedes Spiel ihrer Sprösslinge, nahmen sich sogar manchmal frei, um ihre Prinzen zu einem Auswärtsspiel zu chauffieren, Mama oder Afsan aber kamen nie.

Sie erschienen auch nicht zu meinem ersten Auftritt auf großer öffentlicher Bühne, in der voll besetzten Kirche unseres Dorfes, in der alle Bewohner an Heiligabend auf den kalten harten Kirchenbänken Platz genommen hatten. Ich war die Maria in der Weihnachtsgeschichte, die wir an diesem Abend zum Besten gaben. Meine Rolle verdankte ich Pastor Voss.

Er war eines Tages zu uns in die Klasse gekommen, um allen Freiwilligen Religionsunterricht zu erteilen. Ich war dabei. Mama hielt das für eine ganz normale Unterrichtsstunde, und so hatte es darum auch keine Diskussionen gegeben. Ich liebte Märchen, und Pastor Voss hatte schon in der ersten Stunde mein Herz gewonnen, als er ohne lange Vorrede anfing, uns eine Geschichte vorzulesen.

»Als aber der Herr sah, dass der Menschen Bosheit groß war auf

Erden und alles Dichten und Trachten ihres Herzens nur böse war immerdar, da reute es ihn, dass er die Menschen gemacht hatte auf Erden, und es bekümmerte ihn in seinem Herzen und er sprach: Ich will die Menschen, die ich geschaffen habe, vertilgen von der Erde, vom Menschen an bis hin zum Vieh und bis zum Gewürm und bis zu den Vögeln unter dem Himmel; denn es reut mich, dass ich sie gemacht habe. Aber Noah fand Gnade vor dem Herrn.

Dies, liebe Kinder, ist die Geschichte von Noah, seiner Arche und der großen Sintflut, die Gott den Menschen schickte. Er war böse auf sie, weil sie seine Gesetze nicht befolgt hatten«, sagte Pastor Voss mit seiner tiefen Stimme, und ich hing gebannt an seinen Lippen. Ich konnte mich noch gar nicht wieder lösen aus dem Zauber, mit dem mich die Geschichte eingefangen hatte. Ich sah diese fantastische Ansammlung von Tierpaaren vor meinem geistigen Auge – Vögel, Elefanten, Löwen, Bären, die Noah auf die Arche geführt hatte, um sie vor der Sintflut zu retten. Wie mochten die untereinander zurechtgekommen sein? Wie sorgte Noah dafür, dass die Spatzen nicht von den Katzen, die Zebras nicht von den Löwen, die Robben nicht von den Eisbären gefressen wurden? Das konnte mir der Pastor auch nicht so genau beantworten, er meinte, Gott hätte dafür schon gesorgt.

Ich mochte diesen Pastor, er hatte nichts gegen meine vielen Fragen – im Gegenteil, er ermunterte mich geradezu, alles genau wissen zu wollen. Im November erzählte er uns von Weihnachten, und wir lasen zum ersten Mal die Geschichte von Josef und Maria und den Hirten, die das Licht auf dem Felde sahen und sich nach Bethlehem aufmachten, wo Jesus geboren worden war.

»Wer ist Jesus, Mama? Pastor Voss hat uns heute eine Geschichte aus der Bibel vorgelesen, aber ich habe nicht alles verstanden. Warum wurde Jesus in einem Stall geboren? Ist er immer so klein geblieben oder inzwischen erwachsen?«, fragte ich meine Ané, als ich von der Schule nach Hause kam, aber die hatte genauso wenig Ahnung wie ich.

Einige Tage später, am 5. Dezember, verabschiedete Frau Lenz sich am Ende des Unterrichts von uns mit dem Satz: »Und denkt daran, morgen ist Nikolaus!« Wenn vorher schon mal das geheimnisvolle Wort »Nikolaus« gefallen war, hatte ich damit gar nichts anzufangen gewusst. Meine Mitschüler mochte ich fast nie nach einer Erklärung bei irgendwelchen fremden Wörtern fragen – ich wollte nicht das Dummchen sein, das nichts verstand.

In diesem Jahr aber wusste ich, was Nikolaus bedeutete: eine süße Verheißung. Pastor Voss hatte es mir gesagt. Man musste seine schönsten Schuhe heraussuchen, blitzeblank putzen und vor die Tür stellen. In der Nacht, so hatte er hinzugefügt, wenn alle Kinder schlafen, kommt der Nikolaus mit einem großen, von Rentieren gezogenen Schlitten und füllt die Schuhe der braven Kinder mit lauter Leckereien. Ich war fest entschlossen, dem Nikolaus dieses Jahr auch meine Schuhe hinzustellen.

Aber sollte ich meine Geschwister einweihen? Ich zögerte. Dann würde ich womöglich wieder teilen müssen! Aber schließlich siegte die geschwisterliche Solidarität, und ich erzählte zumindest Anna und Rezan davon. Und so putzten wir drei am Abend im Badezimmer unsere Stiefel, bis es aussah wie in einem Schweinestall. Es mussten – der Größe wegen – partout die Stiefel sein, die wir, bevor wir ins Bett gingen, vor der Haustür in einer ordentlichen Reihe aufstellten.

Vor lauter Aufregung bekam keiner von uns ein Auge zu. Um Mitternacht hingen wir alle am Fenster, um den geheimnisvollen Besucher bloß nicht zu verpassen. Wir warteten vergeblich. Und als wir am Morgen nachschauten, gähnten uns nur die leeren Schuhe entgegen. Die Enttäuschung war groß. Wieso hatten wir keine Süßigkeiten bekommen? Waren wir nicht brav genug gewesen? Diese Fragen trieben mich um, als ich zur Schule lief. Ich war traurig.

In der Klasse wurde ich noch trauriger, als alle meine Mitschüler ihre Schokoladen-Weihnachtsmänner präsentierten und kleine Marzipanfiguren, Kringel und Schokoglocken tauschten. Frau Lenz erkannte meine Enttäuschung. »Dilan, komm mal zu mir nach vorn. Schau mal«, sagte sie, als ich, den Tränen nahe, vor ihr stand, »das hat mir der Nikolaus für dich gegeben. Er hat es gestern nicht mehr zu eurem Haus geschafft, er hatte einfach zu viel zu tun. Er entschuldigt sich. Das soll ich dir ausrichten und dir das hier geben!« Und damit reichte sie mir eine mit lauter Süßigkeiten gefüllte Weihnachtssocke. Der Tag war gerettet!

Manchmal konnte Dogan ein richtiger Spielverderber sein! »Es gibt keinen Nikolaus«, klärte er mich auf, »die Süßigkeiten legen die Eltern in die Schuhe, Dilan. Demnächst feiern die Deutschen Weihnachten. Das machen nur die Christen. Wir nicht. Wir sind Jesiden, Kurden, und die feiern das Zuckerfest!« Aufklärung kann wehtun – ich brach in Tränen aus. Sicherheitshalber fragte ich bei Pastor Voss nach, ob denn stimmte, was Dogan gesagt hatte. Ja, das träfe zu, meinte der Pastor. Aber Jesus und Maria, von denen er uns erzählt habe, die habe es wirklich gegeben.

Als er dann in der nächsten Religionsstunde fragte, wer Lust habe, die Rolle der Maria beim weihnachtlichen Krippenspiel zu übernehmen, schnellte mein Finger hoch. Gleich danach meldeten sich auch Angelika und Gesine. Aber ich war schneller gewesen. »Bitte, Herr Pastor, ich möchte die Maria spielen! Ich hab mich auch als Erste gemeldet!«, rief ich in die Klasse. Ich bekam die Rolle. Und so wurde ich, der einzige »Schwarzkopf« der Klasse, am Heiligen Abend zu Maria, die in Bethlehem einen Sohn gebar.

Mama nähte mir aus billigem Stoff ein langes graues Kleid, denn Maria war ja arm; in die Krippe wurde eine Babypuppe gelegt, die Pastor Voss organisiert hatte. Nils durfte einer der drei Könige sein, die Jesus ihre Gaben brachten. Ich war schon von den Proben ganz verzaubert, die wir erst in der Klasse und dann in der großen Kirche durchführten. Und Heiligabend war ich super aufgeregt, denn das ganze Dorf schaute zu. Kerzen brannten, der Altar war geschmückt und die Gemeinde sang Weihnachtslieder. Und dann kamen wir dran! Das Krippenspiel war ein großer Erfolg, der Applaus lang und laut. Meine Familie war nicht da – aber traurig war ich darüber nicht, ich hatte an diesem Abend so viel Lob von allen Seiten bekommen, dass es mir richtig gut ging.

8 UNTER DEN JESIDEN

Mit unserem baden-württembergischen Dorfleben war es nach fünf Jahren vorbei. Afsan entschied mal wieder, dass ihm auch dieser Wohnort nicht mehr gefiel, also zogen wir erneut um, in die nächstgelegene Stadt. Mama packte wieder Koffer.

In der Stadt wimmelte es geradezu von Kurden, nicht zu verwechseln mit muslimischen Kurden – die meisten hier waren Jesiden wie wir, wenngleich aus der Türkei stammend, wir waren damals die einzigen aus dem Irak. Sie sprachen auch anders als wir, und sie hatten andere Ansichten als wir. Wir, die eingedeutschten Kurden oder »Almans«, wie die Kurden alle integrierten, modernen Landsleute leicht eingedeutscht nennen, mussten uns umstellen. Es war ein anderes Leben, das uns hier erwartete. Und selbst eine so starke Person wie Mama war an diesem neuen Wohnort dem Anpassungs- und Kontrolldruck der geballten kurdischen Community nicht gewachsen.

Die Sprachunterschiede waren eigentlich unser geringstes Problem, aber in der ersten Zeit setzten sie mir zu, weil sie zu Hänseleien führten.

»Mama, warum reden die denn so ein komisches Kurdisch?«, fragte ich meine Ané. »Auf dem Spielplatz und dem Schulhof lachen alle über mich, wenn ich etwas sage. Das ist voll peinlich! Ich traue mich manchmal gar nicht mehr, Kurdisch zu sprechen!«

»Dilan, das muss dir aber gar nicht peinlich sein. Die meisten Kurden hier in der Stadt kommen ursprünglich aus der Türkei und nicht aus dem Irak wie wir. Alle sprechen *kurmanci*, aber je nachdem, woher sie oder ihre Vorfahren kommen, unterscheiden sich Aussprache und etliche Wörter voneinander. Jesiden aus dem Irak lernen in der Schule als zweite Sprache Arabisch, Jesiden aus der Türkei eher Türkisch. Verstanden? Also, du brauchst dich wirklich nicht zu schämen«, besänftigte mich meine Ané und holte mir zum Trost einen Fruchtzwerg aus dem Kühlschrank.

Unsere Wohnung war moderner, aber ich vermisste unser kleines schäbiges Haus in dem baden-württembergischen Dorf, auch Nils, meine »Bambini« und Pastor Voss. Hier wohnten wir in einer U-förmigen Hochhaussiedlung mit lauter Nachbarn um uns herum, die alles mitbekamen, was wir taten. Die Wohnblöcke mit ihren einschüchternd vielen Etagen gruppierten sich um eine große Wiese, auf der es Bänke, ein Klettergerüst, eine lange Seilbahn und ein Fußballfeld gab. Die Balkone und Fenster waren überwiegend zur Wiese hin ausgerichtet, sodass jeder genau beobachten konnte, wer draußen herumhing, sich mit wem traf und was man so trieb. Viele kurdische Frauen, die das Haus überhaupt nicht verlassen durften, zumindest nicht ohne männliche Begleitung, taten offenbar nichts lieber, als ständig am Fenster zu hängen.

Am ersten Tag an meiner neuen Schule war ich angenehm überrascht über meine bunte Klasse, in der gleich mehrere Nationalitäten vertreten waren. Früher war ich immer der einzige »Schwarzkopf« unter meinen Mitschülern gewesen und hatte mich oft anders als die anderen gefühlt. Hier waren fast alle Kurden, egal, woher sie kamen. Ich war stolz darauf, zu einer so großen Gruppe zu gehören – stolz darauf, Kurdin zu sein. Endlich war ich keine Exotin mehr. Das dachte ich zumindest, aber die Unterschiede sollte ich noch zu spüren bekommen.

Mit Sevda ging es los. Vom ersten Tag an waren sie und ich unzertrennlich. Wie ich ging sie auf die zwei Kilometer entfernte Hauptschule. Ich war so glücklich, endlich eine Freundin zu haben, mit der ich auf Kurdisch über unsere Lehrer herziehen konnte. Sie wohnte nur wenige Straßen von unserem Block entfernt und wartete jeden Morgen pünktlich um sieben Uhr vor unserer Eingangstür, um mit mir zur Schule zu laufen. Sie war viel zurückhaltender als ich, was allerdings kein Kunststück war: Aufgedrehter und extrovertierter als ich war kein kurdisches Mädchen weit und breit. Sevda, die aus einer riesigen Familie stammte, wuchs völlig anders auf als ich. Die Haare trug sie immer zu einem strengen Zopf zusammengebunden. Während ich mich in diesen Jahren noch als Haarstylistin austobte und meine eigenen Haare jeden Tag anders herrichtete, mal offen, mal geflochten, mal mit Zickzackscheitel, bekam ich meine beste Freundin in der Öffentlichkeit nie mit offenen Haaren zu Gesicht. Ihre strenge Familie gestattete das nicht. Sie bestand darauf, dass Sevda sich vor anderen nur »verschlossen« zeigte, immer hatte sie – da konnte es noch so heiß sein – lange Hosen und langärmelige Shirts an. Wir beide müssen auf andere komisch gewirkt habe, wenn wir nebeneinander her von der Schule kamen – ich damals noch mit meinen Hotpants und knalligem Top neben der schwarz oder dunkelbraun gekleideten Sevda.

»Sagen deine Eltern denn gar nichts, wenn du in kurzen Hosen herumläufst?«, fragte Sevda mich verwundert, als sie mich im Sommer das erste Mal so sah. »Und deine drei Brüder – finden die das denn in Ordnung?« Wieso meine Brüder, wunderte ich mich.

Wenn ich meine Butterbrote mit Salami auspackte, war Sevda geradezu entsetzt: »Ist das etwa Schweinefleisch, Dilan?«

»Ja, ist voll lecker. Ich liebe Salami!«

»Aber Kurden dürfen doch kein Schweinefleisch essen, haben meine Eltern mir beigebracht. Ich kenne auch keinen Kurden, der Schweinefleisch isst. Das ist verboten, haram«, sagte sie und mochte gar nicht zusehen, wie ich in mein Brötchen biss.

»Zu Hause kocht meine Mama auch nicht mit Schweinefleisch, aber wenn ich mal Lust auf eine Currywurst oder Salami habe, dann verbietet sie mir das nicht. Ihr schmeckt Schweinefleisch einfach nicht, und – kannst dich beruhigen! – ich esse auch lieber Rinder- als Schweinehack«, grinste ich Sevda an und biss noch einmal genüsslich ins Brötchen. »Du hast doch auch manchmal Salami auf deinen Schulbroten!«

»Mann, Dilan, die ist aus dem Türkenladen und halal. Das ist keine Schweine-, sondern Geflügelsalami.«

Wenn ich im Sportunterricht meine geliebten alten Fußballtrikots auspackte, schaute mich nicht nur Sevda überrascht an. »Trikots sind doch nur was für Jungs!«, meinten einige meiner Klassenkameradinnen.

»Wieso das denn? Ich hab doch lange Fußball gespielt, und ich mag meine Trikots. Warum soll ich sie denn nicht anziehen?« Ich band mir ein Stirnband um den Kopf und war bereit für meinen geliebten Sportunterricht.

Gespräche wie diese wiederholten sich immer wieder. Irgendwann hatte ich das ganze Gewese, das um kurze Hosen, Fußballtrikots und Schweinefleisch gemacht wurde, so satt – ich konnte es einfach nicht mehr hören! Aber leider waren auch Mama und meine Brüder bald von dieser Denke infiziert.

Wenn ich mit einem Jungen aus meiner Klasse auf dem Nachhauseweg gesehen wurde, bekamen Dogan und Diwan Druck von anderen kurdischen Jungs, besser auf mich aufzupassen. »Oder habt ihr eure Schwester etwa nicht im Griff?« Bis dahin hatten sich die beiden gar nicht dafür interessiert, was ich mit wem machte, das änderte sich jetzt. Auf einmal krittelten sie dauernd an mir herum und glaubten, mir meine Tops und kurzen Hosen verbieten zu dürfen. Und selbst Rezan, der doch jünger als ich war, schleuderte mir nun bei jeder Gelegenheit seine Lieblingsbeleidigung an den Kopf: »Du bist ja ein richtiges Mannsweib!« Zur Strafe warf ich seine Pokemon-Sammlung vom Balkon. Die war hin.

Alles drehte sich ständig darum, was »die anderen von uns denken« könnten. Auf Mama blieb das nicht ohne Wirkung. Während sie früher nachsichtig reagiert hatte, wenn wir beim geschwisterlichen Versteckspielen durch das Haus getobt waren, mahnte sie uns jetzt dauernd: »Spielt leiser! Trampelt nicht so laut! Was sollen die Nachbarn denn denken? Dass hier Tiere leben?« Sie hatte auch ein viel schärferes Auge auf uns als vorher. Zwar war es ihr immer schon wichtig gewesen, dass wir uns in der Öffentlichkeit nur gut und sauber gekleidet sehen ließen, bald aber fing sie an, zumindest uns Jüngere morgens richtig zu kontrollieren, wie wir auf die Straße gingen –

alles nur, damit die jesidischen Nachbarinnen sich über uns nicht das Maul zerrissen. Sie selbst tauschte, wenn sie aus dem Haus ging, Röcke und enge Jeans gegen züchtige Hosen aus. Aber es war nicht nur die Kleiderordnung, der sie sich jetzt anpasste. Vorher hatte sie in vielen Fragen moderner gedacht, besonders, was die Erziehung ihrer Kinder anbetraf. Da ich jetzt in die Pubertät kam, war ich das nächste Opfer ihrer bisher ungewohnten Restriktionen.

Als Mama erfuhr, dass keiner meiner kurdischen Klassenkameraden am Religionsunterricht teilnahm, teilte sie mir kurz und bündig mit: »Du wirst da auch nicht mehr hingehen, Dilan.« Das traf mich.

»Wie bitte?«, fragte ich ungläubig. »Wieso nicht? Nur weil die anderen nicht dürfen?« Ich funkelte Mama böse an. »Ich habe doch immer gern bei Reli mitgemacht!«

»Dilan, du bist jetzt kein Kind mehr. Früher war es in Ordnung, aber jetzt ist damit Schluss. Du bist keine Christin und brauchst keinen Religionsunterricht. Was sollen die Leute denn denken?«, setzte sie verärgert nach. Offensichtlich war Dogans kategorische Ablehnung alles Christlichen auch bei ihr gelandet – er hatte mir ja nach dem Nikolaustag vor drei Jahren klargemacht, dass wir niemals Weihnachten feiern würden.

»Schön, dann gehe ich eben in den Ethikunterricht. Soll ja echt eine tolle Stunde sein, da wird nichts als Blödsinn gemacht, hab ich gehört. Aber bitte, wenn du das unbedingt willst! Mit dem Religionsunterricht hätte ich meinen Notendurchschnitt deutlich verbessern können, das hast du mir jetzt vermasselt, Mama, vielen Dank auch!« Ich warf die Tür zu meinem Zimmer krachend ins Schloss.

Ich konnte von Glück sagen, dass sie mir nicht auch noch den Biologieunterricht verbot. Viele aus meiner Klasse hatten unserer Lehrerin einfach eine kurze Erklärung in die Hand gedrückt, dass sie daran nicht mehr teilnehmen würden. Ihre Eltern waren dagegen – da wird doch nur über »schmutzige Sachen geredet«, hatte Hikmet aus meiner Klasse gemeint. Und die Schule nahm das kommentarlos hin!

»Ihr solltet zumindest an der Sexualaufklärung teilnehmen«,

kämpfte Frau Lampert, unsere Lehrerin, verzweifelt. Die Jungs waren dabei, Sex interessierte sie. »Für Mädchen ist das nix!«, höhnte Hikmet unter dem Gejohle der anderen Jungs. Und so war ich das einzige kurdische Mädchen, das daran teilnahm, Mama und meine Brüder mussten davon ja nichts wissen. Für diese Blockstunde kamen extra eine schulfremde junge Dame und ein Herr in den Unterricht und erklärten uns anhand von einem Holzpenis und einigen Kondomen, wie das mit der Fortpflanzung und Verhütung funktioniert. Wir saßen im Stuhlkreis, keiner von uns sagte etwas, alle Gesichter waren in tiefes Rot getaucht. Meins auch. Das Thema war uns superpeinlich. Wir warten nur noch darauf, dass endlich das Klingelzeichen ertönte.

Dabei konnten wir froh sein, dass wir zumindest auf diese Weise aufgeklärt wurden – in den Familien wurde darüber nicht gesprochen, vermutlich waren auch unsere Eltern nie von jemandem aufgeklärt worden. Ich blätterte manchmal im Supermarkt klammheimlich in einer *Bravo* und schaute nach, was Dr. Sommer auf die vielen Fragen von Leserinnen und Lesern antwortete – das war meine spärliche Informationsquelle. Aber zumindest nahm sie mir die Angst, dass mir womöglich nie Brüste wachsen würden. Ein Mädchen hatte an Dr. Sommer geschrieben, dass sie mit zwölf immer noch keine Brüste hätte; Dr. Sommer hatte sie beruhigt, das käme schon noch. Auch ich hatte seit einiger Zeit mit Sorge registriert, dass alle anderen Mädchen in meiner Klasse längst einen BH hatten, ich hingegen trug immer noch ein Unterhemd. Für eine Sechstklässlerin war das ungewöhnlich, und einmal sprach mich eine meiner Mitschülerinnen neugierig darauf an.

»Du trägst immer noch ein Unterhemd, Dilan? Echt?«, fragte sie staunend, und plötzlich starrten mich alle an.

»Wieso denn nicht? Ich brauche ja noch keinen BH«, antwortete ich ziemlich beschämt und zog mir schnell mein Trikot über den Kopf, damit ja niemand mitkriegte, dass mir das alles höchst unangenehm war. Seitdem schloss ich mich immer in der Toilette ein, um mich dort umzuziehen. Ich war vor hämischen Blicken in der Umkleidekabine nicht sicher, in der die anderen eine große Show aus ihrer neuen Unterwäsche machten.

Seit ich in der sechsten Klasse war, gab es zwischen Mama und mir immer häufiger längere Debatten, die zunehmend heftiger wurden. Ich sei kein Kind mehr, sagte sie dauernd, und vor allem sei ich kein Junge. Es blieb nicht bei verbalen Auseinandersetzungen, sie fing an, mich häufiger bei der von mir so gehassten Hausarbeit einzuspannen und versuchte auch, mir die Nähmaschine schmackhaft zu machen. »Schau mal, Dilan, ich hab dir einen neuen Kissenbezug in deiner Lieblingsfarbe genäht«, sagte sie eines Tages stolz und hielt den blauen Stoff hoch. »Du kannst mir helfen, für Annas Puppe ein Kleid zu nähen. Ist ganz einfach«, fügte sie hinzu und gab mir ein Küsschen auf die Stirn.

»Cool!«, lenkte ich ein. »Das will ich auch mal probieren!« Neues fand ich immer spannend und trat gleich kräftig auf das Nähmaschinenpedal.

Aber der Friede zwischen uns währte nur kurz. Eine Klassenfahrt stand an. Und schon ging das Theater wieder los. »Wer aus deiner Klasse darf alles mit? Sind die anderen kurdischen Mädchen mit dabei?«, wollte meine Ané wissen, als sie die Einverständniserklärung der Eltern für den Klassenausflug unterzeichnen sollte, sie aber noch unschlüssig in den Händen hielt.

»Die Jungs dürfen alle mit. Die haben die Erklärung auch schon unterschrieben und bei unserer Lehrerin abgegeben«, erklärte ich leicht ungeduldig. Was gab es da zu bereden?

»Die Jungen sind mir egal«, meinte Mama. »Was ist mit Sevda?«

»Mann, Mama, Sevda darf natürlich nicht mit! Die darf doch nie mit! Neulich war sie auch nicht mit, als wir im Wellenbad und davor im Museum waren«, sagte ich, inzwischen etwas genervt, und drückte meiner Ané schon mal auffordernd den Kugelschreiber in die Hand. Seit wann machte Mama Sevda zum Maßstab für das, was ich durfte? Nach längerem Hin und Her unterschrieb sie dann doch, aber es gab auch in Zukunft immer wieder solche Diskussionen. Und meine

Teilnahme an der Klassenfahrt schien tatsächlich *jeden* zu interessieren.

»Krass, Dilan, dass du mitfahren darfst! Also, meine Schwester darf nicht an Klassenfahrten mit Übernachtungen teilnehmen«, meinte Hikmet, dieser blöde Macho, der glaubte, seine Schwester unter der Knute halten zu müssen. »Was sagen denn deine Brüder dazu?«

»Blöde Frage! Warum darf deine Schwester denn nicht mit, Hikmet? Wieso bitte? Du fährst doch auch mit. Das ist doch voll unfair!«, erwiderte ich wütend.

»Ich bin schließlich ein Junge, natürlich darf ich.«

»Schön für dich! Beim Sport ziehe ich dich später ab«, rief ich durch die Klasse und warf ein Stück Kreide nach ihm. Meine Lehrerin grinste. »Toll, dass du mitkommst, Dilan. Die Klassenfahrt wird bestimmt lustig. Ihr werdet in einem Wald zu dritt in Bungalows wohnen. Die Gruppen sucht ihr euch aus.«

Mit dem Bolzen war es auch vorbei. Meine Bambini-Mannschaft hatte ich ja ohnehin schon verloren, aber manchmal kickte ich mit einigen Jungs im Innenhof unserer Siedlung. Mama untersagte mir das. »Ein kurdisches Mädchen tut das nicht! Nimm dir ein Beispiel an Sevda!« Immer wurde mir jetzt Sevda vorgehalten! Ich konnte Mamas Sprüche inzwischen schon selbst herunterbeten – was sollen andere über uns denken?

Ihr war es sehr recht, dass Fußball für mich passé war, möglicherweise hätte sie mich sonst dazu gezwungen. Denn schon das Ende meiner Grundschulzeit war alles andere als ein Heldenstück gewesen: Ich hatte bis zum Schluss so miserable Noten, dass meine Lehrer für mich als Einzige aus meiner Klasse eine Hauptschulempfehlung ausgesprochen hatten. Frau Lenz bedauerte das. Meine Ané aber war enttäuscht und wütend. »Was, glaubst du, kannst du einmal werden, wenn du nur in Sport gute Noten nach Hause bringst? Wie oft habe ich dir schon gesagt, dass du dich mehr anstrengen sollst! Sieh zu, dass du dich jetzt endlich auf die Schule konzentrierst. Es wird höchste Zeit!«

Sie hatte recht: Es wurde höchste Zeit. Heute weiß ich das. Damals aber glaubte ich, dass aus mir auf jeden Fall etwas werden würde – egal, wie gut ich in der Schule war. »Entspann dich, Mama! Aus mir wird schon was, mach dir keine Sorgen. Ich bin doch nicht doof«, rief ich ihr zu, wenn sie mich wieder einmal vergeblich zu mehr schulischem Ehrgeiz anzuhalten versuchte. Sie seufzte dann nur und ließ mich für einige Zeit in Ruhe.

Inzwischen habe ich eine Ausbildung abgeschlossen, Mama, und einen guten Job – wie schön wäre es, wenn du das noch hättest erleben dürfen. Es hätte dich so stolz gemacht! Ich weiß doch, wie wichtig dir die Bildung deiner Kinder war! Aber ich muss zugeben: Früher war ich eine faule Socke, du hast dich ja oft genug darüber aufgeregt. Zielstrebigkeit habe ich erst entwickelt, nachdem du nicht mehr bei uns warst.

9 DIE MORDNACHT

»Oh, das ist wunderbar, Dilan. Richtig gut machst du das«, stöhnte Mama, als ich ihre verspannten Nackenmuskeln knetete. Ich massierte sie oft, besonders ihren Rücken, der ihr seit Jahren starke Schmerzen bereitete. Insgeheim hoffte ich heute, mir damit auch das Privileg zu erarbeiten, bei ihr im Bett schlafen zu dürfen. Um diesen begehrten Platz konkurrierten mein jüngerer Bruder Rezan und ich erbittert. Anna hatte dort einen Stammplatz. Aber seit »Baba«, unser Erzeuger, fast gar nicht mehr nach Hause kam, war im Ehebett Platz für einen weiteren von uns Zwergen. Dass meine kleine Schwester bei Mama schlief, verstand ich ja, sie war schließlich das Küken der Familie, und außerdem hatte sie kein eigenes Bett. Aber dass Mama sich oft von Rezan, dieser Heulboje, erpressen ließ, der so lange quengelte, bis er bei ihr unter die Decke kriechen durfte, ärgerte mich immer wieder. Auch jetzt war er schon während meiner Massage in ihr Bett gestiegen.

»Danke, Dilan«, sagt Mama, als meine Finger schon ganz erschöpft waren. »Das war super, aber jetzt ab ins Bett, es ist schon zehn!«

»Ich will aber nicht ins Bett«, maulte ich. »Es sind doch Sommerferien. Und außerdem will *ich* heute bei dir schlafen. Immer darf Rezan das, er war schon so oft dran! Und er kriegt auch viel häufiger einen Kuss von dir als ich!« Ich war eifersüchtig auf meinen Bruder. Und enttäuscht – das Massieren hatte mir keinen Vorteil eingebracht. Rezan lag bereits schlafend in Mamas Bett. Zumindest tat er so.

»Ich möchte ihn jetzt nicht mehr aufwecken«, erwiderte Mama. »Bitte versteh das. Aber ich verspreche dir, morgen darfst du bei mir schlafen!« Mir blieb nichts anderes übrig, als mich in mein Zimmer zu trollen, das ich mir mit Roza teilte. Meine Schwester saß noch mit Dogan und Diwan vor dem Fernseher im Wohnzimmer, die drei guckten, wie so oft abends, einen Film.

Kurz bevor ich ins Land der Träume abdriftete, hörte ich plötzlich zwei tiefe Männerstimmen aus dem Flur. Eine davon kam mir nur zu bekannt vor, und sofort war ich hellwach, zeitgleich stellte sich dieses ungute Gefühl im Bauch ein, das ich in der letzten Zeit immer hatte, wenn mein Vater mal wieder bei uns auftauchte. Denn dann drohte Ärger. Ich stieg aus dem Bett, im schmalen, langen Flur stand er: Afsan. Neben ihm ein Fremder.

Seit Monaten war er nicht nach Hause gekommen. Dass er nicht da war, war nichts Ungewöhnliches, wir sahen ihn oft tage- oder wochenlang nicht. Meistens wusste nicht einmal Mama, wo er sich gerade herumtrieb. Er kam wieder, wann es ihm passte oder wenn ihm das Geld beim Zocken ausgegangen war. Mein Vater war spielsüchtig – keine Seltenheit unter kurdischen Männern, die mit dem Leben in der Fremde nicht zurechtkommen. So lange wie diesmal aber war er noch nie fortgeblieben. In der Nachbarschaft ging das Gerücht um, er sei in seine Heimat, in den Irak, zurückgekehrt. Im Stillen hofften wir alle, dass es wahr wäre, er dort bleiben und nie mehr zu uns zurückkehren würde. Denn er war uns nur eine Last, keine Hilfe.

Meine Freundin Lisa, die in der Grundschule neben mir gesessen hatte, wäre vermutlich tieftraurig gewesen und ihre Mutter hätte sich große Sorgen gemacht, wäre Lisas Papa ohne jede Vorankündigung plötzlich nicht mehr nach Hause gekommen. Wir hingegen waren glücklich über jeden Tag, an dem Afsan nicht da war. Wir vermissten ihn nicht, uns Geschwistern war er längst völlig schnuppe geworden, und Mama war erleichtert, wenn ihr prügelnder Ehemann nicht auftauchte.

Ich hatte Lisa immer um ihren Papa beneidet, so einen hätte ich auch gern gehabt – leider kann man sich den Vater nicht aussuchen. Herr Berger schlug seine Frau und seine Kinder nicht, er trank nicht und er war nicht spielsüchtig. Er gab Lisas Mutter als Erstes einen Kuss, wenn er von der Arbeit nach Hause kam. Seiner Tochter auch. Man spürte: Er liebte seine Familie. Lisas Mutter hatte mir eines Tages beim Mittagessen davon erzählt, wie die beiden sich im »Turn- und Sportverein« kennengelernt hatten: »Ich hatte schon lange ein Auge auf ihn geworfen«, sagte sie, »aber er war so schrecklich schüchtern, ich habe ihn dann einfach im Vereinsheim zu einer Cola eingeladen, und danach haben wir uns immer wieder verabredet.« Später haben die beiden dann geheiratet, »aus Liebe«, sagte Frau Berger.

Ich hatte natürlich bei Nils' Eltern gesehen, dass nicht alle Ehepaare ein so inniges Verhältnis wie die Bergers hatten. Bei meinen Eltern aber hatte ich nie den Eindruck, dass sie verliebt ineinander waren. Ich traute meinem Vater auch gar nicht zu, dass er lieben konnte. Würde ein liebender Mann seine Frau verprügeln, anspucken, ihr büschelweise Haare ausreißen oder sie mit Gegenständen bewerfen? Wohl kaum. Mein Vater machte das. Ich hatte es oft genug miterlebt. Ich weiß aber auch bis heute nicht, warum meine Mutter es zwanzig Jahre lang mit ihm aushielt, bevor sie sich zu einem entscheidenden Schritt entschloss. Vielleicht hatte sie Angst. Um sich, um ihre Kinder, vielleicht auch vor dem Gerede der Nachbarschaft. Oder sie hielt es für Schicksal, ein Schicksal, das Frauen eben zu ertragen haben. An diesem Tag aber, am 21. Juli 2003, wollte sie es nicht länger erdulden.

Wenn Afsan da war, lag Gewalt in der Luft. Das war schon zu spüren, wenn er zur Wohnungstür hereinkam. Das Muster, nach dem sich das Drama dann abspielte, war immer gleich: Kaum war er da, stand wenige Minuten später ein Bier, am liebsten zusammen mit einer Flasche Johnnie Walker Red Label Blended Scotch Whisky, vor ihm auf dem Tisch. Und während er sich durch arabische und kurdische Fernsehsender zappte, kippte er ein Glas nach dem anderen in sich hinein. Mama musste ihm währenddessen in der Küche Lammschulter mit Basmati-Reis und einen frischen Salat zubereiten. Und danach war es nur noch eine Frage der Zeit, bis er über irgendetwas wütend wurde, Mama anschrie und sie schließlich schlug. Ein Grund dafür war nie erkennbar, er war einfach betrunken, haltlos, frustriert, und wahrscheinlich glaubte er auch, es sei sein gutes Recht, seine Frau zu schlagen, wenn ihm danach zumute war. So jedenfalls führte er sich auf.

Vermutlich passte ihm auch nicht, dass Mama immer selbstbewusster wurde – seine Abwesenheit begünstigte das. Anders als er meisterte sie unser Leben in Deutschland, bewältigte, mit unserer Hilfe, alle Gänge zur Schule oder zum Sozialamt und versuchte auch, die Sprache zu lernen. Sie radebrechte sich durch den Alltag, mehr schlecht als recht, aber sie kam zurecht. Was blieb ihr auch anderes übrig? Afsan war nicht da, seinen Platz hatte längst Dogan, der Älteste von uns Geschwistern, eingenommen.

Für uns Jüngere war er immer schon der Superheld gewesen, uns gegenüber sehr fürsorglich, zu anderen immer höflich und freundlich, wenngleich er körperlichen Auseinandersetzungen nicht aus dem Weg ging. Er war, wie alle in meiner Familie, zwar ziemlich klein, aber physisch robust. Als wir noch neu in Deutschland waren und uns die Jungs auf der Straße manchmal Beleidigungen hinterherriefen, legte sich Dogan, damals noch ein Teenager, einmal mit so einer Truppe an. Das muss noch in dem brandenburgischen Dorf gewesen sein. Bei dem Kampf verlor er einen seiner Vorderzähne. Der Zahnarzt, der ihn behandelte, muss ein Herz für Kinder gehabt haben: Er setzte Dogan eine bewegliche Spange mit einem Zahn aus Kunststoff ein, den Dogan leicht mit der Zunge abheben konnte. Fortan war mein Bruder unter Jüngeren ein Star. Denn er konnte beim Lächeln plötzlich den Zahn zur Seite schieben und anderen mit seinem gruseligen Mund einen Schrecken einjagen.

Mama verließ sich sehr auf ihren Erstgeborenen – anders als unser Erzeuger war Dogan immer zur Stelle, wenn sie ihn brauchte. Ihm sah sie sogar nach, dass er nicht gerade ungebremsten Ehrgeiz in der Schule an den Tag legte, obwohl ihr der Schulerfolg ihrer Kinder doch so wichtig war. Und Dogan hatte ernsthafte Schwierigkeiten, in seiner Klasse mitzuhalten. Er saß nicht gern vor seinen Schulaufgaben, viel lieber stromerte er draußen in der Natur herum. Eines Tages entdeckte er seine Leidenschaft fürs Angeln, und bereits wenige Tage, nachdem er seinen Angelschein erhalten hatte, kam er abends, vor Stolz fast platzend, mit einem großen Fisch nach Hause, der einige Minuten später im Ofen brutzelte. Ich war ganz neidisch, das wollte ich auch können. Also begleitete ich ihn fortan, wenn er zum Angeln ging, und wartete geduldig mit ihm auf Beute. Schwergefallen ist mir allerdings, dass Angler schweigen müssen – ich bin doch eher ein Plappermaul. »Sei still, Dilan, sonst vertreibst du die Fische!«, musste er mich manchmal ermahnen.

Auch handwerklich war er sehr geschickt, nicht nur bei den Fahrrädern, die er für uns aus dem Sperrmüll rettete. Für Rezan und mich baute er einmal im Winter einen riesigen Iglu auf der Wiese, das Fundament stabilisierte er mit schmalen leeren Blumenkästen. Tagelang spielten wir darin Eskimomann und -frau. Wir liebten ihn für seine verrückten Ideen, die er mit Geschick umzusetzen verstand. Ganz selten gab es zwischen ihm und Mama kleine Auseinandersetzungen, meistens wenn Dogan sich zu spät für die Schule fertigmachte. Denn ohne eine Handvoll Gel im Haar verließ er morgens nicht das Haus, da mochte er noch so spät dran sein.

Er schloss die Schule nicht ab, sondern bekam nach einem Praktikum in einer Kfz-Werkstatt ein Arbeitsangebot, das er annahm. Der Meister schätzte seine Zuverlässigkeit und sein handwerklich-technisches Verständnis. Und Mama war froh, dass Dogan Geld mit nach Hause brachte. Nachdem er seinen Führerschein bestanden hatte, kaufte er einen gebrauchten Golf. Als wir zum ersten Mal alle zusammen mit seinem Auto zum Einkaufen fuhren, war unsere Ané mächtig stolz auf ihren erwachsenen Sohn. Und wir Geschwister staunten über unseren Bruder am Steuer, er fuhr von Anfang an absolut souverän, so etwas kriegte nur Dogan hin. Endlich mussten wir die schweren Einkaufstüten nicht mehr auf dem Fahrrad transportieren – für eine vielköpfige Familie eine große Erleichterung.

Dogan sorgte für uns alle, nicht unser Erzeuger. Der tat nichts, um sich und uns ein Leben in Deutschland aufzubauen. Die vom Arbeitsamt angebotenen Jobs lehnte er fast alle ab – ich wundere mich heute, wie er damit immer wieder durchkam. In der Anfangszeit nahm er einmal eine Tätigkeit in einer Margarinefabrik an, aber nach einigen Tagen stellte er sie wieder ein: »Ich mach doch nicht die Drecksarbeit für die Deutschen!« Nur einmal hielt er es überraschenderweise etwas länger aus: Da arbeitete er in einer großen Gärtnerei, wo er auf andere jesidische Männer und Frauen traf. Das gefiel ihm. Manchmal brachte er sogar Blumen mit nach Hause. Mama schöpfte Hoffnung. Aber auch dieser Anlauf scheiterte nach einigen Wochen – es gab eine Schlägerei, mein Vater erhielt eine Anzeige wegen Körperverletzung, ihm wurde fristlos gekündigt, und Afsan kehrte zurück an die Spielautomaten. Häufig kam er von dort abends sturzbetrunken nach Hause, und dann dauerte es meist nicht lange, bis er Mama prügelte. Wir Kinder hatten uns fast schon an diesen gewalttätigen Vater gewöhnt; sobald es lauter wurde, sprangen wir aus unseren Betten, um uns schützend vor unsere Mutter zu stellen. Afsan kam mit dem Leben in Deutschland überhaupt nicht zurecht. Und irgendjemand musste für sein verpfuschtes Dasein büßen.

Auch heute strahlte er wieder eine negative Aura aus, die vom ersten Moment an alle in Habachthaltung verfallen ließ. Dogan, Diwan und Roza hatten die Couch verlassen und standen steif und kerzengerade nebeneinander im Flur. Sie warteten voller Anspannung auf das, was jetzt kommen musste.

»Hallo, Kinder, ich habe euch vermisst. Mein Güte, seid ihr groß geworden! Wo sind die beiden Kleinen, Rezan und Anna?«, fragte er mit schiefem Lächeln, als ich barfuß in den Flur getapst kam und mich hinter meine größeren Geschwistern stellte. Afsan tat immer so, als wäre nichts gewesen, als könnte er nahtlos wieder dort anknüpfen, wo er uns verlassen hatte.

»Rezan und Anna schlafen schon, sei bitte etwas leiser, Afsan!« Mama stand plötzlich in der Tür ihres Schlafzimmers.

»Das ist Ari, mein Cousin, ich habe ihn aus dem Irak mitgebracht«, stellte Afsan den fremden Mann vor. »Er wird eine Zeit lang bei uns bleiben.«

»Hallo, geht's euch allen gut?«, sagte Ari. Als er schüchtern lächelte, sah man, dass seine Zähne ziemlich schief standen und ziemlich gelb waren. Wann hat der sich wohl das letzte Mal die Zähne geputzt?, fragte ich mich im Stillen.

»Uns geht es ohne dich besser, Afsan. Ich habe mich beraten lassen und werde die Scheidung einreichen«, sagte meine Ané mit klarer Stimme und hoch erhobenen Hauptes. »Das hier ist nicht mehr dein Zuhause, hörst du? Damit ist jetzt Schluss!«

Ich war total verblüfft. Hatte meine Mama das eben wirklich gesagt? Und das sogar in Anwesenheit von Ari? Meinte sie das ernst? Werden wir ihn jetzt wirklich los, diesen Mann, der den Namen Vater nicht verdient? Müssen wir nie mehr Angst haben, dass er auf einmal da ist und um sich schlägt?

Während mir noch lauter Fragen durch den Kopf schossen, wurde es laut zwischen Mama und Afsan, Ari guckte ein bisschen hilflos um sich. Ich kriegte gar nicht richtig mit, was unser Vater jetzt brüllte, ich war schon in Angststarre verfallen – zunehmende Lautstärke bedeutete eigentlich immer, dass es gleich Schläge hageln würde.

»Du hast doch gehört«, mischte Dogan sich jetzt ein und schaute meinem Vater dabei fest in die Augen. »Wir brauchen dich nicht mehr! Wir kommen besser ohne dich zurecht!« Für Kurden ein Tabubruch, dass ein Sohn so mit seinem Vater spricht.

Afsans Miene entgleiste, er fing an zu registrieren, dass er hier nicht mehr willkommen war. Weder bei seiner Frau noch bei seinen Kindern. Mit einer so klaren Ansage hatte er wohl nicht gerechnet. Er flippte aus. Ich hielt mir die Ohren zu, ich wollte gar nicht hören, welche Schimpfwörter er Mama nun an den Kopf warf und lief zurück in mein Zimmer, mein ganzer Körper war in Aufruhr. »Oh, bitte, lieber Gott, lass sie aufhören zu streiten. Bitte, bitte!«, murmelte ich und tigerte im Zimmer wie ein Tier im Käfig nervös auf und ab. Plötzlich hörte ich einen furchtbaren Krach, ich rannte zurück in den Flur, wo meine Geschwister schreiend mit Fäusten und

Füßen gegen die Tür des Elternschlafzimmers hämmerten. Dahin musste Afsan unsere Mutter gezerrt und die Tür zugeschlossen haben. Auch Ari war von der Bildfläche verschwunden.

»Mach die Tür auf, mach die Tür wieder auf!«, schrie Roza. »Lass sie in Ruhe, du Mistkerl!«, brüllte Dogan, während er schon auf den Balkon hastete, ein Fenster des Schlafzimmers war von dort aus zugänglich. Roza und Diwan ihm hinterher. Ich rüttelte währenddessen verzweifelt an der Klinke der Schlafzimmertür und flehte wieder und wieder: »Rezaaaaan! Rezaan! Bitte, mach doch endlich die verdammte Tür auf!«

Alles ging viel zu schnell, um sich groß Gedanken zu machen, was drinnen, im Schlafzimmer meiner Eltern, passierte. Ich hörte, wie Sachen zu Boden stürzten und Glas zerschmettert wurde. Weder von meinem Vater noch von meiner Mutter war etwas zu hören, nur Rezans Geschrei und Annas Weinen drangen durch die Tür. Ich drehte durch, hastete zwischen Flur und meinem Bett hin und her und betete, die Hände vor der Brust gefaltet, zu Gott, meine Ané zu beschützen.

Plötzlich ging die Schlafzimmertür auf, mein Vater schubste Diwan, der ihn festhalten wollte, zur Seite und stürzte, das Hemd zerfetzt und übersät mit Blutflecken, Richtung Wohnungstür, verfolgt von Dogan, der unser großes Küchenmesser in der Hand hielt. Dann standen der immer noch ununterbrochen schreiende Rezan und Anna in der Tür. Ihr Anblick ließ mir den Atem stocken, die Pyjamas der beiden waren voller Blutspritzer. Als ich zögernd ins Schlafzimmer schaute, sah ich meine Ané, der ich kurz zuvor noch den Rücken massiert hatte, in einer großen Blutlache auf dem Boden liegen. Vor ihr kniete Roza, Mamas Kopf im Schoß, und flehte immer wieder: »Ané, Ané, bitte verlass uns nicht! Verlass uns nicht!«

Das Zimmer war verwüstet, das Fenster kaputt, und überall lagen Scherben. Annas kleines Dreirad, das Dogan vermutlich benutzt hatte, um die Scheibe einzuschlagen, hing im Fensterrahmen. Blutspritzer waren an den Wänden, sogar an der Zimmerdecke. Ich traute mich nicht, den Raum zu betreten, alles kam mir so unwirklich vor.

Ich lief ans Fenster im Schlafzimmer meiner Brüder und blickte nach unten auf die Straße. Die ganze Nachbarschaft hatte sich vor der Haustür eingefunden, ein Krankenwagen und einige Polizeiautos kamen mit Blaulicht angerast. Afsan saß auf der Treppe des benachbarten Hauses, er saß einfach reglos da. Keiner außer mir konnte ihn da sehen, denn zum Hauseingang führte eine schmale Mauer, die ihn verdeckte. Ich wollte am liebsten das Fenster öffnen und schreien, ihm auf den Kopf spucken. Ich konnte nicht, meine zitternden Hände gehorchten mir nicht mehr.

Von Dogan und Diwan war nichts zu sehen. Von Roza auch nicht. Mit Anna und Rezan an der Hand lief ich ins Treppenhaus. Polizisten und Sanitäter kamen uns entgegen. Unsere Nachbarn, eine kurdische Familie mit zwei Kindern, brachten uns in ihre Wohnung eine Etage höher, direkt über uns. Fatme, die Mutter, nahm sich unserer an, sie zog Anna und Rezan die blutverschmierten Pyjamas aus und gab ihnen Sachen ihrer Kinder zum Anziehen. Ich bekam eine Wolldecke, mir war so kalt. Fatme und ihr Ehemann Serkan wirkten sehr beunruhigt. Aber was genau mit meiner Mama war, wussten sie nicht. Oder sie wollten es mir nicht sagen.

Am nächsten Morgen kam mir alles vor wie ein schlechter Traum. Ich traute mich gar nicht aufzustehen, im Bett aber wollte ich auch nicht bleiben – mich würden nur die Geschehnisse der letzten Nacht einholen. Ich ahnte ja bereits, dass Mama tot war, aber ich wehrte mich gegen diese Vorstellung, ich hatte immer noch ein Fünkchen Hoffnung, dass sie vielleicht im Krankenhaus war, dass sie überlebt hatte. Anna und Rezan saßen schon auf dem Sofa im Wohnzimmer. Irgendwann stieß Diwan zu uns, Dogan und Roza waren immer noch nicht da. Ich fragte auch gar nichts mehr, niemand von uns sprach über die letzte Nacht. Wir saßen alle, stumm und schockiert, vor dem Fernseher, während Fatme das Frühstück zubereitete.

Ich glaube, keiner von uns begriff an diesem Tag schon so richtig, was eigentlich geschehen war, zumindest fassten wir es nicht. So lieblos, ja, so schrecklich wir alle unseren Vater empfanden – dass er uns die Mutter nehmen könnte, das hatte sich niemand von uns vorstellen können. Mama schon. Sie muss besser als wir die Gefahr gespürt haben, die von ihm ausging. Seit Jahren wurde sie von einem schrecklichen nächtlichen Albtraum gequält. Es war immer derselbe Traum in unterschiedlichen Varianten: Sie wurde verfolgt und schließlich getötet. Wenn sie aus einem solchen Traum schreiend und schweißgebadet aufwachte, umringten wir Kinder in der nächsten Minute ihr Bett und gaben uns alle Mühe, sie wieder zu beruhigen.

Aber ernst nahmen wir nicht, was meine Mutter doch offensichtlich so sehr quälte, dass es sie in den Nächten immer wieder heimsuchte. Für uns war der nächtliche Spuk am morgendlichen Frühstückstisch höchstens noch Anlass zum Spott. »Na, Mama, wieder schlecht geträumt heute Nacht? Heute Abend gibt's einen Horrorfilm im Fernsehen – aber nicht für dich!« Bei solchen kindischen Kommentaren setzte auch meine Ané ein schiefes Lächeln auf, sie wollte uns wohl nicht weiter beunruhigen. Keiner von uns vertiefte das Gespräch darüber, wir alle glaubten, dass sie uns für immer bleiben und zur Seite stehen würde.

Es klingelte, Fatme machte auf, vor der Tür stand ein Fremder.

»Guten Morgen«, stellte er sich vor. »Ich bin Herr Wilke, der Opferschutzbeauftragte für die Kinder. Sind sie hier?« Herr Wilke war ein großer, stämmiger Mann, etwa Anfang vierzig. Er sah aus, als hätte er schon viel gesehen in seinem Leben.

»Ich weiß, was gestern passiert ist«, sagte er, als er vor uns im Wohnzimmer saß. »Ich bin da, um euch zu helfen. Eure Schwester Roza und euer Bruder Dogan haben Schnittverletzungen und sind noch im Krankenhaus. Sie kommen aber später zu euch – ihnen geht es gut«, erklärte er uns mit ruhiger Stimme. Nun sag doch endlich, was mit unserer Ané los ist, dachte ich, wagte aber nicht, das auszusprechen. Herr Wilke aber konnte Gedanken lesen und fuhr fort: »Eure Mutter hat mehrere Stiche abbekommen, sie hat die Nacht nicht überstanden.«

»Neiiiiiin! Neiiiin!«, schrie ich, sprang auf und rannte ans Fenster.

Ich wollte Luft holen und riss es auf. Vor meinen Augen flimmerte es, ich glaubte, unten auf der Straße ein großes schwarzes Auto zu sehen, den Leichenwagen eines Bestattungsunternehmens, in den vier Männer einen Sarg wuchteten. Das musste Mama sein. Wie Schneewittchen wird sie jetzt in diesem Sarg liegen, schoss es mir durch den Kopf. Nur leider konnte niemand sie mehr zum Leben erwecken.

»Eure Mutter ist gestern schon weggebracht worden«, sagte Herr Wilke, als ich mich umdrehte und er mein bleiches Gesicht sah. Fünf Mal hatte Afsan das Messer in ihren Körper gerammt, einer der Stiche war tödlich gewesen. »Am Donnerstag ist die Beerdigung, vielleicht wollt ihr ihr etwas mit ins Grab geben.«

Wenige Tage später wurde Mama, begleitet von Hunderten Trauergästen, zu Grabe getragen. Unter ihnen erkannte ich Sumi, die einzige Freundin, die Mama hatte, als wir noch in unserem Haus im baden-württembergischen Dorf lebten. Mama und sie hatten sich in Annas Kindergarten kennengelernt, den auch Hi-Sam, Sumis Sohn, besuchte. Vielleicht hatte ihr Außenseiterdasein sie zusammengeschweißt – beide waren »Fremde« in dem Ort, beide sprachen nur gebrochen Deutsch, aber untereinander verstanden sie sich prima. Mit Sumis kleinem Opel fuhren wir manchmal in den Wald, um Esskastanien zu sammeln, die wir zu Hause einritzten und in den Ofen steckten, bis sie zu duftenden Maroni geworden waren. Ich, die Ungeduldigste von uns Kindern, konnte es kaum erwarten, bis sie zum Verzehr freigegeben wurden, und verbrannte mir so manches Mal die Zunge daran.

Sumi weinte. Sie hatte damals auch geweint, als wir fortgingen aus dem Dorf. Aber sie hatte uns mit Hi-Sam an unserem neuen Wohnort in der Stadt manchmal besucht, das letzte Mal war sie erst vor einer Woche bei uns gewesen, da hatte sie noch mit Mama gemeinsam gekocht, gegessen und gelacht.

Auch Frau Lenz, meine ehemalige Klassenlehrerin aus der Grundschule, traf ich zu diesem traurigen Anlass wieder. Sie hielt mich plötzlich auf, als ich mit meinen Geschwistern tränenüberströmt vom

Grab zum Friedhofsausgang lief. »Mein herzliches Beileid, Dilan, ich habe deine Mutter sehr gemocht. Hier, nimm bitte diesen Brief. Und melde dich, wenn ich irgendwie helfen kann!«, sagte sie und drückte mich an sich.

In dem Brief fand ich später eine Karte, auf der sie ihre Telefonnummer und Adresse notiert hatte. »Ich habe für euch bereits Spenden gesammelt«, stand darunter, und ein 100-Euro-Schein war an der Karte befestigt. Was für eine tolle Frau! Heute bereue ich es, sie seitdem nie mehr kontaktiert zu haben. Aber in den nächsten Jahren, unter Ferhats Fuchtel, ging das nicht – er untersagte jeden Kontakt zu Deutschen. Und danach schien es mir zu spät.

10 WAISENKIND

Die Tragödie in unserer Familie sprach sich in Windeseile in der ganzen Stadt herum. Selbst die Zeitung berichtete darüber, stellte ich am nächsten Morgen entsetzt fest. Serkan hatte sie mitgebracht, und von der Titelseite schrie mir die Geschichte entgegen, darunter ein Foto unseres Hauseingangs.

Die kurdische Nachbarschaft brachte Spenden vorbei, Kleidung, Lebensmittel, auch Menschen, die wir gar nicht kannten, schleppten Spielzeug heran, Fatme und Serkan stapelten alles in der Küche. Ich mochte die Sachen nicht einmal anschauen, so gut diese Hilfe auch gemeint war. Ich mochte auch niemandem begegnen, mir waren die Blicke voller Mitleid unangenehm. Dass jetzt jeder von dem Drama wusste, fand ich schrecklich. Ich kam mir vor, als trüge ich ein Brandzeichen auf der Stirn – »guck mal, das ist doch die Tochter der Frau, die von ihrem Mann ermordet wurde«, so munkelten wahrscheinlich alle, wenn sie mich sahen. Ich traute mich gar nicht auf die Straße. Wie würden meine Lehrer, meine Mitschüler, meine Freunde mir begegnen, wenn ich wieder zur Schule musste? Ich fürchtete mich vor möglichen Fragen genauso wie vor dem Schweigen über die Geschehnisse.

Im Laufe des Tages kamen Dogan und Roza aus dem Krankenhaus, ihre Schnittverletzungen waren bandagiert, Roza hatte es an der Hand erwischt, Dogan überall, am Hals, an den Armen und am Bauch. Das Kampfgetümmel zwischen ihm und Afsan inmitten all der Glassplitter hätte auch für meinen Bruder böse enden können. Die Stimmung war gedrückt, keiner sagte etwas, das hatte es unter uns sechs Geschwistern noch nie gegeben. Mir machte das Schweigen zu schaffen, es war wie ein Knebel im Mund, an dem ich zu ersticken glaubte.

Während ich vor dem Fernseher in Dogans Armen lag – der einzige Ort, an dem ich mich in diesen Tagen halbwegs sicher fühlte –, ratterten mir immer wieder Momentaufnahmen aus der Zeit vor Afsans Rückkehr durch den Kopf. Wir hatten es doch so gut gehabt, besonders in den letzten Monaten, als wir schon gar nicht mehr mit ihm rechneten. Wie hatte sich das Blatt nur binnen weniger Minuten so rasant wenden können? Was war in dem Schlafzimmer passiert? Und was hatten Rezan und Anna, meine beiden kleinen Geschwister, mit ansehen müssen? Immer wieder musste ich auch an Mamas Albtraum denken – warum nur hatten wir ihn nicht ernst genommen? Wir Idioten hatten sie dafür belächelt, dass sie ihren eigenen Tod voraussah! Und nun war sie nicht mehr bei uns und würde es auch nie wieder sein.

Ich war jetzt ein Waisenkind. Der Gedanke erschreckte mich: ein Waisenkind? Das wollte ich nicht sein – Waisenkind, das klang so bemitleidenswert, so schwach. Dabei hatte ich mich bisher doch als Teil meiner großen Familie so stark und unverwundbar gefühlt. Und nun? Ich hatte keine Eltern mehr. Unser Erzeuger lebte zwar noch, aber für mich war er gestorben, er hatte uns Mama genommen, die Frau, die uns Kindern das Leben geschenkt hatte. Sie starb nicht durch einen Autounfall oder eine unheilbare Krankheit, nein! Unser Vater tötete sie. Wie konnte man so etwas nur tun? Sechs Kinder hatten nun keine Mutter mehr!

In Fatmes und Serkans Wohnung wurde es immer enger, es war uns auch sehr unangenehm, unseren Nachbarn tagelang auf der Tasche zu liegen. Für die beiden war es selbstverständlich, uns zu helfen, wir hatten schließlich niemanden mehr, und unsere Wohnung war ein Trümmerfeld. Diwan und Dogan zogen täglich los, um »Sachen« zu erledigen, Roza und wir drei Jüngsten mochten vor Scham niemandem unter die Augen treten. Zum Glück waren gerade Sommerferien, wir versäumten zumindest keinen Unterricht.

Einige Tage später bekamen wir Besuch. »Hallo, ich bin Herr Paul vom Jugendamt. Mein Beileid für das, was passiert ist«, stellte er sich vor, um dann gleich zur Sache zu kommen: »Ich bin jetzt euer Vormund. Wir müssen besprechen, wie es mit euch weitergeht. Hier, bei euren Nachbarn, könnt ihr schließlich nicht ewig wohnen.« Herr Paul, groß, schneeweißes gelocktes Haar und eine sehr markante Nase, war so, wie ich mir jemanden vom Jugendamt vorstellte – nicht besonders einfühlsam, eher nüchtern, aber im Auftritt durchaus selbstbewusst.

»Wir möchten zusammenbleiben. Ich bin volljährig und werde mich mit meiner Schwester Roza um die Jüngeren kümmern. Wir wollen unter keinen Umständen getrennt werden!« Dogan sprach für uns alle.

»Das halte ich kaum für möglich«, erwiderte Herr Paul. »Du bist selbst erst achtzehn, und deine fünf Geschwister sind alle noch minderjährig, die Kleine«, und dabei zeigte er auf Anna, »ist sogar erst fünf. Soll sie ohne Eltern aufwachsen? Das ist für die Entwicklung eines Kindes nicht richtig. Aber nun gut, wenn ihr bei eurer Meinung bleibt, bin ich durchaus bereit, euren Wunsch in unserer nächsten Konferenz im Amt zur Sprache zu bringen. Eine schnelle Lösung ist in eurem Fall ohnehin nicht in Sicht«, und damit verabschiedete sich Herr Paul auch schon zum »nächsten Termin«.

»So ein herzloser Kerl! Der wird versuchen, uns in Pflegefamilien zu stecken«, machte Roza ihrem Ärger Luft, nachdem Herr Paul die Wohnung verlassen hatte. »Aber das kann er sich abschminken! Das machen wir nicht mit!«

Was? Wir sollten getrennt werden? Niemals! Ich wollte bei meinen Geschwistern bleiben! Der Gedanke, auch sie noch zu verlieren, schien mir unerträglich. Sie waren doch alles, was ich jetzt noch hatte. Aber unsere Zukunft blieb vorerst ungewiss. Dogan sprach zwar täglich beim Jugendamt vor, dort aber hielt man eisern am Vorschlag fest, uns auf Pflegefamilien und Kinderheime zu verteilen.

»Herr Paul behauptet, das sei das Beste für uns«, sagte Dogan, als er wieder einmal von unserem »Vormund« zurückkam. »Aber ich werde nicht zulassen, dass wir getrennt werden, auch nicht, dass die Kleinen in fremde Familien kommen! Wir bleiben zusammen, egal, was das Jugendamt entscheidet. Das verspreche ich euch! Es wäre allerdings alles viel leichter«, seufzte er, »wenn wir Verwandte in Deutschland hätten! Dann könnten die die Vormundschaft über uns erhalten.«

Manchmal scheint irgendeine geheime Macht dafür zu sorgen, dass Wünsche Wirklichkeit werden: Wenige Tage nach Dogans Stoßseufzer stand Ferhat vor der Tür, Mamas jüngerer Bruder. Ich erkannte ihn gleich wieder, denn einige Monate zuvor hatte er uns schon einmal besucht. Da war er gerade nach Deutschland gekommen. An ihn als unseren Vormund hatte Dogan bestimmt nicht gedacht. Ferhat war nur zwei Jahre älter als er selbst und noch viel zu fremd in Deutschland. Er beherrschte so gut wie kein Wort Deutsch – wie sollte so jemand mit dem Jugendamt klarkommen? Und außerdem war er in Heidelberg gemeldet, wo er einen Antrag auf Asyl gestellt hatte.

Mir war dieser Onkel nicht besonders sympathisch. Schon sein Aussehen schreckte mich ab. Er wirkte abgemagert, fast zerbrechlich, seine Kleidung altmodisch und abgetragen, sein Gesicht trotz seiner noch jungen Jahre bereits ziemlich verlebt, und seine Haare rochen nach einem billigen Gel. Man sah ihm an, dass er nicht »von hier« war. Mama hatte sich gefreut, ihren Bruder nach so vielen Jahren wiederzusehen, gleichzeitig aber war sie irgendwie reserviert geblieben – jedenfalls war es mir so vorgekommen. Ferhat war damals zum Glück nur wenige Stunden bei uns geblieben. »Ich muss wieder zurück nach Heidelberg«, hatte er Mama gesagt. »Aber wir sehen uns ja bald wieder!«

Als er uns nun im Wohnzimmer von Fatme und Serkan einen nach dem anderen umarmte, konnte er die Tränen kaum zurückhalten. »Ich habe unserer Familie im Irak die Nachricht von dem Tod eurer Mutter geschickt. Eure Großmutter soll zusammengebrochen sein, als sie davon erfuhr, ich weiß nicht, wie sie das verkraften wird.

Alle sorgen sich nun vor allem um euch. Ich werde euch helfen, wir sind doch eine Familie! Wir müssen zusammenbleiben, eure Mutter hätte das nicht anders gewollt.«

Ob Mama das wirklich gewollt hätte? Dass Ferhat jetzt bei uns blieb? Vielleicht. Aber mir war dieser Onkel trotzdem nicht ganz geheuer, irgendwie passte er nicht zu unserem inzwischen »deutschen« Leben. Ich konnte das gar nicht recht erklären, aber etwas an ihm erinnerte mich an unseren Erzeuger: Auch Ferhat machte den Eindruck, nichts mit der neuen Heimat zu tun haben zu wollen. Ich konnte mich mit ihm auch kaum verständigen, denn er sprach nur Kurdisch, obwohl er bereits seit Monaten in Deutschland war, und ich brachte inzwischen bestenfalls noch einen Salat aus Deutsch und Kurdisch zustande. Er war mir sehr fremd, aber trotzdem waren wir Geschwister in diesem Moment heilfroh, dass er da war und uns helfen wollte. Vielleicht konnte er uns vor der schrecklichen Aussicht bewahren, getrennt zu werden.

Ferhat nahm – ohne groß zu fragen – die Dinge in die Hand. »Ich bin mit Diwan und Dogan bei eurem Vormund gewesen und habe mich vorgestellt«, erzählte er einen Tag später. »Ich werde mich um euch kümmern. Ich bin doch euer einziger Verwandter in Deutschland. Allerdings darf ich mich hier bei euch eigentlich gar nicht aufhalten, ich bin in Deutschland auch erst einmal nur geduldet, bis mein Antrag auf Asyl durch ist«, erklärte er uns, während Fatme Tee servierte.

Auch wenn wir mit ihm wieder Hoffnung schöpften, so hatten wir doch inzwischen erkannt, dass es nicht einfach werden würde, bei Herrn Paul durchzusetzen, dass wir zusammenblieben. Der Mann vom Jugendamt erwies sich als überaus stur und glaubte, besser als wir zu wissen, was gut für uns war. Er hielt uns für unfähig, eine »erwachsene« Entscheidung zu treffen, und leierte immer wieder irgendwelche Paragrafen herunter, wenn wir alle, mit Ferhat an unserer Seite, vor seinem Schreibtisch saßen. Dogan konnte ihm noch so oft versichern, dass wir auch ohne Eltern unser Leben in den Griff kriegen würden, dass er auch schon zu Mamas Lebzeiten das Oberhaupt der Familie gewesen war – Herr Paul streckte dann, ganz Herr der Entscheidung, lässig seine langen Beine aus, lehnte sich in seinem Stuhl zurück und gab sich unbeeindruckt. »Das mag ja alles sein«, sagte er in solchen Momenten gern, »aber für mich seid ihr noch Kinder. Und schließlich gibt es doch gute Pflegefamilien, was wollt ihr eigentlich? Roza ist eh bald volljährig, die fällt dann aus der Vormundschaft heraus und kann machen, was sie will. Wer garantiert euch, dass sie dann noch weiter für euch sorgen will, hmh?«

Für die noch verbleibenden Ferienwochen hatte er ohnehin schon über unsere Köpfe hinweg eine Entscheidung getroffen: Wir sollten in ein Heim gebracht werden. »Hier, bei den Nachbarn, könnt ihr unmöglich noch länger bleiben. Ich habe mich nach passenden Möglichkeiten für euch umgeschaut. Ihr werdet, bis eine dauerhafte Lösung gefunden ist, in einem kleinen Heim für Jugendliche leben. Dort sind auch andere junge Leute. Es ist ein schönes großes Haus, im Keller gibt es zwei leer stehende Räume, die sind für euch. Tagsüber sind Sozialarbeiter vor Ort und unterstützen euch«, sagte Herr Paul. Sein Vorschlag klang plausibel, denn für Fatme und Serkan war unser Massenauflauf auf Dauer eine absolute Zumutung. Also stimmten wir zu, zumal wir – »nur vorerst«, warnte Herr Paul – zusammenbleiben durften.

Bevor wir umzogen, ging Dogan mit einem großen blauen Müllsack in unser ehemaliges Zuhause, das sich noch in dem gleichen verwüsteten Zustand befand, wie wir es verlassen hatten. Ich hätte mich niemals wieder in die Wohnung getraut! Aber wir brauchten Kleidungsstücke, schließlich hatten wir Jüngeren nichts als unseren Schlafanzug getragen, als wir zu Fatme und Serkan gekommen waren. Selbst zu Mamas Beerdigung hatte ich noch geliehene Hosen getragen.

Und dann ging es ab ins Heim. Das Wort hatte bis dahin in meinen Ohren immer ziemlich bedrohlich geklungen, aber als wir auf den Hof kamen, war ich angenehm überrascht – so hatte ich mir ein »Heim« nicht vorgestellt: Es war ein ziemlich großes Einfamilienhaus mit Garten, im Erdgeschoss gab es ein gemütliches Wohnzimmer, ein Esszimmer, eine Küche und ein kleines Büro für die Sozialarbeiter, in der oberen Etage wohnten sechs Jugendliche, und im Keller befanden sich die für uns vorgesehenen Räume. Ganz schön eigentlich, fand ich, auch wenn in unseren neuen Räumlichkeiten lauter Fitnessgeräte herumstanden. Es roch auch ein bisschen muffig nach Feuchtigkeit, und es war sehr kühl in dem fensterlosen Raum, den wir Mädchen bezogen. Mehr als ein großes Bett, in dem Anna, Roza und ich die nächsten Wochen eng umschlungen schliefen, und ein Kleiderschrank waren nicht vorhanden. Aber das machte nichts, wir waren zufrieden, dass wir zusammen waren, das war das Wichtigste. Und jetzt im Sommer verbrachten wir die meiste Zeit ohnehin im Garten, oder wir kochten und aßen gemeinsam.

Ferhat schlief bei meinen Brüdern in dem anderen Kellerraum. Er war uns seit seinem Auftauchen nicht mehr von der Seite gewichen. Keiner fragte danach, wer er war oder was er bei uns machte. Er war nun ein Teil unserer Familie.

Herr Wilke, unser Opferschutzbeauftragter, mit dem wir seit der Mordnacht in Verbindung geblieben waren, besuchte uns manchmal und erkundigte sich regelmäßig beim Jugendamt nach uns. Für uns war das ein großes Glück, denn er verstand aufgrund seiner langjährigen beruflichen Erfahrung viel besser, welche Nöte und Ängste uns umtrieben. Und außerdem nahm das Jugendamt ihn ernst – anders als uns. Dank seiner Hilfe und unserer Hartnäckigkeit willigte Herr Paul am Ende der Sommerferien schließlich ein, uns zusammen eine Wohnung beziehen zu lassen, nur einen Block von unserem alten Zuhause entfernt. Eine Sozialarbeiterin sollte wöchentlich vorbeischauen, uns Verpflegungs- und Taschengeld übergeben. Außerdem werde eine Putzfrau einmal die Woche die Wohnung auf Vordermann bringen, meinte Herr Paul. Wir waren erleichtert.

Ferhat zog mit uns in die neue Wohnung, das war auch für uns selbstverständlich. In unserer Kultur ist »Familie«, gleich ob es dabei um Onkel, Cousin, Tante oder Schwägerin geht, immer willkommen in den eigenen vier Wänden. Man weist niemanden zurück, das gehört sich nicht. Man nimmt alle widerspruchslos auf, teilt alles mit ihnen, auch wenn das monatelang erforderlich sein sollte. Darüber wird kein Wort verloren, man möchte nicht als geizig oder gar rücksichtslos gegenüber der eigenen Familie gelten – würde sich das in der Community herumsprechen, wäre der Ruf ruiniert. Und Ferhat hatte uns ja schließlich aus der Patsche mit dem Jugendamt geholfen. Da war er uns wie ein Retter erschienen, der fürsorgliche Onkel, der in der schweren Zeit, als das Jugendamt nicht wusste, wohin mit uns, die Verantwortung für uns übernahm.

Dass er bei uns wohnte, verstieß allerdings klar gegen die Auflagen seines Asylverfahrens. Aber das Jugendamt schien großzügig darüber hinwegzusehen, es wollte das alles gar nicht so genau wissen. Einmal im Monat fuhr er nach Heidelberg, um seine Post abzuholen und sich bei den Behörden zu melden. Wir Geschwister mussten dem Amt bei den ohnehin seltenen Kontrollen weismachen, dass unser Onkel sich liebevoll um uns kümmerte, aber uns – zu unserem Bedauern – nur hin und wieder besuchte. Wir waren ein gut eingespieltes Team bei dieser Theatervorführung.

11 MITTERNACHTSGESPENST

Endlich Feierabend, stöhne ich auf, als ich um zwei Uhr morgens erschlagen auf meine Schlafcouch falle, die ich mit letzter Kraft zu einem Bett ausgeklappt habe. Licht aus und möglichst schnell einschlafen, mir bleiben nur noch fünf Stunden, bis der Wecker klingelt. Der Letzte macht das Licht aus – und die Letzte, das bin jetzt ich, Dilan, zuständig für einen sechsköpfigen Haushalt. Die Schulbrote für Rezan, meinen elfjährigen Bruder, und für mich liegen in Alufolie eingewickelt und mit einer Capri-Sonne für jeden von uns im Kühlschrank, Anna habe ich Fruchtzwerge in ihre Tupperdose gesteckt, die isst sie so gern.

Feierabend – dieses schöne deutsche Wort, das nach Gemütlichkeit, Ruhepause und Erholung klingt, höre ich meine Klassenlehrerin öfter mit einem Seufzer der Erleichterung sagen, wenn sie nach der sechsten Stunde Schluss macht und sich auf ihren Nachmittag zu Hause freut. In meinem Fall kann von »Feierabend« keine Rede sein, es ist bereits nach Mitternacht, nur noch wenige Stunden, bis ich wieder aufstehen und das Frühstück zubereiten muss. Aber seit unser Onkel Ferhat das Kommando hat, weiß ich ohnehin nicht mehr, was bei uns zu feiern sein sollte. Alles, was eine Wohnung zu einem Zuhause macht, gibt es nicht mehr. Bei uns herrschen »Zucht und Ordnung«, das sind Ferhats Lieblingswörter, die er, der kaum Deutsch spricht, fast fehlerlos runterrasseln kann.

Dogan war nicht mehr bei uns. Er war in den Irak geflogen, um unsere Großeltern zu beruhigen, die er zum ersten Mal wiedersah, seit er mit unseren Eltern nach Deutschland gekommen war. Uns fiel der

Abschied von ihm schwer, Dogan hingegen war froh, endlich einmal wegzukommen. Denn Ferhat und er gerieten sich oft in die Haare. Meinem Onkel schmeckte es nicht, dass er letztlich bei diesen Auseinandersetzungen immer den Kürzeren zog. Denn auch wenn Dogan jünger war als mein Onkel, so hatte Ferhat doch respektieren müssen, was mein ältester Bruder bestimmte, er war das Oberhaupt der Familie. Da durfte Ferhat es nicht zu einer unguten Eskalation kommen lassen, womöglich hätte das Jugendamt, das zu der Zeit noch häufiger kontrollierte, wie wir mit dem elternlosen Leben zurechtkamen, davon etwas mitbekommen. Und Ferhat wollte doch auf keinen Fall mit irgendeiner amtlichen Behörde in Konflikt geraten.

Dogan blieb dann zu unserer Bestürzung viel länger fort als geplant. Wir telefonierten manchmal mit ihm, und eines Tages erzählte er uns, dass er jetzt – da er doch ohnehin schon im Irak war – nach einer passenden Frau Ausschau halten wollte, einer Jesidin natürlich, wie es die Tradition gebot. Unter den zahlreichen Cousinen, die wir dort hatten, würde er sicherlich eine finden, die er gern zu seiner Ehefrau machen würde. Einer wie er, der ein Bleiberecht in Deutschland und einen deutschen Personalausweis hatte, war für die dortigen Frauen im heiratsfähigen Alter so etwas wie ein Hauptgewinn.

Für uns hatte seine Entscheidung schwerwiegende Folgen. Denn nun hatte Ferhat das Sagen bei uns. Und damit änderte sich alles. Nun lernten wir einen anderen Ferhat kennen – und fürchten. Sein erstes Opfer war Roza.

Nach Mamas Tod musste Roza ihren Platz einnehmen und den Haushalt führen. Roza, die bis dahin mit Dogan ein unzertrennliches Duo gebildet hatte, oft mit seinen Kumpels abhing und mit seiner Truppe liebend gern Fußball spielte, musste von einem Tag auf den anderen Verantwortung für uns übernehmen und für uns sorgen.

Mama hatte sie gut darauf vorbereitet. Mit Beginn der Pubertät hatte sie Roza an die kurze Leine genommen und in alle Tätigkeiten eingeführt, die eine gute Hausfrau und Mutter ihrer Meinung nach beherrschen musste. Und Mama war darin geradezu pedantisch, sie duldete keine Nachlässigkeit. Wenn Roza mit dem Putzen allzu schnell fertig werden wollte, damit sie endlich nach draußen zu ihren Freundinnen konnte, dann war Mamas Reaktion schon vorhersehbar. »Roza, komm her! Du bist noch nicht fertig! Du hast die Fliesen an der Wand im Badezimmer noch nicht mit dem Ledertuch gewischt, und auch der Wasserhahn wird noch gescheuert! Du musst diese Dinge endlich lernen! Was ist, wenn ich mal nicht mehr da sein sollte?«

Fast immer fiel in solchen Momenten dieser letzte Satz. Früher hatte ich dem keine besondere Bedeutung beigemessen, Mütter sagen so etwas, so, wie man Kinder eben ermahnt, dass auch eine Mutter eines Tages nicht mehr für sie da ist. Sagte sie das zu mir, dann antwortete ich in meiner üblichen sorglosen Art: »Aber Mama, du bist doch noch da!«, und verdrückte mich lieber schnell nach draußen zu meinen Fußballkumpels. Dass Mama ständig die Furcht vor ihrem gewalttätigen Ehemann im Nacken saß, dass sie vielleicht sogar geahnt haben könnte, dass er ihr eines Tages etwas antun würde, das begriff ich erst, nachdem ihre Bemerkung grausame Realität geworden war.

Nun also sorgte Roza für die Familie, kochte, putzte und achtete darauf, dass wir zu essen hatten, eingekauft wurde und jeden Morgen unsere Schulbrote bereitstanden. Meine Schwester, die früher immer gegen die häuslichen Pflichten rebelliert hatte, übernahm diese neue Aufgabe ganz selbstverständlich, und wir anderen waren ja auch noch da. Jeder von uns hatte schon bei Mama eine Aufgabe gehabt, darin waren wir eingespielt wie ein gutes Orchester. Alle unterstützten Roza, auch wenn uns ihre peniblen Kontrollen zuweilen nervten. Darin übertraf sie Mama noch.

Roza war streng. Wenn Rezan oder ich etwas getan hatten, was sich nicht gehörte, dann ließ sie uns oft seitenlang Verbote aufschreiben, die wir künftig zu beachten hätten. Eine noch schlimmere Strafe war, wenn sie uns zum Mittagsschlaf verdonnerte. Roza nahm ihre

Rolle als verantwortliche Erziehungsperson ihrer jüngeren Geschwister sehr ernst. Sie führte uns mit harter Hand und legte sich auch öfter mit Diwan an, der zwei Jahre jünger war als sie. Wenn er beim Einkauf mal wieder nicht genau hingeguckt hatte und Risotto- statt den von Roza georderten Basmati-Reis mitbrachte, konnte sie beim Auspacken der Aldi-Tüte richtig ausflippen: »Diwan, verdammt, auf der Einkaufsliste steht doch klar und deutlich *Basmati*-Reis! Kannst du nicht lesen?«, blaffte sie ihn in solchen Momenten an. Vielleicht war sie mit ihren damals 17 Jahren auch überfordert mit der Aufgabe, an alles zu denken, für alles zu sorgen. Ihr Ton wurde jedenfalls im Laufe der Zeit deutlich rauer. Und manchmal rutschte ihr die Hand aus, dann kassierte sogar Diwan eine saftige Ohrfeige von ihr. Wir Jüngeren sowieso. Für uns war das aber nicht sonderlich ungewöhnlich, das hatte es immer gegeben – auch bei Mama. Körperliche Strafen gelten in kurdischen Familien als völlig »normales« Erziehungsmittel. Keiner von uns hätte daraus eine große Sache gemacht.

Mit Ferhat wurde das anders. Mit ihm kamen plötzlich Ansichten und Verhaltensweisen ins Spiel, die er aus seinem irakischen Heimatdorf mitgebracht hatte. Wenn er Zeuge der Auseinandersetzungen zwischen Roza und Diwan war, drohte die Situation zu eskalieren. Man konnte förmlich sehen, wie sich Ärger in seinem Gesicht breitmachte und er kurz davor war, sich einzumischen. Ihm passte nicht, dass Roza Diwan so zurechtwies. Niemals durfte eine Schwester in einem solchen Ton mit einem männlichen Mitglied der Familie reden, auch wenn der Bruder jünger war als sie, Roza war schließlich nur eine Frau. Männer sind die Herrscher im Kurdenreich. Auch Diwan lernte das bald. Er wurde Ferhats eifriger Schüler.

Mein Bruder war Roza mit zunehmendem Alter ohnehin körperlich überlegen und ließ sich bald nichts mehr von ihr sagen. Ferhat bestätigte ihn darin und redete Diwan ein, dass nur der ein richtiger Mann sei, vor dem selbst die ältere Schwester kuscht. Und wer den »Respekt« verweigert, den muss man mit körperlicher Gewalt zur Räson bringen. »Entweder man hat Respekt vor dir oder Angst, etwas anderes gibt es nicht!« Das war eine seiner Lebensweisheiten, die er Diwan immer wieder einhämmerte. Und er machte ihm vor, wie ein »richtiger Mann« sich verhielt.

Roza bekam das zu spüren. Anfänglich beschränkte Ferhat sich noch auf ständige Nörgeleien, später gab es Schläge, wenn ihm an meiner Schwester irgendetwas nicht passte. Mal warf er Roza vor, beim Einkaufen zu viel Geld auszugeben, mal, dass sie zu laut lachte oder sich zu lange im Bad aufhielt: »Was machst du da schon wieder? Willst du dich etwa schön machen? Für wen?« Und dann hämmerte er gegen die Tür, bis Roza herausgeschlichen kam. Manchmal nahm Ferhat Roza auch mit ins Schlafzimmer, ihre Schreie hörte ich, selbst wenn ich mir die Ohren zuhielt. Es war schrecklich!

Ferhat fand immer einen Vorwand, um Roza zu demütigen und zu prügeln. Und Diwan beteiligte sich daran. Roza hatte unter den beiden nichts zu lachen. Wenn mein Onkel sie an den Haaren über den Boden schleifte und auf sie selbst dann noch eintrat, wenn sie schon laut um Hilfe schrie, schaute Diwan entweder mitleidslos zu, oder er beleidigte und schlug seine Schwester auch noch. Das hatte es vorher nicht gegeben.

Die Monate verstrichen. Ein Jahr war Dogan jetzt schon fort, Ferhat und Diwan konnten ziemlich ungestört wüten. Irgendwann hielt Roza es nicht mehr aus. Von einem Tag auf den anderen war sie verschwunden, spurlos, einfach nicht mehr da. Ihre Sporttasche, ihre Stiefel, ihr Mantel fehlten, Ferhat hatte das längst durchgecheckt. Vielleicht hatte sie ihm auch eine kleine Nachricht geschrieben, ich weiß es nicht. Jedenfalls war ihm klar, dass Roza fortan nicht mehr bei uns sein würde.

Ich kam an diesem Tag, den ich nicht vergessen werde, ahnungslos aus der Schule. Schon vor der Wohnungstür hörte ich, wie unser Onkel tobte: »Sie ist weg! Die Schlampe ist tatsächlich abgehauen!« Und kaum hatte ich mit zitternden Fingern die Tür aufgeschlossen, packte er mich an den Haaren und zog mich ins Kinderzimmer. Bevor ich auch nur annähernd begriffen hatte, was überhaupt geschehen war, saß ich, die Hände schützend um den Kopf gelegt, auf Rozas Bett, und Ferhat drosch mit einem Schuh auf mich ein, immer wieder. Er wollte aus mir herausprügeln, wo unsere Schwester war. Meine Beteuerungen, dass ich keine Ahnung hatte, glaubte er nicht, und sie bremsten ihn auch nicht. Ich gab mir große Mühe, nicht zu heulen. Bloß das nicht! Ferhat hasste Tränen, sie machten ihn nur noch cholerischer.

Als er das Zimmer endlich verließ, konnte ich das Schluchzen nicht länger zurückhalten. Rozas Verschwinden war auch für mich ein Schock – und wieder ein Verlust! Warum hatte sie mich nicht eingeweiht? Ich mochte es immer noch nicht so recht glauben, aber ein Blick in unseren gemeinsamen Kleiderschrank zeigte mir, dass tatsächlich viele von Rozas Sachen weg waren. Morgens hatte sie mich noch geweckt und mir meine Butterbrote für die Schule eingepackt, so, wie sie es jeden Tag machte. Wie konnte sie, ohne mir etwas zu sagen, einfach davonlaufen? Was hatte sie sich bei dieser Entscheidung gedacht? Hatte sie uns schützen wollen, als sie niemandem von ihren Fluchtplänen erzählte? Wie lange hatte sie ihre Flucht schon geplant? Hatte sie keine Angst gehabt, erwischt zu werden? Hatte ihr jemand dabei geholfen? Oder hatte sie die Entscheidung spontan getroffen, nachdem Ferhat sie wieder einmal zusammengeschlagen hatte? Gab es Anzeichen, die ich in den letzten Tagen nicht bemerkt hatte? Und was sollte nun aus uns werden? War ihr das egal?

Erst Jahre später erzählte Herr Wilke mir, dass Roza beim Jugendamt alles versucht hatte, um uns von Ferhat zu befreien. Signale, wie dringlich das geboten war, hatte es genug gegeben, und unser Vormund vom Jugendamt sah uns auch nach Rozas Verschwinden noch oft genug, schon weil Ferhat uns häufiger schickte, um irgendwelche zusätzlichen Finanzansprüche geltend zu machen. Die sollte ich vorbringen, Ferhat hielt das für überzeugender – wenn es um Geld ging, überließ er nichts dem Zufall. Ich sagte bei solchen Gelegenheiten aber nur, was Ferhat mir am Abend vorher eingetrichtert hatte, denn Diwan saß neben mir. Und dennoch musste man kein Therapeut sein, um mir und meinen kleineren Geschwistern anzusehen, wie eingeschüchtert, wie verängstigt wir waren. Wie oft hoffte ich an solchen Tagen, dass Herrn Paul doch ein Licht aufgehen müsste und er mit jedem von uns allein sprechen würde, um herauszufinden, wie es uns wirklich ging! Aber Herr Paul unternahm nichts. Dabei hätte er sich doch spätestens nach Rozas Flucht fragen müssen, was bei uns eigentlich los war!

Dogan erfuhr am Telefon von Rozas Verschwinden, allerdings nichts von den Brutalitäten, denen sie ausgesetzt gewesen war. Wir mussten ihm ohnehin immer heile Welt vorspielen, wenn wir, selten genug, mit ihm sprechen konnten. Wie es wirklich bei uns zuging, wagte keiner von uns zu erzählen, zumal Ferhat immer danebenstand. »Euer Bruder hat genug andere Sorgen. Belastet ihn nicht unnötig mit unschönen Dingen«, mahnte uns Ferhat vor den Telefonaten in den Irak. Dogan erzählte er, Roza sei gegangen, weil sie keine Lust mehr gehabt habe, sich um ihre jüngeren Geschwister zu kümmern, vermutlich habe sie lieber »rumhuren« wollen. Er selbst könne es gar nicht fassen, dass jemand so herzlos sei, die eigenen kleinen Geschwister allein zu lassen. Schützenhilfe bekam er bei solchen Lügen von Diwan, der Roza dreist in ein schlechtes Licht rückte, sie als rücksichtslos und »schmutzig« bezeichnete. Und ich hatte nicht den Mut, Dogan die Wahrheit zu sagen.

Über Roza wurde künftig kein Wort mehr verloren. Sie wurde ausgelöscht, jede Spur von ihr auf Anordnung von Ferhat getilgt. Im Fotoalbum wurde sie aus allen Bildern herausgeschnitten, die Sachen, die von ihr zurückgeblieben waren, mussten wir in blaue Müllsäcke stopfen und entsorgen. Niemand durfte sie je wieder erwähnen. Sie sei eine Egoistin, die uns hängen gelassen habe, um »versaute Sachen« zu machen, meinten Ferhat und Diwan im Chor.

Nach Rozas Flucht musste ich ihre Aufgaben übernehmen. Ein Gespenst ging um in der Stadt, und das war ich, das Mitternachtskind, das Ferhat aus mir machte. Mein Arbeitstag endete fast nie vor der Geisterstunde. Ich musste jederzeit tun, was mein Onkel forderte. Und als wäre das noch nicht genug, sollte ich dabei auch noch lächeln – Ferhat duldete keine traurigen, bösen oder unzufriedenen Gesichter. Es war der reinste Psychoterror mit ihm!

»Das war's wohl, Dilan«, flüsterte ich mir manchmal selbst abends im Bett zu, wenn ich wehmütig an die unbeschwerten Tage dachte, die ich früher gehabt hatte, mit meiner Fußballmannschaft oder mit Dogan beim Angeln. Solche Vergnügungen gehörten der Vergangenheit an. Mein Alltag sah inzwischen anders aus: nach der Schule nach Hause hetzen, das Essen zubereiten, saubermachen, einkaufen. Du bist es, auf die Ferhat jetzt seine Erwartungen konzentriert, Dilan. Das allerdings brauchte mir niemand zu sagen, das bekam ich jeden Tag zu spüren! Seit Roza geflohen war, wurde unser Onkel noch gereizter. Es war nahezu unmöglich, ihm irgendetwas recht zu machen. Und nun war ich es, an der er seine Unzufriedenheit ausließ.

Dass ich mit meinen zwölf Jahren die Verantwortung für den Haushalt hatte, hätte ich früher für einen schlechten Witz gehalten. Mit Putzen und Kochen hatte ich so gar nichts am Hut, auch wenn Mama kurz vor ihrem Tod alles versucht hatte, mich in Hausarbeiten einzuweisen. Kochen konnte ich gar nicht, es interessierte mich einfach nicht – ob es nun deutsches Kartoffelpüree mit Bratensoße oder kurdischen Milchreis gab, war mir immer völlig egal gewesen, solange die Speise gut gewürzt war und mir schmeckte. Und putzen? Nichts für mich. Ja, hin und wieder hatte Mama auch mich dabei eingespannt, besonders wenn ich mal wieder Blödsinn gemacht hatte oder zu spät nach Hause gekommen war. Eine Strafmaßnahme. Freiwillig beteiligte ich mich nicht daran, das war doch Rozas Aufgabe.

Ich hatte deshalb auch keine Ahnung von den Dingen, die man wissen sollte, als ich jetzt von einem Tag auf den anderen für alles zuständig war: Rezans Lieblingssweatshirt schnurrte bei mir auf Kleinkindgröße zusammen, als ich es aus der Waschmaschine zog – ich hatte es viel zu heiß gewaschen. Natürlich gab es Tränen bei meinem kleinen Bruder. Und ich kassierte manche Ohrfeige vom Onkel, bis ich gelernt hatte, wie man Ferhats Hemden bügeln musste, damit sie am Ende tatsächlich faltenlos im Kleiderschrank hingen. Als Erwachsene, so hatte ich immer gedacht, würde ich all diese Dinge doch noch früh genug lernen. Aber nun, nach Rozas Flucht, musste ich sie mir im Eiltempo aneignen. Ferhat erwartete das. Und Fehler bestrafte er.

Kaum hatte ich an diesem Abend meine bleiernen Augenlider geschlossen, hörte ich die Tür aufgehen, Licht drang aus dem Flur ins Zimmer. Ich zuckte, fast noch im Halbschlaf, zusammen und riss verstört die Augen auf: Ferhat stand in der Tür, sein schwarzer Schatten wirkte unheimlich, angsteinflößend – wie immer.

»Dilan, komm hoch! Ich weiß, dass du noch nicht schläfst. Du musst mein Hemd bügeln, ich bin verabredet. Beeil dich!«, dröhnte seine Stimme, ohne Rücksicht auf die schlafende Anna, in den Raum. Eine Verabredung – mitten in der Nacht! Vermutlich eine Frau, auf die er Eindruck machen wollte.

Wie eine Marionette, deren Fäden er in der Hand hielt, sprang ich widerspruchslos aus dem Bett und bemühte mich, mir meine Müdigkeit ja nicht anmerken zu lassen, das könnte ihn provozieren. Dabei hatte ich so sehr gehofft, heute nicht mehr aufstehen zu müssen – denn solche Aufträge mitten in der Nacht erteilte mein Onkel öfter. Zum Glück verschwand er jetzt erst einmal ins Badezimmer.

Reiß dich zusammen, Dilan, tu, was er sagt, und wirke bloß nicht genervt, ermahnte ich mich stumm selbst. Du machst das sehr gern. Gleich darfst du wieder schlafen. Nur noch diese eine Aufgabe. Danach wird er dich in Ruhe lassen. Wenn ich heute an solche Szenen zurückdenke, staune ich, zu welcher Autosuggestion ich fähig war!

Bügeln also. Viel Kraft hatte ich nicht mehr, ich war erschöpft, aber ich durfte jetzt trotzdem um Himmels willen das Hemd nicht zerknittern oder sonstwie patzen, das könnte böse für mich enden. Also Brett ausgeklappt, Bügeleisen vom Regal geholt, Stecker in die Dose. Nur das Ticken der Küchenuhr war zu hören und die Dusche, unter der Ferhat stand. Das Eisen wurde warm. Ich war nervös, denn vor mir lag ausgerechnet Ferhats dunkelgraues Lieblingshemd. Auch das noch! Konzentrier dich, Dilan! Nimm dir erst das Vorderteil, dann den Rücken und zum Schluss die Ärmel und den Kragen vor.

Das Dampfbügeleisen zischte beim Gleiten über den Stoff. Nach wenigen Minuten war ich fertig. Da roch ich auch schon Ferhats Haargel, er wartete bereits ungeduldig hinter mir. Erleichtert reichte ich ihm ein faltenfreies Hemd. Er war zufrieden, zumindest sagte er nichts, ich atmete auf. Eilig verließ er die Wohnung und düste mit seinem Audi ins Nachtleben. Ich kroch zurück ins Bett, mittlerweile war es kurz vor drei.

Anna lag in ihrem Hochbett und schlief bereits seit Stunden tief und fest. Wir teilten uns ein ziemlich trostloses Zimmer, in dem früher auch Roza untergebracht gewesen war. Ich hätte gern ein Zimmer für mich ganz allein gehabt. Wahrscheinlich wünschte sich das jeder von uns, aber das ist in einer Großfamilie ein unerfüllbarer Traum. So etwas wie eine Privatsphäre kannte man bei uns ohnehin nicht. Dafür aber durften wir unser gemeinsames Zimmer früher nach Herzenslust schmücken und ausstaffieren, mit Postern, kleinen Erinnerungen an besondere Erlebnisse; an »meinem« Teil der Wand hingen eine winzige Sonne aus Ton, die Mama mir bei einem Besuch auf dem Weihnachtsmarkt geschenkt hatte, und Fotos von der Klassenfahrt. Das musste ich alles abnehmen, Ferhat wollte es so. Und nun sah das Zimmer aus wie ein Jugendherbergsraum. Außer einem altmodischen Schreibtisch, einem kleinen Kleiderschrank, meiner Schlafcouch und einem Hochbett befand sich kaum etwas darin. Ferhat mochte es »aufgeräumt«, so nannte er es.

Dass hier eine Sechs- und eine Zwölfjährige wohnten, würde niemand vermuten – die Wände kahl, keine Zeichnung, kein Poster, kein Legostein, keine Puppe lag herum wie in anderen Kinderzimmern. Meine geliebten Poster von den *No Angels* oder *Atomic Kitten* grüßten mich auch nicht mehr von der Wand über meiner Schlafcouch. Das einzige Farbenfrohe waren die orangefarbenen Vorhänge vor dem Fenster. Die hatte Mama noch genäht. Und ein großes Bild von ihr duldete Ferhat, ein Porträt meiner Ané, auf dem sie ein Kleid in einem kräftigen Rot trug. Ihre pechschwarzen Locken waren mit einem zarten weißen Kopftuch bedeckt. Mama hatte sonst nie ein Kopftuch getragen, nur für dieses eine Bild machte sie eine Ausnahme. Es entstand etwa drei Wochen, bevor sie ermordet wurde. Ich hatte es aufgenommen, Mama hatte mir eine kleine billige Digitalkamera angeschafft, damit wir Fotos machen konnten, die an die Verwandtschaft im Irak gingen. Manchmal arrangierten wir die Wohnung zu einem »Fotostudio« um, und ich durfte die Fotografin sein. Auch Mamas Bild hätte eine solche Reise antreten sollen, stattdessen lehnte es, stark vergrößert, bald darauf an ihrem Grabstein.

Sie lächelte darauf verhalten und geheimnisvoll wie die Mona Lisa, über deren berühmtes Bildnis wir im Deutschunterricht eine Beschreibung anfertigen mussten. Das Kopftuch, das meine Mutter wie ein modisches Accessoire übergeworfen hatte, stand ihr unglaublich gut. Das Bild war das einzige Schmuckstück in der ganzen Wohnung. Ferhat verstand es, alles Persönliche und alles, was die Vergangenheit in uns lebendig erhalten würde, auszuradieren, abzuschneiden, zu entsorgen.

Einschlafen konnte ich lange nicht, obwohl ich todmüde war. Ferhats nächtlicher Auftrag hatte mein Adrenalin hochgejagt. Ich lauschte Annas gleichmäßigen Atemzügen und beneidete sie, dass sie zumindest in dieser Stunde noch sein durfte, was ich nicht mehr war: ein Kind.

12 FERHATS LANGER SCHATTEN

»Fast drei Milliarden mal schlägt das Herz im Laufe eines Menschenlebens und pumpt dabei etwa 250 Millionen Liter Blut durch den Körper«, erklärte Herr Schmidt. »Stellt euch diese unglaubliche Leistung einmal vor! Damit kann nicht mal der Motor eines Porsche mithalten!« Unser Biologielehrer gab sich redliche Mühe, uns über die wundersamen Fähigkeiten des wichtigsten menschlichen Organs staunen zu lassen, aber seine Begeisterung verpuffte ohne jede Resonanz im Klassenzimmer, wo mehr als zwanzig leere Blicke ziemlich gleichgültig auf ihn oder auf irgendetwas anderes gerichtet waren. Kaum einer hörte ihm zu.

Ich schon. Ich starrte angespannt auf die Tafel im Klassenzimmer, wo eine kunstvolle Illustration vom Innenleben des menschlichen Körpers aufgehängt war, und rutschte nervös auf meinem Stuhl hin und her. Gleich war Schluss. Und dann musste ich nach Hause. Dabei hätte ich meinem Lehrer am liebsten zugerufen, er solle weitermachen und uns doch auch noch etwas über die Leber und die Nieren erzählen, wenn es nach mir ginge, gern noch über Milz, Lunge oder Zwerchfell. Es sollte bloß noch nicht Schluss sein!

Da hatten meine Mitschüler bereits angefangen, ihre Sachen einzupacken. Das Desinteresse in ihren Gesichtern war in diesen letzten Sekunden des Unterrichts plötzlich wie weggewischt, alle strahlten in freudiger Erwartung des erlösenden Gongs – nur ich nicht.

Ich war inzwischen auf der Realschule, nicht mehr in der Hauptschulklasse meiner fast ausschließlich kurdischen Mitschüler. Nach Mamas Tod hatte mich schulischer Ehrgeiz gepackt. Mir waren ständig ihre Worte im Ohr: »Aus Hauptschülern wird nichts, Dilan! Wer soll dich später mit einem Hauptschulabschluss einstellen? Willst du etwa putzen gehen? Du könntest es weiter bringen als die anderen Dummköpfe in deiner Klasse, die nicht einmal einen geraden Satz zustande bringen!« Damals hatte mich Mamas Gerede nicht sonderlich berührt, der Zusammenhalt mit meinen kurdischen Klassenkameraden war mir wichtiger. Peinlich wurde es nur, wenn ich auf meine alten Freunde aus dem Fußballverein traf, die fast alle aufs Gymnasium gingen. »Wo bist du denn jetzt, Dilan? Warum sehen wir dich nicht mehr?« Wenn sie mich so fragten, musste ich gestehen, dass ich auf der Hauptschule gelandet war. Unangenehm.

»Was? Du auf der Hauptschule? Die ist doch nur was für Loser!«, hatte mir Nils an den Kopf geworfen und mich zum Grübeln gebracht. Ein Loser wollte ich nicht sein. Auf keinen Fall. Und als meine Mutter nach den Sommerferien nicht mehr da war, strengte ich mich richtig an. Ich muss und werde es im Leben zu etwas bringen, schwor ich mir. Ich quatschte nicht mehr dazwischen und ließ mich von Sevda nicht mehr ablenken. Und auf einmal fing die Schule an, mir sogar richtig Spaß zu machen. Aber das genügte mir noch nicht. Zu Beginn des nächsten Halbjahres setzte ich mich an den Einzeltisch in der ersten Reihe, direkt vor das Lehrerpult. Meine Klassenkameraden verpassten mir nun einen Spitznamen, den ich als Auszeichnung entgegennahm: Streberin.

Am Ende der sechsten Klasse hatte sich mein Fleiß ausgezahlt – ich hatte das beste Zeugnis der Schule. Der Schuldirektor höchstpersönlich kam zu mir: »Ich gratuliere, Dilan, zu deinem tollen Zeugnis. Ich biete dir an, eine Klasse zu überspringen oder auf die Realschule zu wechseln.« Das war mal eine ganz neue Erfahrung! Alle beglückwünschten mich, auch die Nachbarn, bei denen sich mein Erfolg herumsprach. Immer wieder starrte ich stolz mein Zeugnis an, ich nahm es sogar mit ins Bett.

Auf der Realschule gab es kaum Ausländer, in meiner Klasse nur Dalia, die Jesidin wie ich war. Wir wurden oft für Schwestern gehalten, so ähnlich sahen wir uns. Dalia war anders als Sevda, bei ihr zu

Hause ging es moderner zu, ihre Haare trug sie meist offen, manchmal hatte sie sogar ein knalliges Rot auf den Lippen. Unter Ferhat wurde ich die Sevda an ihrer Seite. Denn jetzt trug ich lange Sachen und Dalia die kurzen Röcke mit Top.

»Was gibt's heute bei euch zu Mittag?«, flüsterte Verena Poppe, meine Sitznachbarin, mir zu. Frau Böge, unsere Lehrerin, hatte sie neben mich platziert, Dalia musste den Platz räumen. »Ist besser so, Dilan, Dalia und du schwatzen mir zu viel!« Verena kannte ich schon aus der Grundschule, ihre Eltern wohnten in dem baden-württembergischen Dorf, in dem unser altes Haus stand. Mit dem Bus waren es für Verena nur zwanzig Minuten, um zur Schule zu kommen.

»Reis mit Hühnchen und Salat auf kurdische Art – was sonst?«, antwortete ich. Bei uns gab es immer Reis mit Hühnchen und Salat.

»Klingt gut. Meine Mutter macht mir Rouladen mit Kartoffelpüree, das habe ich mir gewünscht. Lecker! Ich kann es kaum erwarten, nach Hause zu kommen«, strahlte Verena mich an.

Verena hatte gut reden. Sie hatte eine Mutter zu Hause, die für sie kochte. Als Mama noch lebte, war ich häufiger bei den Poppes gewesen, damals fand sie es noch gut, wenn ich deutsche Freundinnen hatte. Und Verenas Mutter war nett, sie sah immer großzügig darüber hinweg, wenn ihre Tochter und ich aus der Schule kamen und unsere Schultaschen irgendwo in die Ecke schleuderten, um ausgehungert an den Mittagstisch zu stürzen, der bereits liebevoll gedeckt war: Blumen auf dem Tisch, das Besteck, wie es sich gehört, neben dem Teller, und fast immer gab es Nachtisch, Pudding, eine Zitronenspeise oder Apfelmus mit Vanillesoße. Und wenn Verena Geburtstag hatte, zündete ihre Mutter eine Kerze an. Das kannte ich alles nicht – bei uns kam das Essen auf den Tisch, fertig. »Das Auge isst doch mit, Dilan!«, erklärte Frau Poppe, wenn ich über das ganze Drumherum staunte.

Das leuchtete mir ein, und so fing auch ich bei uns zu Hause an, die Schüssel Reis, die Mama mir beim Tischdecken in die Hand drückte, Portion für Portion in eine Tasse umzufüllen, diese dann auf jeden Teller zu stürzen und mit ein bisschen Petersilie zu verzieren – so wie ich es mir von Verenas Mutter abgeguckt hatte. Oder ich formte aus der Butter auf dem sonntäglichen Frühstückstisch mithilfe eines Löffels eine kleine Rose. Meine Geschwister hielten solche Verschönerungen für völlig überflüssig, ich erntete dafür nichts als Spott: »Nun guckt euch mal unsere Dilan an – die ist schon eine richtige deutsche Kartoffel geworden!« Und dann prusteten alle los. »Ruhe jetzt! Lasst eure Schwester, ich finde, das sieht schön aus«, stellte Mama sich dann schützend vor mich.

Bei Verenas Mutter hatte ich auch eins meiner Lieblingsgerichte kennengelernt: Falschen Hasen. Seit ich das erste Mal diesen echt deutschen Hackbraten genossen hatte, war ich verrückt danach. Und meine Ané, die immer mal wieder etwas Neues ausprobierte, seit ich ihr damit in den Ohren lag, servierte uns das Gericht eines Tages auch. Aber außer mir aß kaum jemand davon. Alle meuterten, sie wollten kurdischen Reis mit Huhn oder Lammfleisch und Salat, am liebsten täglich. Mama ließ das Gemurre kalt. Eine Woche später tischte sie Spaghetti Bolognese auf, und so gab es mindestens einmal in der Woche etwas Nicht-Kurdisches, bis auch meine Geschwister sich an die neue Esskultur gewöhnt hatten. Der Einzige, der auch weiterhin seinen Reis mit Lammfleisch oder Huhn bekam, war mein Vater. Er mochte keine Veränderungen – weder auf dem Tisch noch sonst wo. Er blieb in seiner engen Welt gefangen.

Verena hat es so gut, dachte ich, als sie mir von den Rouladen ihrer Mutter vorschwärmte! Aber sie wusste es gar nicht. Ich habe auch erst richtig begriffen, wie gut ich es gehabt hatte, als Mama nicht mehr da war. Es war nicht immer gemütlich bei uns zu Hause gewesen, aber wir Geschwister hatten Jahre erlebt, an die ich gern zurückdenke und für die ich Mama so gern Danke sagen würde. Aber das war alles eine Ewigkeit her und für mich nur noch eine zauberhafte Erinnerung, bei der ich mich zuweilen fragte, ob ich das nicht alles nur geträumt hatte.

Es klingelte, im Klassenzimmer hatten alle längst zusammengepackt, mein nostalgischer Kindheitstraum entschwand – so wie Nebel sich auflöst. Herr Schmidt versuchte noch, uns eine Hausaufgabe mitzugeben, aber da hatte sich der Raum schon merklich geleert, viele hatten es gar nicht mehr gehört.

Ich hastete nach Hause. Dabei würde ich viel lieber trödeln, aber das konnte ich mir nicht erlauben. Der Tag, an dem Ferhat mich dabei erwischte, wie ich nach Schulschluss noch mit Verena einen Zwischenstopp bei McDonald's eingelegt hatte, war schlimm zu Ende gegangen. Es war heiß gewesen, sehr heiß. »Dilan, ich hab gestern Extra-Taschengeld von meiner Mutter für meine Zwei in Deutsch gekriegt. Komm, lass uns ein Softeis holen. Ich lade dich ein!«, hatte Verena angeboten. Die Versuchung war einfach zu groß gewesen, größer als die Angst vor Ferhats Anruf, der ständig telefonische Stichproben machte, ob ich auch wirklich auf dem Weg nach Hause war. Diesmal schien alles gut zu gehen – kein Anruf von meinem Onkel.

Am Abend aber zitierte er mich zu sich: »Dilaaan«, rief er aus dem Wohnzimmer, »komm mal her! Aber schnell!« Als ich hörte, wie er das sagte, ahnte ich schon nichts Gutes, der unheilvolle Unterton war unverkennbar.

»Wo warst du heute nach der Schule?«, wollte er wissen und durchbohrte mich dabei mit seinen Augen, als wollte er mich aufspießen.

»Nirgendwo«, behauptete ich und hoffte, dass er mich nur testen wollte.

»Ach so? Ja? Du lügst mir auch noch frech ins Gesicht, du respektloses Stück!«, schrie er wutentbrannt los. Ich rührte mich nicht vom Fleck. »Ich habe dich genau beobachtet, dich und deine deutsche Freundin! Ich hatte dir doch ausdrücklich verboten, mit einer deutschen Schlampe herumzuhängen!« Und da wusste ich: Ich muss jetzt ganz schnell an etwas Schönes denken, denn es war klar, was mich erwartete: Ferhats Faust.

Diese Erfahrung brannte sich ein. Ich fühlte mich immer von Ferhat beobachtet, kontrolliert, verfolgt – auch wenn ich gar nicht sicher wusste, ob er wirklich an der nächsten Ecke in seinem Audi saß und abcheckte, was ich so trieb. Ich hatte ständig Angst vor seinen Anrufen. Mich fröstelt es noch heute, wenn ich daran denke. Mit Verena traf ich mich nach Schulschluss nie wieder. Sie verstand das nicht. Und ich konnte es ihr nicht erklären. Ich vertraute mich niemandem an.

Ich beschleunigte meine Schritte. Rezan und Anna würden bereits zu Hause sein, ihr Schulweg war kürzer als meiner. Sie waren bestimmt hungrig und warteten darauf, dass ich zu kochen anfing.

»Habt ihr die Schuhe ausgezogen und eure Schultaschen ordentlich weggepackt?«, ranzte ich beide schon im Flur an. »Anna, komm hoch! Und nimm das Staubtuch!«, scheuchte ich meine kleine Schwester auf, die es sich mit ihrem Bruder vor dem Fernseher bequem gemacht hatte. »Rezan, Fernseher aus! Du weißt, was du zu tun hast! Hol den Staubsauger! Beeilt euch!«

Mein Umgang mit meinen kleinen Geschwistern hatte sich sehr verändert. Er war ziemlich barsch geworden. Wenn ich das bemerkte, musste ich oft an Roza denken – bei ihr war es auch so gewesen. Die Hausarbeit schaffte ich ja noch gerade, aber die Rolle einer liebevollen Mutter gegenüber meinen jüngeren Geschwistern fiel mir sehr schwer. Ich verhielt mich ihnen gegenüber eher wie ein General, der seine Truppe herumkommandiert. Kaum war ich zu Hause, bellte ich ihnen meine Anweisungen zu. Dabei liebte ich meine beiden Kleinen, deswegen verspürte ich auch diesen Druck, sie anzutreiben, damit sie keine Schläge von Ferhat kassierten. Ich wollte sie schützen und führte mich dabei manchmal wie eine Gefängniswärterin auf, die auch mal zuschlug, wenn die beiden nicht spuren wollten. Wenn ich heute daran zurückdenke, überkommt mich Reue – und Trauer darüber, dass ich ihnen keine liebevolle Schwester gewesen bin, die sie umarmt, ihre Tränen getrocknet, sie auf den Schoß genommen und sie abgeküsst hat. So weit war es mit mir gekommen: Ich war in manchen Momenten Ferhats Werkzeug – obwohl ich das nicht sein wollte.

Aber anders mit ihnen umzugehen, dafür fehlten mir Zeit und Energie. Ich hatte höchstens eine Stunde, dann würde Ferhat auftauchen. Wie immer würde er die Wohnung genau inspizieren, ob auch ja alles so war, wie er es verlangte, und dann würde er etwas Warmes essen wollen. Keine Stulle, sondern eine frisch zubereitete warme Mahlzeit nach kurdischer Art, versteht sich, mit allem, was dazugehört. Ihm vielleicht einfach einmal eine Fertigpizza aufzuwärmen würde ich nie wagen.

Während Anna im Wohnzimmer hastig Staub wischte, brummte schon der Staubsauger, Rezans bester Freund. Saugen war ausschließlich seine Aufgabe, das hatte Ferhat so angeordnet. In der Küche durfte mein jüngster Bruder mir nicht helfen. »Männer haben in der Küche nichts zu suchen«, predigte unser Onkel. Anna hatte immer noch ihre Straßenschuhe an. Bestimmt hatte sie, vor lauter Angst, nicht rechtzeitig mit dem Staubwischen fertig zu werden, meine Mahnung überhört. Ich vergaß auch oft, die Schuhe auszuziehen. Zum Glück hatten wir Rezan, der kriegte es beim Saugen mit, wenn wieder Sand und Schmutz auf dem Laminatfußboden zu finden waren.

Ich stand in der Küche vor dem Herd. Das gefrorene Huhn hatte ich am Abend vorher aus dem Gefrierschrank geholt, damit es auftauen konnte. Der Reis war im Nu gewaschen und gekocht, das Huhn würzig-scharf mariniert und in den Ofen geschoben, der Salat angemacht. Längst saß jeder Griff beim Kochen, ich hatte inzwischen Übung. Meine ersten Kochversuche waren stümperhaft gewesen – besonders der Reis wollte mir nicht gelingen. Entweder brannte er mir an, weil ich nicht genug Wasser zugab, oder ich versalzte ihn komplett. Kein Wunder, ich hatte doch keinen blassen Schimmer, ich wusste nur, dass man Wasser, Öl und Salz für den Reis braucht, aber nicht, wie viel und in welcher Reihenfolge. Da half nur: ausprobieren! Und meine tapferen Geschwisterlein, die Hunger hatten, mussten den Reis auslöffeln, den ich ihnen eingebrockt hatte.

Er rückte an. Ich kannte den Sound seines Audi ganz genau. Rezan und Anna hatten das Geräusch auch gehört und saßen in der nächsten Minute kerzengerade wie befehlsgewohnte Soldaten auf der Wohnzimmercouch. Ich huschte an ihre Seite. Ferhat hatte angeordnet, dass wir zusammen in einem Raum zu sein hatten, wenn er nicht da war. Ich schickte einen letzten Kontrollblick in die Küche: Der Tisch war gedeckt, das Huhn fast fertig.

Da stürmte mein Onkel auch schon herein, wie üblich grußlos, ganz wie unser Erzeuger. »Diwan hat großen Hunger. Er bleibt heute Mittag im Internetcafé. Zu viel Kundschaft. Ich nehme ihm was mit, wenn ich gehe.«

Als Diwan volljährig und damit geschäftsfähig wurde, eröffnete mein Onkel mit ihm ein Internetcafé. Es lief unter Diwans Namen. Dazu hatte Ferhat ihn offensichtlich bequatscht. Diwan interessierte sich sehr für Informatik, vermutlich war das für Ferhat der Hebel gewesen, um ihn zur Eröffnung des Geschäfts zu überreden. Mama hätte das niemals zugelassen, sie hätte darauf bestanden, dass Diwan weiter lernt. Sie hatte so große Hoffnungen in ihn gesetzt! Denn Diwan war gut in der Schule, er schloss sie mit einem erstklassigen Zeugnis ab. Aber Ferhat redete ihm ein, dass eine gute Schul- oder Ausbildung völlig unwichtig sei – man könne auch ohne so etwas viel Geld verdienen und ein erfolgreicher Geschäftsmann werden. Für Diwan musste das bestenfalls Zukunftsmusik sein. Denn auch wenn er der Inhaber war – bezahlt wurde er für die Arbeit, die er im Internetcafé leistete, natürlich nicht, »ist ja schließlich ein Familienunternehmen«, meinte Ferhat.

»Aber Dilan«, herrschte mein Onkel mich an, »pack das Zeugs für Diwan diesmal richtig ein! Das letzte Mal hast du mir den Autositz versaut! Wenn das noch mal passiert, nur weil du das Essen nicht anständig eingepackt hast, dann gibt es gewaltigen Ärger – hast du verstanden?« Natürlich hatte ich verstanden. Mein Onkel klang doch wie immer. Ich schaute ihn nur kurz an und nickte. Aber schon das war ein Fehler.

»Was fällt dir ein, mir so tief in die Augen zu schauen, du Schlampe!

Hast du keinen Respekt? Machst du das bei anderen Männern auch so?«, schrie er mich plötzlich an. Ferhat direkt in die Augen zu schauen, war verboten – aber manchmal konnte ich einfach nicht anders. Oder ich vergaß es. An die »Schlampe« hatte ich mich schon gewöhnt, das Wort gehörte ohnehin zu den Top Ten seiner Ausdrücke. Deutsche Frauen waren in seinen Augen »Schlampen«, immer und jede. »Vergiss nicht, wo du herkommst – du bist die Tochter einer Jesidin. Werd ja nicht wie diese deutschen Schlampen! Die sind schmutzig, haben nichts als Sex im Kopf! Halt dich von ihnen fern! Sonst versauen sie dich noch!« Das predigte er mir oft.

Ich stand mit gesenktem Kopf direkt neben ihm vor dem heißen Herd. Er schob sich so dicht an mein Gesicht heran, dass ich Spritzer seines Speichels abbekam. Seine Nähe war mir wahnsinnig unangenehm, sie bedrängte mich so sehr, dass ich kaum zu atmen wagte.

»Wenn du mir noch einmal so tief in die Augen schaust, dann reiße ich sie dir höchstpersönlich raus!«, drohte er, verschonte mich aber diesmal mit Schlägen.

Noch mal Glück gehabt, dachte ich und atmete durch, als Ferhat endlich die Küche verließ. Ich fühlte mich terrorisiert von diesem Mann, schon seine laute und ständig zornige Stimme ließ mein Blut gefrieren. Selbst an Tagen, an denen er mich nicht verprügelte, empfand ich seine Nähe als Bedrohung. Als könnte ich jederzeit zur Schlachtbank geführt werden. Dabei konnte er mir mit Worten fast mehr wehtun als mit seinen brutalen Schlägen. Wenn er zuschlug, spannte ich meine Muskeln an und katapultierte mich mental in eine Art Niemandsland, ich ignorierte einfach, was da auf mich einprasselte.

Irgendwann hatte ich diese Methode entwickelt, um den körperlichen Schmerz abzufangen. Ich schenkte dem schrecklichen Moment einfach keine Aufmerksamkeit. Ich sah zwar, wie Ferhats Faust kam, aber ich spürte seine Schläge kaum. Dann dachte ich einfach an etwas Wunderbares, so wie andere es vielleicht beim Zahnarzt machen oder bei der Arzthelferin, wenn sie eine Spritze zum Blutabnehmen aufzieht. Wenn Ferhat mich zu sich rief, konzentrierte ich mich schon auf die Frage, wovon ich diesmal träumen wollte – oft stellte ich mir vor, dass ich mich eines Tages in einen Jungen verliebe, einen liebevollen Jungen. Sein Gesicht konnte ich nie sehen, aber ich malte mir seine Eigenschaften aus: Er würde natürlich gut aussehen, großzügig und zärtlich sein, Humor haben, mit ihm würde ich endlich wieder lachen können. Das Lachen ist mir bis heute wichtig, nicht einmal Ferhat hat es mir in all den Jahren, in denen ich ihn ertragen musste, austreiben können.

Das, was ich heute habe – eine eigene Wohnung, Reisen, mein selbst verdientes Geld, Kleider, die ich mir davon kaufe – hab ich mir in solchen Momenten nicht vorstellen können. Es schien so fern. Einzig der gesichtslose Mr. Right beherrschte meine Träume. Eines Tages würde er an unserer Wohnungstür klingeln, um meine Hand anhalten, und mein Onkel würde mich ihm »versprechen«, sofern der junge Mann das nötige Brautgeld zahlte. Das war zwar eine sehr unrealistische Vorstellung, aber ich mochte diesen Traum. Und er half mir, mich in eine andere Welt zu versetzen.

Gegen Ferhats körperliche Attacken konnte ich mich panzern, ich weinte dabei nicht einmal; aber bei seinen grausamen Beleidigungen wollte mir das einfach nicht gelingen. Wenn er mir besonders wehtun wollte, dann behauptete er, von allen Kindern seiner Schwester sei ich Afsan, unserem Erzeuger, am ähnlichsten! Ihm, dem Mörder meiner Mutter! Ferhats Terror war ich in solchen Momenten nicht gewachsen, er widerte mich an, aber er zeigte auch Wirkung. Solche Beleidigungen verfolgten mich häufig bis in die Nacht, sie ließen mich innerlich bluten.

Vielleicht war es Roza auch so gegangen. Anfangs hatte sie sich noch getraut, Ferhat Widerrede zu leisten, sich ihm zu widersetzen – was ich nie wagte. Aber irgendwann gab selbst Roza auf. Ach, Roza, haben wir dich allein gelassen? Bist du deswegen gegangen?

Während ich die Küche aufräumte und den Herd wieder blitzblank putzte, saß Ferhat mit Rezan und Anna am großen Esstisch. Manchmal setzte ich mich dazu, meistens allerdings nicht, denn Ferhat kommandierte mich doch nur dauernd herum, ihm dies zu holen oder jenes zu bringen. Er selbst würde niemals vom Essen aufstehen, wenn er etwas haben wollte – das war ausschließlich meine Aufgabe. Ferhat fand das selbstverständlich. In seiner irakischen Heimat machten es alle kurdischen Männer so. In ihren Familien dürfen die Frauen erst essen, wenn Männer und Kinder satt sind. Wenn sie sich dann erheben, ist es den Frauen erlaubt, sich über die kalten Reste herzumachen. Von solchen patriarchalischen Vorstellungen hatte Ferhat sich nie verabschiedet – er trug gebügelte Hemden und saubere Schuhe, er erhielt irgendwann auch einen deutschen Pass, aber in seinen Manieren, Ansichten und besonders in seinem Verhältnis zu Frauen blieb er, solange ich ihn kannte, ein Kurde.

Auch in seiner Unbeherrschtheit. Er war ohnehin der ungeduldigste Mensch, den ich kannte. Selbst beim Essen war er immer in Eile, ihm konnte nichts schnell genug gehen, das hatte ich inzwischen begriffen. Geduld und Beherrschung gehörten jedenfalls nicht zu seinen Stärken. Aber kommandieren, Schrecken verbreiten und herumbrüllen – darin konnte ihm so leicht keiner das Wasser reichen.

Dabei hatte ich Ferhat auch schon anders erlebt. Als er zu uns gekommen war, war er noch voll des guten Willens gewesen. Die Lage, in der wir Kinder nach dem Mord an unserer Mutter und der Verhaftung unseres Erzeugers waren, schien ihm das Herz zu brechen. Ich glaubte, in seinen Augen damals tiefe Trauer um seine Schwester zu sehen, die er so viele Jahre nicht gehabt und nun, nachdem er es geschafft hatte, endlich nach Deutschland zu kommen, schon wieder verloren hatte. Er stand, wie wir alle, unter Schock, er fühlte mit und war so wütend wie wir auf Afsan.

Ich erinnere mich an einen Tag, als ich mich vor dem Fernseher von ihm beobachtet fühlte. Ich schaute mir irgendeine blöde Show an, ich glaube, es war *Deutschland sucht den Superstar*, hatte aber den Ton abgeschaltet, ich wollte mich nur durch die Bilder von meinen trüben Gedanken ablenken lassen.

»Du siehst aus wie deine Mutter, Dilan«, brach er das ungewöhnliche Schweigen zwischen uns. »Wenn ich dich so anschaue, sehe ich meine Schwester«, fügte er, mit Tränen in den Augen, hinzu. Er zeigte Gefühl, etwas durchaus Ungewöhnliches für einen Mann unserer Kultur. Gefühlvolle Männer gelten bei den Kurden als schwul oder werden als »Weicheier« beschimpft.

Ein »Weichei« zu sein, auf die Idee konnte man bei Ferhat bestimmt nicht kommen. Aber so wie unser Erzeuger uns die Mutter geraubt hatte, so raubte Ferhat uns drei Jüngsten die Kindheit – er war ihr Totengräber.

13 DEUTSCHUNTERRICHT MIT ANJELA MERRRRKELL

Alles war wie immer – Herbst, ein Nachmittag wie jeder andere. Mein Leben hielt ohnehin keine großen Überraschungsmomente mehr bereit. Ich saß mit meinen jüngeren Geschwistern vor der Röhre, wir schauten Al Dschazira, den arabischen Nachrichtensender. Ferhat saß neben uns. Es war die Zeit der gewalttätigen Nachwehen des Irak-Kriegs, und Al Dschazira zeigte täglich Bilder der arabischen Opfer. Es waren grausame Bilder von Bombenexplosionen und verstümmelten Toten, die im deutschen Fernsehen so nicht gezeigt würden. Was der Sprecher dazu sagte, verstanden wir nicht, aber dass die Schuldigen an dem ganzen Elend die Amerikaner waren, machte Ferhat uns klar. Dabei interessierte uns das alles gar nicht. Wir Kinder hätten viel lieber deutsches Fernsehen gesehen, aber Al Dschazira war Ferhats Lieblingssender, der immer, wenn er da war, eingeschaltet werden musste. Die blutigen Kriegsbilder gehörten für uns inzwischen zum Alltag, sie übten keinen Schrecken mehr aus, wir waren abgestumpft.

Ich starrte auf die sittsam mit einem Kopftuch gekleidete Moderatorin, war aber mit meinen Gedanken ganz woanders. Ich trauerte den lustigen Fernsehabenden von früher nach, wenn wir mit Mama auf dem Sofa lümmelten, Knabberzeug und Tee vor uns, und gemeinsam einen von Dogans Lieblingsfilmen schauten, die er auf DVD besorgte. Dogan liebte spannende Actionfilme. Oder wir hatten zu einer Show gezappt, bei der jeder der beteiligten Stars ausführlich mit spöttischen Kommentaren von uns bedacht wurde. Manchmal holte Dogan auch die Karten aus der Schublade, der

Fernseher wurde ausgemacht, und dann spielten wir ein kurdisches Kartenspiel, eine Art Pendant zu »Skippo«, das Mama uns beigebracht hatte. Dabei ging es immer hoch her, es wurde geschummelt und gelacht, jeder wollte als erster alle Karten loswerden. Ich liebte diese gemütlichen lärmenden Abende, Dogan sorgte dafür, dass sie auch noch stattfanden, als Mama nicht mehr bei uns war. Er wusste, was sie uns allen bedeuteten.

Ich vermisste ihn so. Der Schmerz über den Verlust meines Helden wollte einfach nicht vergehen. Wäre er doch nur bei uns! Dann sähe unser Leben anders aus. Unsere Situation hatte sich sogar noch verschlechtert, seit Diwan auch uns Jüngere im Stich ließ. Mir gegenüber führte er sich immer häufiger als Sittenwächter auf, enge Jeans dürfe jemand wie ich in meinem Alter nicht mehr tragen, ordnete er eines Tages an. Manchmal kam er bereits wutentbrannt in die Wohnung gestürzt und machte mich schon im Laufschritt an: »Ferhat hat mir erzählt, dass du den ganzen Tag schläfst, statt dich um den Haushalt zu kümmern! Was fällt dir ein, mittags zu schlafen, du Schlampe?!« Selbst sprachlich hatte er sich unserem Onkel angepasst. Was immer ich dann auch sagen mochte, es brachte ihn nicht zur Besinnung, sondern machte ihn nur noch aggressiver. Wenn Diwan uns beleidigte oder verprügelte, führte er meistens einen Auftrag von Ferhat aus – ohne nachzudenken, ohne Prüfung, ob es überhaupt irgendeinen Anlass zu einer Strafaktion gab, er verließ sich einfach auf das, was Ferhat ihm einflüsterte.

Dabei war ich einmal so stolz auf meinen Bruder gewesen, dem ich so ähnlich sah, dass ich manchmal auf der Straße angesprochen wurde: »Sag mal, bist du die Schwester von Diwan?« Als ich noch zur Hauptschule ging, war er dort Schulsprecher, hatte glänzende Noten und ein perfektes Lächeln, das ihn bei den Mädchen so beliebt machte. Auf der Schule wagte es niemand, mich blöd anzumachen – auf Diwan konnte ich dann immer zählen. Wie hatte er sich verändert!

Ich weiß nicht, wie mein Onkel das geschafft hatte, aber er war zu Diwans großem Vorbild geworden. Mein Bruder tat, was Ferhat sagte. Und wurde dabei selbst zum Monster. Die beiden waren ein teuflisches Gespann. Selbst vor Anna, die doch noch ein Kind war, machten sie nicht Halt. Annas laute Schreie, wenn sie misshandelt wurde, sind mir heute noch im Ohr. Hilflos zusehen zu müssen, wie sie von den beiden malträtiert wurde, fiel mir schwerer, als selbst das Opfer zu sein. Wie hatte Diwan nur zu einem so herzlosen Menschen werden können? Dabei hatte Mama uns doch immer eingeschärft, dass wir Geschwister einander zu beschützen hätten! Aber Diwan ließ sich willenlos von unserem Onkel manipulieren – als hätte man ihm, wie in einem Science-Fiction-Film, einen Chip eingepflanzt, der ihn zur gewissenlosen Maschine machte!

Vielleicht verbrachte er einfach zu viel Zeit mit Ferhat. Diwan war jeden Tag, von morgens bis abends, im Internetcafé, denn der Laden hatte auch am Wochenende, auch an Feiertagen geöffnet. Rezan, Anna und ich bekamen unseren Bruder kaum noch zu Gesicht. Wenn er abends müde nach Hause geschlichen kam, aß er schnell noch etwas und ging dann gleich ins Bett, denn er war es, der morgens den Laden aufmachen musste, Ferhat schlief aus und traf dort erst ein, wenn er Lust hatte, meist gegen Mittag. Und dann saß er im Café nur herum, chattete oder trank Tee – wenn ich ihm etwas in den Laden bringen musste, konnte ich das beobachten. Aber er behauptete, ohne ihn würde das Geschäft nicht laufen. Vermutlich ging er überhaupt nur hin, um die Kontrolle zu behalten – damit Diwan bloß nicht auf den Gedanken kam, dass der Laden auch ganz gut ohne meinen Onkel auskommen könnte.

Dabei war es umgekehrt: Ohne Diwan wäre Ferhat geschäftlich aufgeschmissen. Schon wenn Diwan mittags nach Hause eilte, weil er tierisch hungrig war, sah unser Onkel das gar nicht gern. Denn dann musste er die Stellung im Café allein halten, Fragen von Kunden beantworten und helfen, falls ein PC abstürzte. Und da machten sich die mickrigen Deutschkenntnisse meines Onkels unangenehm bemerkbar, die reichten bestenfalls fürs Kassieren. Mit Geld und Zahlen kannte Ferhat sich aus, professionelle Kundengespräche überforderten ihn.

Viel lieber gab er, am liebsten vor blonden deutschen Frauen, die doch angeblich nur »Schlampen« waren, den Kavalier. Wenn ich ihm Essen ins Internetcafé brachte und noch einen Tee trinken durfte, bevor er mich wieder auf den langen Fußmarsch zurück nach Hause schickte, war ich manchmal Zuschauerin seiner Auftritte. »Der Kaffee geht aufs Haus!«, tönte er. »Für eine schöne Frau wie Sie ist das doch klar!« Den Frauen gefiel das, jede fühlte sich geschmeichelt. Mit der einen oder anderen hatte er sicherlich auch eine Affäre. Seine nächtlichen Ausflüge im frisch gebügelten Hemd sprachen dafür. Und manchmal musste er eine seiner Geliebten am Handy abwimmeln: »Geht gerade nicht! Wirklich nicht!« Vermutlich war er da bereits zur nächsten Gespielin weitergezogen. Am liebsten hätte ich in solchen Momente sein Handy an mich gerissen und der Unbekannten am anderen Ende der Leitung zugerufen: »Seien Sie froh, dass er nichts mehr von Ihnen wissen will! Sie ahnen ja nicht, welch brutalem Monster Sie gerade entkommen!«

Aber Ferhat war nicht dumm. Irgendwann musste ihm durch den Kopf gegangen sein, dass seine mangelhaften sprachlichen Fähigkeiten, die er immer wegzulächeln versuchte, dem Geschäftserfolg auf Dauer abträglich wären und ihn allzu sehr von Diwan abhängig machten. Nur so kann ich es mir erklären, dass er eines Tages plötzlich von mir verlangte, ihm abends Deutschunterricht zu geben. Ich war alles andere als begeistert – wieder ein neues gefährliches Terrain. Was, wenn es meinem Onkel nicht schnell genug voranging? Mit uns sprach er – außer bei seinen Beschimpfungen – meist ausschließlich Kurdisch oder einen Salat aus Kurdisch und Deutsch. Im Deutschen hatte er überhaupt keine Übung.

Aber ich hatte keine andere Wahl, als mich abends mit ihm ins Wohnzimmer zu begeben und eine Menge Wörter ins Deutsche zu übersetzen, die er sich in seinen arabischen Vokabellisten notiert hatte. Es war eine ziemlich krause Mischung, die er mir vorlegte – Wörter zu Körperteilen, Lebensmitteln oder Befehlssätze wie: »Steig endlich aus dem Auto!« Das Rätsel, wozu er die brauchte, habe ich nicht lösen können. Schimpfwörter musste ich ihm nicht beibringen, die kannte er bereits zur Genüge. Davon präsentierte er mir gern kurdisch-deutsche Kostproben bei unserem abendlichen Unterricht. »Was für eine Scheißsprache! Und was für ein schwules Land, in dem man sich von einer Frau regieren lässt! Anjela Merrrrkell – tzzz – die würde ich mal richtig rannehmen. Frauen in der Politik? Das ist doch totaler Schwachsinn! Kann nur den Deutschen einfallen! Aber das sind ja auch lauter Weicheier!«, dröhnte er oft bei seinen abenteuerlichen Anti-Deutschland-Parolen. »Ihre Kinder haben sie auch nicht im Griff! Wagt ja nicht, wie die zu werden, diese respektlosen deutschen Kinder. Die wollen doch nichts als Spaß in der Schule haben!«

Das von meinem Onkel, der nie eine Schule von innen gesehen hatte! Und dennoch konnte er – wenngleich mühsam und schlecht – lesen und schreiben; ich fragte mich, wer ihm das beigebracht hatte. »Im Irak – ja! – das sind Schulen, in denen Zucht und Ordnung herrscht. Sobald ihr die zehnte Klasse hinter euch habt, ist Schluss mit der Rumhurerei in der Schule!« So drohte er oft. Wenn ich das hörte, wurde mir übel.

Wie trist war unser Leben bloß geworden! Kaum zu glauben, aber da saßen Anna, Rezan und ich nun neben unserem Onkel auf der Couch, guckten Al Dschazira und keiner von uns wagte, sich zu rühren oder irgendwie aufzufallen. Meine Mitschüler hätten sich gewundert, wenn sie mich bei uns zu Hause erlebt hätten. In der Schule war ich selbstbewusst, eine, die sich mit ihrem ziemlich losen Mundwerk häufig mit den Lehrern anlegte. Ich war bei der letzten Wahl Klassensprecherin geworden und musste die Interessen der Schüler vertreten. Zu Hause war ich eine ganz andere. Eine, die keinen Widerstand leistete, die niemals einen Witz erzählen oder zu irgendeiner Ansage von Ferhat Nein sagen würde. Eine Leisetreterin! Anfangs redete ich mir noch ein, dass Unauffälligkeit, Gehorsam und Schweigen mich vor Schlägen bewahren könnten. Reden durften wir ohne ausdrückliche Aufforderung unseres Onkels in seiner Gegenwart ohnehin nicht. Aber auch Schweigen war oft verkehrt. Wie jetzt mal wieder.

»Wo bist du mit deinen Gedanken, Dilan?«, schnauzte Ferhat

mich urplötzlich an. Er könnte auch leiser sprechen, ich saß doch direkt neben ihm. »Denkst du an Männer? Glaubst du etwa, ich sehe dir nicht an, was dir gerade an schmutzigem Zeug durch den Kopf geht?«

Ich sagte dazu kein Wort, warf ihm nur einen schnellen Blick zu, damit er wusste, dass ich gehört hatte, was er sagte. Das konnte auch ein Fehler sein, aber diesmal ging es gut. Ferhat konzentrierte sich wieder auf Al Dschazira.

Ich wusste schon gar nicht mehr, was ich überhaupt tun konnte, um ihn bloß nicht aufzuregen und zu ätzenden Bemerkungen zu provozieren. Er erwischte mich manchmal dabei, wie ich aus dem Fenster schaute und ein bisschen vor mich hinträumte. Für mich waren das kleine Fluchten aus einem unerträglichen Zuhause. Ferhat gewann dann wohl den Eindruck, dass sich dabei etwas seiner Kontrolle entzog. Und das machte ihn rasend.

In der Schule hatten wir Anne Franks Tagebuch gelesen, das mich sehr gefesselt hatte. Oft, wenn Ferhat nicht da war, stand ich an der Balkontür und genoss den Blick auf die große Wiese mit dem kleinen Spielplatz und den Lindenbäumen ringsherum. Dabei musste ich an Anne Frank denken, wie sie die Hoffnung auf Freiheit beschrieben hatte. Mein Schicksal, so schrecklich es war, konnte man vielleicht nicht mit Anne Frank vergleichen, aber auch ich hatte Sehnsucht danach, wie die tobenden Kinder da draußen endlich einmal wieder mit Anna und Rezan oder mit meinen Schulkameradinnen draußen spielen zu dürfen, vielleicht ein Eis zu essen oder herumzualbern. Vor allem im Sommer wurde dieser Wunsch zuweilen übermächtig.

Aber ohne Ferhats Erlaubnis war das verboten. Wenn er gerade in großzügiger Stimmung war, hatte man eine gewisse Chance, dass er es für eine Stunde gestattete. Vorher allerdings musste man sich seinem Verhör unterziehen: Mit wem willst du spielen? Was sind das für Leute? Wo wollt ihr hin? Und man musste aufpassen, dass man ihn nicht zu oft bat, das verärgerte ihn. »Verdammt, was ist euer Scheißproblem? Ihr wart doch vorgestern erst draußen! Lernt endlich, euer Zuhause zu schätzen! Heute geht ihr nicht vor die Tür! Schluss jetzt!«

Eines Abends, als ich in der Küche stand, um meinem Onkel Tee zu kochen – auf einem guten schwarzen Tee bestand er, sonst könne er bei unserem »Deutschkurs« diese »Scheißsprache« gar nicht ertragen – glaubte ich, meinen Augen nicht trauen zu dürfen: Aus dem Fenster sah ich, wie ein weißer Golf vorfuhr. Ein Golf? Dogan hatte immer einen Golf gefahren. Und tatsächlich: Da stieg mein Bruder mit einem breiten Lächeln aus dem Wagen. Ich konnte es nicht fassen!

»Dogan! Dogan ist da!«, rief ich. Ferhats Reaktion war mir in diesem Moment ganz egal. »Rezan, Anna, kommt her!« Rezan und ich jubelten, tanzten und umarmten uns vor Freude. »Er ist zurück! Er ist zurück, Rezan!«, wiederholte ich immer wieder und knutschte meinen Bruder ab. Es kümmerte uns beide nicht mehr, dass Ferhat solche Ausbrüche eigentlich nicht gestattete. Dogan war zurück! Eine Riesenüberraschung! Er hatte niemanden von seiner Ankunft benachrichtigt.

Mein Onkel stand schweigend vom Sofa auf, die Hände in den Hosentaschen, und starrte auf die Haustür. Was mochte ihm wohl in diesem Moment durch den Kopf gegangen sein? Das frage ich mich heute, wenn diese Szene aus der Vergangenheit mir wieder vor Augen steht. Er musste doch fürchten, dass es nun vorbei sein würde mit seinem Regiment bei uns zu Hause.

Rezan und ich stürzten zur Haustür, rissen sie auf und ließen unseren ältesten Bruder, der mit Geschenken bepackt die Treppe hochkam, keine Sekunde mehr aus den Augen. Ein warmes Gefühl der Erleichterung machte sich in mir breit: Jetzt würde sich alles ändern! Alles! Endlich war mein geliebter Bruder wieder da, um uns zu befreien. Als er den Flur betrat, konnte ich im Licht der Lampe immer noch die große Narbe erkennen, die er in der Mordnacht bei der Rangelei mit unserem Erzeuger davongetragen hatte.

»Anna, mein Mäuschen, du bist ja so groß geworden! Dilan, Rezan, kommt mal her und lasst euch anschauen!« Begeistert schloss Dogan jeden von uns in die Arme und küsste uns ab. »Ich habe euch etwas mitgebracht«, sagte er und überreichte Rezan ein Auto mit

Fernsteuerung, Anna bekam eine Baby-Puppe, die nach »Mama« rufen konnte, und ich einen Lockenstab. Meine kleinen Geschwister waren glücklich, ich hatte sie lange nicht mehr so strahlend gesehen. Auch ich freute mich riesig über Dogans Geschenk, ich liebte es doch, Haare zu frisieren! Noch mehr aber freute ich mich über seine Rückkehr.

Dogan war nach diesem auch für ihn aufregenden Tag erschöpft und hungrig. Er zog mit seinen Sachen wieder in das alte Kinderzimmer, das er sich schon früher mit Diwan und Rezan geteilt hatte. Ich eilte in die Küche, um ihm etwas zu kochen. Heute musste mir dabei alles gelingen, ich wollte meinem großen Bruder doch zeigen, was ich in der Zeit seiner Abwesenheit gelernt hatte. Er kannte mich ja nur als Mädchen, das entschieden jede Tätigkeit in der Küche ablehnte, jetzt aber würde ich ihm in weniger als einer Stunde eine perfekte kurdische Mahlzeit bereiten, zumal mich diesmal keine Anweisungen von Ferhat störten. Seit Langem setzte ich mich zum ersten Mal wieder mit an den Tisch, um mit allen gemeinsam zu essen. Mit Dogan an unserer Seite trauten wir uns auch, wieder Witze beim Essen zu reißen, wir lachten viel, selbst Ferhat lachte mit. Wie lange war es her, dass wir alle so glücklich gemeinsam am Tisch gesessen hatten?!

Beim Essen erzählte Dogan, dass er im Irak eine Frau gefunden und noch vor seiner Abreise geheiratet hatte – die zwanzigjährige Aida, ein wunderschönes Mädchen, die älteste Tochter unserer Tante mütterlicherseits, die ihr Leben lang darauf vorbereitet worden war, eine gute Mutter und Ehefrau zu werden. Er zeigte uns ein Foto von ihr. Vermutlich sprach auch für Aida, dass sie Mama sehr ähnlich sah mit ihren dunklen lockigen Haaren, ihrem zierlichen Körper und ihrem hellen Teint, nur ihre vielen Sommersprossen verliehen ihr einen anderen Ausdruck im Gesicht. Aida würde in wenigen Wochen nachkommen.

Ich konnte mich noch gar nicht recht an die Vorstellung gewöhnen: Mein Bruder war jetzt ein verheirateter Mann! Wie aufregend!

Nur schade, dass weder ich noch seine anderen Geschwister bei seiner Hochzeit dabei gewesen waren.

»Danke, Dilan«, sagte Dogan, als er mir beim Abräumen des Tisches half. »Es hat super geschmeckt! Und dein Reis erst – besser kann man ihn nicht machen. Du kochst wie eine Große!«

»Ja, Dilan ist ein Goldstück!«, bestätigte mein Onkel und gab mir, bevor ich ausweichen konnte, einen Kuss auf die Stirn. Widerwärtig, diese Scheinheiligkeit! Aber ich kannte ein solches Verhalten von Ferhat schon, wenn wir Nachbarn auf der Straße trafen, die mir zu meinem Erfolg in der Schule gratulierten: »Klassenbeste! Wir haben davon gehört. Toll, Dilan!« Auch dann stellte mich Ferhat gern als seine »beste Nichte« zur Schau und machte anderen durch einen Kuss für mich vor, bei uns wäre alles in Ordnung. Und das überzeugte. »Dass ihr ohne Eltern zurechtkommen müsst!«, sagten viele dann oft. »Und auch deine große Schwester hat euch ja im Stich gelassen! Sei froh, Dilan, dass ihr einen so wunderbaren Onkel habt, der sich um euch kümmert! In seinem Alter ist das nicht selbstverständlich. Er ist ja noch so jung, und junge Männer haben meist doch nur Flausen im Kopf! Ferhat ist wirklich ein guter Mensch! Aber du weißt das sicherlich!«

Ich wagte nie, sie eines Besseren zu belehren, sondern sagte in solchen Momenten artig meinen Spruch auf: »Ich bin auch froh, dass er da ist. Wir Kinder wissen, was er für uns tut. Was würden wir denn ohne ihn machen?« Und dann grinste ich meist dümmlich und sah zu, dass ich weiterkam. Hätte ich schreien sollen? Andere aufklären? Von Ferhats Lügen erzählen? Oder davon, wie er unser Geld stahl? Von der Brutalität, die er in den eigenen vier Wänden uns Kindern gegenüber an den Tag legte, ahnte ja niemand etwas. Und ich traute mir auch gar nicht zu, den Eindruck zu korrigieren, den er in der Öffentlichkeit vermittelte, wo er höflich und respektvoll auftrat. Er war ein talentierter Schauspieler.

»Zieht eure Jacken an! Ich möchte mit euch nach draußen gehen«, rief Dogan. Ich schaute Ferhat an – dürfen wir? Nach draußen? Und das zu so später Stunde? Erst in der nächsten Sekunde wurde mir klar, dass Ferhat jetzt nicht mehr das Sagen hatte. »Klar, Dogan, wir kommen!«

Widersprüchliche Schatten huschten über das Gesicht meines Onkels, er schien etwas sagen zu wollen und sich das dann doch anders zu überlegen. Tja, Ferhat, dachte ich hämisch, jetzt ist es vorbei mit deiner Vormachtstellung, die du dir mit so vielen Schlägen und Einschüchterungen erarbeitet hast. Mal sehen, wie lange du allen vormachen kannst, dass du dich über Dogans Rückkehr freust.

In dem Moment kam Diwan zur Haustür herein. Auch er war überrascht und hocherfreut, Dogan bei uns zu sehen. »Jetzt fehlt nur noch Roza, dann könnten wir alle wieder zusammen sein«, sagte Dogan traurig, als wir hinausgingen. Das musste ihm so herausgerutscht sein. Denn eigentlich durfte Rozas Name ja gar nicht mehr erwähnt werden.

Wie lange mochte es wohl dauern, bis Dogan merkte, was bei uns los war? In unserer 90-Quadratmeter-Wohnung ließ sich auf Dauer nichts verbergen. Das wusste auch Ferhat. Deshalb hatte er in der Vergangenheit schon dafür gesorgt, dass niemand, den er nicht kontrollieren konnte, Einblick in unsere Situation gewann. Frau Müller und Frau Krüger hatte er ausgebootet.

Anfangs hatte uns das Jugendamt wöchentlich eine Haushaltshilfe geschickt, die unsere Wohnung putzen sollte: Frau Müller. Ich muss zugeben, sie stand lieber auf dem Balkon, um zu rauchen, als Hand anzulegen. Sauber war es jedenfalls nicht, wenn sie da gewesen war. Ferhat aber regte sich vor allem darüber auf, dass überhaupt eine Fremde zu uns in die Wohnung kam.

»Die Dicke soll bleiben, wo der Pfeffer wächst!«, meuterte er. »Die stinkt, raucht nur und macht eh nicht sauber. Morgen geht ihr gleich um neun zum Jugendamt und erklärt denen, dass ihr sie nicht braucht. Sagt ihnen, ihr bekommt das allein hin. Du kriegst das doch hin, Dilan, oder? Man kann euch eine Putzfrau schließlich nicht aufzwingen!«

Und ich, gut gedrillt, antwortete: »Ja, klar! Sie muss nicht mehr kommen. Ich krieg das hin.« Dabei war ich nach der Schule meistens fix und fertig. Und kochen musste ich schließlich auch noch. Aber das alles interessierte Ferhat nicht. Also putzte ich, bevor Frau Müller das nächste Mal zu uns kam, bis tief in die Nacht die ganze Wohnung. Als sie am Morgen sah, dass sie nichts mehr zu tun hatte, ging sie nach wenigen Minuten und kam nie wieder. Vermutlich bestätigte sie dem Jugendamt, dass eine Putzhilfe bei uns überflüssig war.

Ähnlich lief das mit Frau Krüger, unserer Sozialhelferin, die unser Geld verwaltete. Frau Krüger war sehr groß und mit ihren langen blonden Haaren eine eindrucksvolle Erscheinung und zudem sehr selbstbewusst. Und neugierig. Das konnte Ferhat nicht gefallen. Wir Kinder begrüßten ihr wöchentliches Kommen, denn von ihr erhielten wir unser Taschengeld, das wir für unsere eigenen Wünsche ausgeben durften. Ferner beglich sie anhand der Quittungen, die Diwan ihr vorlegte, die Kosten für unseren Lebensunterhalt. Ferhat war an solchen Tagen natürlich nicht in der Wohnung, er durfte sich dort, von gelegentlichen Besuchen abgesehen, ja gar nicht zeigen.

Aber er ließ sich, wenn die Sozialarbeiterin wieder fort war, Bericht erstatten. Und Frau Krüger stellte nach seinem Geschmack viel zu viele Fragen. »Wem gehört dieser Kleiderschrank im Wohnzimmer? Kommt euer Onkel euch oft besuchen? Wie ist er zu euch? Kriegt ihr alles hin?« Wir waren darauf vorbereitet. Am Abend vor Frau Krügers Besuchen wurden wir von Ferhat genauestens instruiert, was wir zu antworten hatten. »Die Frau will euch trennen und euch dafür nur ausquetschen, damit sie einen Grund hat. Ich warne euch: Lasst euch von ihr das Geld aushändigen, und dann ist gut. Redet mit ihr nur, wenn sie etwas fragt. Je schneller sie wieder weg ist, desto besser. Habt ihr verstanden? Diwan, du sorgst mir dafür, dass alles genau so abläuft! Und wenn sie wieder weg ist, sagst du mir, was sie gefragt hat!«

Das Wort führte dann auch Diwan bei den Antworten, die Frau Krüger auf ihre Fragen zu hören kriegte: »Wie Sie sehen, ist hier alles in bester Ordnung. Unser Onkel kümmert sich liebevoll um uns, wenn er in der Stadt ist. Wir halten zusammen. Uns geht's super!«

Ferhat saß in der Zeit im Internetcafé und hasste Frau Krüger aus der Ferne, denn sie drohte, ihm womöglich doch auf die Schliche zu kommen. Aber ganz durfte er sie nicht loswerden – sie war schließlich die Herrscherin über das Geld. Also verlegte er sich auf die Strategie, ihre Besuche einzuschränken. »Wieso kommt sie jede Woche? Sie könnte euch genauso gut einmal im Monat das Geld geben, das würde völlig reichen. Die will nur herumschnüffeln! Was glaubt die blöde Kuh eigentlich, wer sie ist?« Und irgendwann hatte er auch das – mit unserer Hilfe – durchgesetzt: Frau Krüger kam nur noch einmal im Monat und überreichte Diwan das Taschen-, Verpflegungs- und Bekleidungsgeld. Das landete wenige Stunden später in den Händen von Ferhat. Für ihn war der Familienanschluss eine einträgliche Sache: Er lebte gut auf unsere Kosten. Das Jugendamt zahlte die Miete, die Familienkasse Kindergeld. Und Ferhat strich das Geld ein.

Damit war es vorbei mit unserem eigenen Taschengeld. Bis dahin hatte sich jeder von uns ab und zu mal etwas Süßes nach der Schule oder Geburtstagsgeschenke kaufen können. Unsere eigenen Geburtstage wurden zwar unter Ferhat nicht mehr gefeiert, aber wir Geschwister vergaßen sie nicht und schenkten uns gegenseitig etwas – es reichte dann vielleicht gerade noch für eine Tafel Schokolade oder manchmal ein Deo von Kaiser's.

Lebensmittel kaufte Ferhat irgendwann nur noch selbst ein, natürlich von unserem Geld – was dazu führte, dass mir ständig etliche Zutaten fehlten, weil er keine Ahnung vom Kochen hatte. Anfänglich meinte er nur, ich solle gefälligst zusehen, wie ich aus dem, was da sei, etwas Anständiges zubereite. Später maulte er, dann müsse ich ihn eben beim Einkaufen begleiten. Wenn wir gemeinsam in den Supermarkt gingen, schob ich mit der linken Hand den Wagen, in der rechten hielt ich den Einkaufszettel. »Dilan, verdammt, mach mal ein bisschen schneller! Ich hab nicht so viel Zeit!«, scheuchte mich Ferhat durch die Gänge. Ich warf hastig nur das Nötigste in den Wagen. Süßigkeiten waren sowieso nicht erlaubt, ab und zu legte Ferhat eine billige Tüte mit Chips oder einige Bonbons in den Wagen. »Die rührt ihr nicht an! Die sind für Gäste, nicht für euch!«, mahnte er dann. Was für Gäste? Zu uns kamen keine Gäste. Für sich selbst kaufte er manchmal einen speziellen Honig oder ein Glas eingelegte Bohnen, aber wir hatten nichts von solchen Sachen, dabei waren sie bei unserem tagein, tagaus immer gleichen Speiseplan eine echte Versuchung. Alles, was Kindern gut schmeckt – Säfte, Süßigkeiten, Nüsse oder Obst – war unter Ferhat Mangelware, jedenfalls für uns. Wenn jemand aus meiner Klasse Geburtstag hatte, dann durfte ich manchmal einen Kuchen kaufen, meistens griff ich dabei nach meinem heiß geliebten Zitronenkuchen und dachte wehmütig an Frau Meier zurück, die mir am Wochenende von ihrem Selbstgebackenen gegeben hatte. »Iss, mein Mädchen, iss! Ich freue mich ja, wenn mein Zitronenkuchen dir schmeckt!«

Unser geiziger Onkel schaffte es, dass für unseren Lebensunterhalt viel weniger ausgegeben wurde, als wir vom Jugendamt bekamen. Da wir Frau Krüger Quittungen als Beleg für den nötigen finanziellen Nachschub vorlegten, war für sie später kaum überprüfbar, welche Kosten wir gehabt hatten. Sie konnte nicht ahnen, dass sie Diwan oft erheblich mehr Geld aushändigte, als rechtens gewesen wäre – zur großen Freude von Ferhat. Wer hat, der will mehr – bei Ferhat war das nicht anders. Seine Klamotten wurden teurer, er wurde anspruchsvoller – uns gegenüber aber immer sparsamer.

Manchmal gähnte mich ein leerer Kühlschrank an, wenn ich mich nach der Schule ans Kochen machen wollte. Zum Glück gab es oft noch irgendwelche Konserven in der Vorratskammer oder Tiefgefrorenes. Wenn ich zu Ferhat ging und ihn bat, wieder mit mir einkaufen zu gehen, weil nichts mehr da war, um meinen Geschwistern und mir Schulbrote zu machen, war seine Reaktion immer gleich: »Was? Schon wieder? Wir waren doch neulich erst einkaufen! Ihr fresst mir noch die Haare vom Kopf!«

Ab und zu mal ein neues Kleid für mich zu erstehen hatte ich mir längst abgeschminkt. Aber als sich mein Körper immer stärker veränderte, fühlte ich mich körperlich immer unglücklicher. Alles, was mit dem Körper und der Sexualität zu tun hatte, war mir höchst peinlich. Mir fehlten nicht nur neue Kleidungsstücke, mir fehlte auch eine weibliche Person im Haus, die mir mit Rat und Tat hätte zur Seite stehen können. Ich vermisste Mama. Und Roza. Wie sollte ich Ferhat sagen, dass ich Geld für einen BH brauchte? Daran hinderte mich nicht nur Ferhats ausrechenbare Reaktion, sondern auch mein Schamgefühl. Ich schämte mich meiner immer erkennbarer werdenden Brustwarzen so sehr, dass ich möglichst nur in ganz weiten T-Shirts herumlief und dabei einen krummen Rücken machte, damit man ja nichts durch das Shirt hindurchscheinen sah. An die Tage, als ich meine Periode bekam und ohne Binden dastand, mag ich bis heute nicht zurückdenken – es war einfach grauenvoll. Ich stopfte mir einen Stapel Taschentücher in den Schritt, der blutige Klumpen zwischen meinen Beinen war der absolute Horror!

14 DOGAN UND AIDA

Ich fand Dogans Heirat, kaum hatte er Aida gefunden, eigentlich etwas vorschnell, aber so kamen die meisten jungen jesidischen Männer zu ihren Ehefrauen – man kennt sich kaum, sondern vertraut auf die verwandtschaftlichen Bindungen. Wie konnte Dogan sich so sicher sein, dass er mit Aida glücklich werden würde? Und wie konnte Aida denn wissen, ob ihr Ehemann gut zu ihr sein würde? Ich wusste, dass mein Bruder für jede kurdische Frau eine richtig gute Partie war – ein liebevoller Mann, der für seine Familie alles tun würde. Aber das konnte Aida ja nicht ahnen. Allerdings waren solche Einwände, die mir zu den beiden durch den Kopf gingen, wohl schon sehr »deutsche« Bedenken, im Irak würde man darauf vermutlich mit Unverständnis reagieren.

Wenige Wochen später stand Aida dann bei uns vor der Tür. Ich war ganz aufgeregt. Sie sah wunderbar aus und hatte eine ganz zarte Stimme, von Anfang an hatte ich das Gefühl, dass sie doch die Richtige für meinen Bruder war. Ich nahm mir vor, sie gut aufzunehmen, denn außer Dogan hatte sie doch niemanden, der ihr zur Seite stand, ihre ganze Familie lebte noch im Irak. Es war schön, Aida zuzuhören, wenn sie von ihrem Leben dort erzählte und uns Fotos zeigte, aber sie sprach auch davon, wie instabil die Stromversorgung immer noch war oder wie mühsam Wasser beschafft werden musste. Sehr viel weiter hatte sich das Land offenbar nicht entwickelt, seit wir es verlassen hatten. Ich war froh, dass wir in Deutschland lebten, wo man solche Probleme nicht kannte.

Wir quartierten Dogan und seine Frau vorübergehend im Kinderzimmer meiner Brüder ein. Es wurde noch enger bei uns, ich musste mir mit Anna das Bett teilen, während Rezan und Diwan in unserem Hochbett schliefen. So hatten die frisch Vermählten zumindest ein bisschen Privatsphäre.

Dogan ging sofort auf Wohnungs- und Arbeitssuche, ihm war es unangenehm, mit uns auf so engem Raum zusammenzuleben. Diesen Zustand wollte er baldmöglichst beenden. Er fand auch nach wenigen Tagen schon eine Anstellung als Pizzabäcker – nicht unbedingt sein Traumberuf. Aber jetzt nahm er, was er kriegen konnte, um für sich und Aida ein Einkommen zu sichern. Und er hatte Glück – in der Pizzeria, die ganz bei uns in der Nähe lag, suchte man gerade dringend jemanden, Dogan stellte sich vor und überzeugte, obwohl er dieses Handwerk nie gelernt hatte.

Aida war zu Beginn sehr schüchtern, aber bald schon unterstützte sie mich im Haushalt, so wie sie es zu Hause gelernt hatte. Wenn ich die Küche betrat, kam sie schnurstracks hinterher und half mir, ohne dass man sie darum bitten musste. Sie fragte nicht lange, sondern machte. Als ich eines Mittags wie immer erschöpft von der Schule kam und mich innerlich bereits darauf eingestellt hatte, gleich kochen zu müssen, glaubte ich, meiner Nase nicht trauen zu dürfen: Ein herrlicher Essensduft zog durch den Hausflur.

»Hey, Dilan, da bist du ja. Komm, stell deine Tasche ab und iss was. Ich habe gekocht«, begrüßte mich Aida freudestrahlend, die gerade dabei war, den Tisch zu decken.

So etwas hatte ich schon lange nicht mehr erlebt. In diesem Moment war ich so dankbar und glücklich! Ich konnte mich einfach an den Tisch setzen, ohne mich selbst um irgendetwas kümmern zu müssen. Der Reis, der Salat und das Hühnchen schmeckten viel besser als sonst. Es war so anders, wenn ich nicht selbst kochen musste und mir der Appetit oft schon bei der Zubereitung verging, erst recht, wenn Ferhat mit seinen Dauerkommandos dabeistand.

Aida war wie eine gute Freundin für mich. Wenn die Männer nicht da waren, alberte sie meist den ganzen Tag mit Rezan, Anna und mir herum. Wir Geschwister machten manchmal Späße auf ihre Kosten, sprachen untereinander Deutsch und übersetzten für sie irgendeinen Nonsens ins Kurdische. Wenn sie dann aufgrund unseres Gekichers Verdacht schöpfte, wurde sie ziemlich sauer und fühlte sich nicht ernst genommen. Als Schwägerin betrachtete ich sie nur, wenn Dogan nach Hause kam und die eben noch albernde Freundin sich auf einmal wie eine verheiratete erwachsene Frau benahm.

Dogans Suche nach einer bezahlbaren Wohnung gestaltete sich langwieriger als gedacht. Die Stimmung bei uns wurde immer angespannter. Dazu trug auch bei, dass Ferhat bald keine Gelegenheit mehr ausließ, Dogan und Aida schlecht zu machen. Und er ging dabei sehr geschickt vor.

»Dilan, wo ist denn Aida?«, fragte er zum Beispiel scheinheilig. Und wenn ich dann sagte, dass sie mit Dogan in die Stadt einkaufen oder einfach nur spazieren gegangen sei, legte er los: »Ach, so ist das, ja? Während du putzt, amüsiert sich Madame in der Stadt? Was glaubt sie denn, wer sie ist? Kaum in Deutschland und schon hebt sie ab!«, brüllte er. Wandte ich ein, dass sie mir doch oft genug im Haushalt half, wurde er nur noch lauter, und ich kriegte dann auch noch etwas ab: »Verteidigst du sie etwa? Du brauchst sie gar nicht in Schutz zu nehmen! Denkst du, ich kriege nichts mit?« Ich hielt dann besser den Mund. Kamen Dogan und Aida am Abend von ihrer Shopping-Tour zurück, spielte er wieder den witzigen und gut gelaunten Superonkel und empfing die beiden ganz aufgeräumt: »Na, Dogan, hast du Aida die Stadt gezeigt?«

»Ja, wir hatten einen tollen Tag«, meinte Dogan mit glänzenden Augen. »Aida musste neu eingekleidet werden. Sie hatte ja kaum etwas aus dem Irak mitgenommen«, erzählte er, und an den Blicken, die er seiner Frau zuwarf, konnte man ihm ansehen, wie verliebt er war. Und auch Aida schwärmte ohne Ende von ihrem Ehemann, wenn wir unter uns waren.

»Dilan, bring mir doch bitte einige deutsche Ausdrücke bei«, bat sie mich eines Tages mit großen Augen.

»Was denn zum Beispiel?«

»Zum Beispiel *dile min* oder *ez te hezdikim.*«

»Ist das dein Ernst?«, fragte ich ein bisschen peinlich berührt zurück. Aida nickte. »Okay, also auf Deutsch heißt das: *mein Herz* und *ich liebe dich*«, erklärte ich ihr und ließ sie das wiederholen, bis die Aussprache verständlich war.

»Ich werde Dogan damit überraschen, wenn er heute von der Arbeit nach Hause kommt!« Sie wurde geradezu euphorisch bei der Vorstellung, ihren Ehemann mit ihren ersten deutschen Worten begrüßen zu können. Na, der wird bestimmt entzückt sein, dachte ich mir und fand solche romantischen Anwandlungen von Aida doch ziemlich kitschig. Ich kannte es ja nicht, dass Ehepaare so miteinander sprachen. Afsan wären solche Worte niemals über die Lippen gekommen, und Mama hätte dazu keinen Grund gehabt.

Eine Zeit lang verlief unser Leben noch verhältnismäßig geordnet und für uns Kinder fast harmonisch – zumindest, wenn Dogan im Haus war. Er sorgte für uns wie in alten Zeiten. Wir gingen Eis essen, saßen am Wochenende bei gemütlichen DVD-Abenden mit Chips und Popcorn zusammen und fühlten uns von unserem ältesten Bruder beschützt, er gab uns Sicherheit und ein Stück Geborgenheit, die wir so lange vermisst hatten. Wir schauten wieder deutsche Fernsehsender, und wenn Dogan Zeit hatte, kochte er für uns leckere italienische Pastagerichte, die er in der Pizzeria erlernt hatte. Er war in kürzester Zeit zu einem wunderbaren Koch geworden. Wie hatte er das alles so schnell lernen können? Kochen schien zu seiner großen Leidenschaft zu werden. Immer wieder überraschte er uns mit neuen Gerichten. Sein Tiramisu gehörte zu meinen Favoriten.

Dogan legte auch, wie einst Mama, großen Wert auf unser schulisches Fortkommen. Er erkundigte sich regelmäßig nach unseren Noten – ganz ungewohnt so etwas. Vorher hatte sich niemand darum gekümmert. Und Lob hatte es auch nie gegeben. Dogan geizte damit nicht.

»Dilan, ich bin so stolz, wie du die Schule neben der ganzen Hausarbeit meisterst«, ermutigte er mich oft. Das tat so gut! Rezan hingegen bekam von ihm häufiger eine Ermahnung, für meinen jüngeren Bruder waren seine Lehrer eher »Gegner«, die Schule und gute Noten interessierten ihn nicht, er wollte doch Rapper werden, und dazu brauche man doch eh keine physikalischen oder biologischen Kenntnisse, meinte er. Er träumte von einer Karriere in New York.

Ferhat hielt auf Dauer das Süßholzraspeln nicht aus. Ich hatte mich im Stillen auch schon gefragt, wie lange er es wohl durchstehen würde, Dogan etwas vorzumachen. Für ihn musste das ja eine ziemliche Verrenkung bedeuten, und Selbstkontrolle gehörte nicht zu seinen Stärken. Irgendwann brach wieder der Ferhat durch, den wir kannten. Er hatte einfach nur eine gewisse Zeit abgewartet, bis er in die Offensive ging. Ob beim Rasieren, beim Umziehen, beim Essen oder Fernsehen – immer wieder klopfte er vor uns seine Sprüche, dass unser großer Bruder alles andere als ein Supermann war.

»Schaut ihn euch doch an, euren tollen großen Bruder! Eine Schwuchtel ist der! Geht mit Aida shoppen, läuft mit ihr Händchen haltend durch die Stadt, sodass es alle sehen können. Lässt sie ausschlafen. Kocht für sie. Ein Weichei ist er!« Rezan, Anna und ich saßen dann stumm und gehorsam neben ihm im Wohnzimmer auf der Couch und hörten einfach nur zu. Widerrede zu leisten oder überhaupt etwas dazu zu sagen würde sein hasserfülltes Gequatsche nur weiter befeuern.

Am meisten störte er sich daran, dass Dogan und Aida so liebevoll miteinander umgingen, das konnte er nicht ertragen. Dabei ist Liebe doch etwas Schönes, dachte ich an solchen Tagen, obgleich ich davon mangels eigener Erfahrung noch gar nichts verstand. Aber man konnte erkennen, dass die tiefe Zuneigung dieses Ehepaares mit den billigen und schnellen Affären, die Ferhat pflegte, nichts gemein hatte.

»Ihr seht doch selbst, wie die sich hier benehmen! Es ist bereits 12 Uhr, und die beiden liegen immer noch in den Federn und kichern und albern im Zimmer herum. Dabei wollten wir längst frühstücken. Was fällt denen ein?«, brüllte er eines Samstagmittags – dabei war er selbst erst eine halbe Stunde vorher aufgestanden.

»Vor allem Aida, diese Schlampe, lässt es sich hier doch nur auf unsere Kosten gut gehen! Im Irak wäre sie die Erste, die morgens aufstehen und sich an den Herd stellen müsste. Hier aber braucht sie eine Extra-Einladung, damit sie ihren Scheißarsch überhaupt hochkriegt!« Immer häufiger war es Ferhat egal, ob die beiden mitkriegten, was er über sie sagte.

Er hatte natürlich auch Angst, dass er die Kontrolle über uns verlieren würde, dass seine Autorität noch stärker schwinden könnte, als es ohnehin schon der Fall war. Wenn Ferhat mich wie gewohnt beim Essen ständig herumkommandierte, hörte mein Bruder vielleicht ein oder zwei Mal weg – er versuchte zu vermeiden, dass ständig Streit herrschte. Aber spätestens beim dritten Mal stellte er Ferhat zur Rede – und das vor uns! Dogan war der Einzige, der keine Angst vor unserem Onkel hatte.

»Lass Dilan doch endlich mal in Ruhe essen«, sagte er dann und warf Ferhat dabei einen warnenden Blick zu. Ferhat erwiderte nichts, aber ich spürte, wie es in ihm brodelte. Die Spannungen zwischen den beiden waren physisch zu spüren. Und irgendwann würden sie offen ausbrechen, das fürchtete ich.

Eines Abends, es war fast 23 Uhr, lagen Rezan, Anna und ich schon in unseren Betten und versuchten zu schlafen. Dogan kam mit einer Feierabendpizza nach Hause. Diwan und Ferhat saßen vor dem Fernseher und unterhielten sich. Unterhalten war eigentlich das falsche Wort – Ferhat konnte gar nicht in so ruhigem Ton sprechen, dass man es als Unterhaltung hätte bezeichnen können. Vielleicht musste er immerzu herausbrüllen, wer den Hut aufhatte. Jedenfalls war er rücksichtslos wie immer. Der Fernseher war auf ziemliche Lautstärke gestellt, und mein Onkel schrie dagegen an, es störte ihn überhaupt nicht, dass wir früh zur Schule mussten, aber bei diesem Krach natürlich nicht schlafen konnten. Manchmal, wenn ich selbst spätnachts immer noch nicht eingeschlafen war, fing ich an, Schafe zu zählen oder mir vor Verzweiflung die Ohren zuzuhalten.

In Ferhats Welt gab es keine Bettruhe, schon gar nicht für uns. Wenn wir schulfrei hatten, bestimmte er, wann wir morgens aufzustehen hatten. Dann durften wir unsere Betten erst verlassen, wenn er ausgeschlafen hatte. Er nächtigte immer auf einer Matratze im Wohnzimmer, die ich vorm Schlafengehen für ihn zurechtmachen musste. Morgens schaltete er als Erstes den Fernseher an, ganz laut natürlich. Das war das Zeichen für uns: Nun durften auch wir endlich aufstehen. Manchmal waren wir da bereits seit ein oder zwei Stunden wach und total hungrig. Ferhat, der erst sehr spät von seinen nächtlichen Ausflügen nach Hause kam, schlief gern bis mittags.

An diesem Abend aber griff Dogan ein.

»Ferhat! Diwan! Wisst ihr eigentlich, wie laut ihr seid? Die Türen zum Schlafzimmer sind offen, dabei schlafen die Kleinen doch! Macht mal den Fernseher leiser, und unterhaltet euch so, dass sie euch nicht hören«, sagte Dogan so ruhig und höflich wie möglich, aber ich konnte an seiner Stimme erkennen, dass er ziemlich empört war. »Und macht die Tür zum Wohnzimmer zu, ich möchte auch schlafen und will keinen Ton mehr hören!«

Endlich mal einer, der Rücksicht nimmt, freute ich mich in meinem Bett.

Diwan war nach wie vor selten zu Hause, meistens war er im Internetcafé unter der Fuchtel von Ferhat, der seinen unerschöpflichen Vorrat an wüsten Geschichten über Dogan und Aida mit ihm teilte. Auch wenn fast alles von Ferhat frei erfunden war – Diwan glaubte ihm und fing ebenfalls an, sich zunehmend an der Anwesenheit der beiden zu stören.

Einige Tage später sah Dogan, als er von der Arbeit nach Hause kam, wie Diwan mich gerade schlug. Er packte Diwan: »Was fällt dir ein? Wieso schlägst du deine Schwester?«

»Weil sie es verdient hat!«, mischte Ferhat sich ein. »Halt dich da raus, Dogan! Glaubst du etwa, du kannst hier einfach wieder auftauchen und dich so aufführen, wie du es tust? Wo warst du die letzten zwei Jahre? Im Irak! Ich war es, der für deine Geschwister da war! Nicht du! Du hast hier nichts mehr zu melden. Wenn Diwan seine Schwester schlägt, dann weiß er, warum er es tut! Er ist eben ein richtiger Mann und nicht so eine Schwuchtel wie du, der seiner Frau die Füße massiert! Such dir endlich eine Wohnung und hau ab! Wir brauchen dich hier nicht!«

Diwan traute sich nicht, etwas zu sagen. Vielleicht fühlte er sich da noch zwischen zwei Stühlen – seinem großen Bruder, den er früher so respektiert hatte, und seinem Onkel, der ihn längst fest im Griff hatte. Die Auseinandersetzung an diesem Abend war jedenfalls der Beginn einer offenen Feindschaft zwischen den dreien – und Diwan war dabei nicht auf der Seite seines Bruders. Das Zusammenleben in einer Wohnung wurde unerträglich.

Dogan zog wenig später aus. Aida und er wollten endlich ihr eigenes Zuhause haben, und sicherlich hatte er auch keine Lust mehr auf ständige Streitereien, wenn er müde von der Arbeit nach Hause kam.

Uns untersagte Ferhat jeden Kontakt zu ihm. Wir sahen unseren ältesten Bruder kaum noch, nur manchmal kam Dogan heimlich vorbei, wenn Ferhat und Diwan nicht da waren.

Und dann, fast sechs Jahre nach der Mordnacht, kam jener denkwürdige Abend, an dem ich meine Familie endgültig verlor.

15 UNTER BRÜDERN

»Wer kann das denn sein? Um diese Zeit?«, fragte ich Rezan und Anna verwundert, als es an der Haustür Sturm klingelte. Es war kurz vor acht Uhr abends, ich saß mit Rezan und Anna auf der Ledercouch und schaute *SpongeBob*, unsere Lieblingssendung. Ferhat oder Diwan konnten es nicht sein, für die war es noch zu früh, und außerdem hatten beide einen Schlüssel.

»Dilan, guck durch den Spion, bevor du öffnest«, rief Rezan mir leicht besorgt nach, als ich zur Wohnungstür ging.

Es war Dogan, der mit einer Einkaufstüte vor der Tür stand. Mit gesenktem Kopf und einem schüchternen »Hi« machte ich ihm auf.

»Dilan, Schwesterchen! Geht's dir gut?«, fragte er und drückte mich. »Wer ist denn sonst noch zu Hause?«

»Ja ..., mir geht es gut. Anna und Rezan sind auch da.« Ich konnte Dogan gar nicht anschauen. Ich hatte Angst – nicht vor ihm, sondern vor Ferhat und Diwan, mit denen in den nächsten Minuten zu rechnen war. Wieso kam Dogan um diese Zeit? Er wusste doch, dass Ferhat und Diwan nach Hause zu kommen drohten.

»Super, wo sind denn meine beiden Kleinen?«, wollte Dogan wissen und marschierte zielstrebig ins Wohnzimmer. »Ihr fehlt mir alle so sehr«, sagte er und drückte uns drei an sich. Keiner von uns sagte einen Ton.

Mein großer Bruder blickte mich irritiert an. »Dilan, Anna, Rezan, was ist denn los mit euch? Was hat euch Ferhat wieder eingebläut? Redet mit mir«, drängte Dogan.

»Gar nichts hat er gesagt«, behauptete ich und schämte mich, dass ich jetzt auch schon meinen Bruder anlog, der immer nur Gutes für uns getan hatte.

»Ich habe Neuigkeiten für euch! Ihr könnt jetzt eure Schwägerin im Krankenhaus besuchen. Und eure Nichte! Unsere Tochter wurde vorgestern geboren!«, erzählte Dogan voller Vaterstolz. Wieder sagte keiner von uns etwas. Dabei würde ich meine kleine Nichte so schrecklich gern sehen, aber ich traute mich nicht, Dogans Einladung anzunehmen.

Ich bin ziemlich verrückt nach Kindern. Als wir in der neunten Klasse das obligatorische Schülerbetriebspraktikum machen mussten, half ich drei Wochen lang in der Klasse von Annas Grundschule aus. Anna war stolz, dass sie ihren Mitschülern ihre große Schwester zeigen konnte, und mir machte die Arbeit großen Spaß. Eines Tages würde ich selbst Kinder haben, und bis es soweit war, wartete ich sehnlichst darauf, Tante zu werden.

Vor einem halben Jahr hatte Dogan uns dann bei einem seiner seltenen Besuche mitgeteilt, dass er Vater werden würde. Schon an der Tür hatte er gestrahlt. Und kaum hatte er den Fuß in die Wohnung gesetzt, platzte er auch schon heraus mit der süßen Botschaft: »Aida ist schwanger. Sie ist im dritten Monat«, sagte er. Ich freute mich riesig für meinen Bruder und hätte so gern Aidas Bauch wachsen gesehen. Aber Ferhat hatte uns Kindern inzwischen sogar untersagt, Dogan auf der Straße zu grüßen, sollten wir ihn zufällig treffen. Wir hatten Dogan, seit er uns als werdender Vater besucht hatte, nicht mehr gesehen. Bis zu diesem Abend. Ich war nervös.

»Dogan, bitte, es ist besser, wenn du gleich wieder gehst. Ferhat muss jeden Moment kommen!«

Während Dogan noch versuchte, Anna, Rezan und mir die Angst zu nehmen, klingelte in meinem Zimmer das Handy, unser »Haustelefon«. Ich sprintete hin, ich wusste ja, wer der Anrufer war. Niemand außer Ferhat und Diwan hatte die Handynummer. Es diente ausschließlich Ferhats Kontrollen, Anordnungen und Einschüchterungen – ob wir alle zu Hause waren, ob das Essen endlich fertig war, ob ich alles vorbereitet hatte, damit er ein frisches gebügeltes Hemd anziehen konnte. Unzählige Anrufe dieser Art erhielt ich den Tag über.

»Was macht ihr gerade?«, hörte ich Ferhat fragen, der wie immer ohne ein »Hallo« zur Sache kam.

»Wir gucken Fernsehen«, antwortete ich.

»Seid ihr allein?«, wollte er wissen.

»Nein, Dogan ist da und sitzt mit uns im Wohnzimmer«, flüsterte ich fast. Ich wusste genau, dass Ferhat gleich ausflippen würde. Er war ja so berechenbar!

Kaum hatte ich Dogans Namen erwähnt, hörte ich nur noch das »Tut, tut, tut« aus dem Hörer. Ferhat hatte aufgelegt. Ich ahnte, dass er nicht einfach abwarten würde, bis Dogan die Wohnung wieder verließ – er würde kommen! Oder Diwan schicken. Und richtig: Wenig später stürmte ein sichtlich aufgebrachter Diwan herein und ging gleich drohend auf Dogan zu. Es war völlig klar, dass Ferhat ihn beauftragt hatte, er selbst machte sich nicht gern die Hände im Konflikt mit Dogan schmutzig – das überließ er lieber Diwan.

»Verlass sofort unsere Wohnung, du Mistkerl!«, brüllte er seinen älteren Bruder an.

»Na, hat dich der feige Ferhat mal wieder vorgeschickt?«, fragte Dogan.

»Ich warne dich, Dogan. Geh! Oder ich prügel dich hinaus! Verpiss dich auf der Stelle!«

Dogan blieb ruhig auf der Couch sitzen. »Was ist bloß aus dir geworden, Diwan? Was hat Ferhat aus dir gemacht, als ich nicht da war? Glaubst du, Mama hätte gewollt, dass wir so miteinander umgehen?«, fragte er ihn. Diwan lief im Gesicht rot an. War es Wut? Oder Scham?

Ich nahm Anna an die Hand und zog sie ins Schlafzimmer. Es war ohnehin längst Zeit für sie, ins Bett zu gehen, und auch ich hatte schon meinen Pyjama an. Das Handy klingelte wieder.

»Ist Diwan schon da?«, fragte unser Oberkontrolleur.

»Ja«, antwortete ich und hörte im gleichen Moment einen dumpfen Schlag aus dem Wohnzimmer. Ich ließ vor Schreck das Handy fallen, um ins Wohnzimmer zu rennen, das sich direkt neben unserem Kinderzimmer befand. Die Tür, die gerade noch offen gestanden hatte, war plötzlich abgeschlossen. »Macht die Scheißtür auf! Rezan, mach auf!« Ich hämmerte voller Verzweiflung mit der Faust immer wieder gegen die Tür.

Es war ein furchtbares Déjà-vu – ich fühlte mich in die Nacht zurückversetzt, als unsere Ané ermordet wurde. Die gleiche Szene: Ich stehe verzweifelt vor einer verschlossenen Tür, hinter der Schreckliches zu passieren scheint. Die Angst schnürt mir fast die Luft ab, womöglich verliere ich schon wieder einen geliebten Menschen. Aber ich bin trotz meines Gebrülls ohnmächtig – ich kann nur warten, bis jemand die Tür wieder aufmacht. Die Sekunden, die inzwischen vergehen, oder vielleicht sind es auch Minuten, fühlen sich an wie eine Ewigkeit.

Wo blieb Rezan? Warum machte er nicht auf? Im Wohnzimmer wurde es immer lauter, ich hörte Geschrei, Gebrüll, Kampfgetümmel, bei dem Möbel zu zerbersten schienen. Dann ein lautes Klopfen an der Haustür, bald ein Hämmern, Rufe unserer kurdischen Nachbarn, die forderten, die Tür aufzumachen. Ich öffnete.

»Bitte, macht die Tür zum Wohnzimmer auf! Meine drei Brüder prügeln sich da drin zu Tode!«, schrie und weinte ich zugleich. Herr Yildiz, unser Nachbar, der über uns wohnte und bei dem Krawall mit seiner Frau hinuntergeeilt war, schlug die Glastür mit seinem Ellenbogen ein. Meine Brüder lagen völlig ineinander verkeilt auf dem Boden und schlugen aufeinander ein. Das Zimmer war total verwüstet.

Diwan stürmte als Erster aus dem Wohnzimmer nach draußen auf die Straße, Dogan und Rezan hinterher. Alle drei waren blutverschmiert und völlig entstellt. Dogans Hemd war zerrissen, Rezan hatte Prellungen im Gesicht und am Körper. Mir brannten die Augen, als ich ihnen nachlief, einer von ihnen musste Pfefferspray eingesetzt haben. Auf der Straße standen unsere Nachbarn, die von dem Lärm der Schlägerei aufgeschreckt worden waren. Es regnete und war kalt, meine Brüder waren barfuß.

»Wir lassen uns die Scheiße nicht mehr gefallen, Diwan! Du bist ein Verräter!«, schrie Rezan, der sich auf der anderen Straßenseite in Sicherheit gebracht hatte.

»Komm endlich zur Besinnung, Diwan«, sagte Dogan, der seinem Bruder, nach Luft japsend, auf dem Bürgersteig gegenüberstand.

Ich stand in der Haustür in meinem Pyjama und blickte fassungslos, wütend und traurig auf die Szene – was war nur aus uns geworden? Drei zerstrittene Brüder, die aufeinander losgingen, eine Schwester, die nicht mehr existierte, und Anna und ich, die gegen ihren terrorisierenden Onkel nicht aufzubegehren wagten. Ich konnte es nicht glauben.

Aber wo war Anna? Sie hatte ich in dem ganzen Durcheinander völlig aus den Augen verloren. Erst jetzt merkte ich, wie kalt es draußen war, meine Füße fühlten sich an wie Eisklumpen.

In dem Moment stoppte Ferhats Audi vor Dogan und Diwan. Ferhat sprang heraus und stürzte sich sofort auf Dogan, Diwan eilte über die Straße und packte Rezan. Es ging wieder los! Ich rannte auf Dogan zu und stellte mich zwischen ihn und Ferhat, ich wollte, dass diese Schlägerei endlich aufhörte! »Dogan! Onkel! Hört doch auf! Bitte!«, flehte ich.

Ferhats Faust sauste auf Dogan zu, verpasste ihn und traf mich leicht im Gesicht. Während ich versuchte, meinen großen Bruder zu schützen, sah ich, wie Diwan auf der anderen Straßenseite seinen Bruder mit einem Tritt so hart traf, dass Rezan auf den nassen Asphalt des Fahrradweges stürzte. Im Fallen schaute Rezan mich an – ein Blick, der mich bis heute nicht loslässt. Ich hätte besser ihn statt Dogan schützen sollen! Sirenen waren zu hören, Polizeiautos und ein Krankenwagen näherten sich. Ferhat sprintete zu seinem Audi und raste davon.

Als die Sanitäter Rezan zum Krankenwagen führten, um ihn zu versorgen, drehte er sich zu mir um und sagte: »Dilan, erzähl ihnen alles, was Ferhat uns angetan hat. Alles! Hab keine Angst. Sag ihnen, dass er uns schlägt. Sag ihnen, dass wir nichts zu essen haben. Dass er seit Jahren unser Geld klaut. So darf es nicht weitergehen!« Er flehte mich geradezu an.

Nach diesem Abend sah ich Rezan nie wieder.

Ich stand stumm da und fühlte mich so leer, so unendlich leer. Das Ganze war ein Albtraum. Meine Brüder kamen alle ins Krankenhaus, ich ging allein zurück in die Wohnung und setzte mich auf die Couch. Da tauchte auch Anna endlich wieder auf und setzte sich still neben mich. Die Polizeibeamten durchsuchten die Wohnung.

»Sind Sie die beiden einzigen Personen hier?«, wollte ein Beamter wissen. Ich nahm ihn kaum wahr und reagierte nicht. Ich konnte mich nicht lösen aus der Schockstarre, die mich befallen hatte, und hatte große Mühe, wieder zu mir zu kommen.

»Dilan, Dilan! Der Mann redet mit dir«, tippte mich Anna vorsichtig an.

»Hören Sie«, sagte der Polizist und schaute mich voller Mitleid an. »Wir können Sie und ihre Schwester zumindest für die Nacht anderswo unterbringen, in diesem Trümmerhaufen können Sie ja nicht bleiben! Aber ohne Ihr Einverständnis geht das nicht.«.

Wir können doch gar nicht mit ihnen gehen, dachte ich, Ferhat würde total ausrasten. Aber in mir hallten Rezans Worte nach: Sag ihnen alles! Ich schaute Anna an und willigte ein. »Wir kommen mit!«, sagte ich zu dem Beamten.

»Packen Sie einfach eine kleine Tasche mit den notwendigsten Sachen, die Sie bis morgen brauchen!«

Ich stand auf und fing an zu packen, wahllos stopfte ich Kleidung und Zahnbürsten in einen Beutel. Ich funktionierte einfach. Und hatte Angst. Bestimmt würde jetzt alles noch schlimmer werden mit Ferhat, denn Rezan hatte den Mund aufgemacht und angekündigt, gegen Ferhats Machenschaften mit der Wahrheit herauszurücken. Wie sollte unser Leben nun bloß weitergehen? Würde jetzt auch noch Rezan verstoßen und ausgelöscht werden?

Im letzten Moment entschied ich mich, unsere Pässe und einige Fotos in den Beutel zu stecken. Ich weiß nicht, was mich dazu veranlasste, denn ich war eigentlich fest davon überzeugt, dass wir am nächsten Tag in die verwüstete Wohnung zurückkehren würden. Wohin sollten wir denn auch sonst?

Und dann saßen Anna und ich in unseren verdreckten Pyjamas im Polizeiauto. Auf dem Polizeirevier schämte ich mich in Grund und Boden mit meinem verheulten Gesicht, den zerzausten Haaren und meiner ebenso derangierten Schwester im Gefolge. In einem kahlen Raum nahmen Anna und ich vor einem Schreibtisch Platz, an dem ein Polizeibeamter bereits auf uns wartete. Ein zweiter stellte sich vor die Tür, damit niemand hereinkommen konnte.

»Was ist passiert, warum haben eure Brüder aufeinander eingeschlagen?«, wollte der Beamte von mir wissen. Er wirkte besorgt. Ich schaute ihn an, war aber mit meinen Gedanken ganz woanders. »Wisst ihr, ich habe selber Kinder, und es tut mir leid, was vorgefallen ist. Ihr solltet jetzt nicht hier sein«, fuhr der Polizist fort. Anna und ich schwiegen immer noch.

Ich hatte nicht vor, ihm die Situation zu erklären, denn das hätte Ferhat und Diwan schwer belastet – für Ferhat hätte das vermutlich harte Konsequenzen. Und für mich auch. Ich mochte gar nicht daran denken, was er mit mir anstellen würde, wenn ich auspackte und er davon erfahren würde. Er hatte uns in den letzten Jahren oft genug demonstriert, was er in einem solchen Fall mit uns machen würde: »Hört mir ganz genau zu, Kinder, und vor allem du, Dilan. Im Irak, da schneidet man den Frauen die Nasenspitze ab, wenn sie nicht gehorchen. Ich werde dir mit Genuss Nase und Zunge abschneiden, wenn du nicht befolgst, was ich anordne!« Und dabei zeigte er mir an seiner Nase, wie er das machen würde. Ich glaubte ihm, dass er es mir heimzahlen würde.

»Dilan! Dilan! Wir müssen jetzt alles sagen, was der Onkel mit uns macht! Wenn du es nicht tust, mach ich es!«, brach es da plötzlich aus Anna heraus. Sie fing heftig zu weinen an. Meine Schwester war so schrecklich verzweifelt. Und mir war spätestens jetzt klar, dass ich reden musste. »Anna, komm her. Ich werde reden«, sagte ich mit Tränen in den Augen und tröstete sie mit einem Kuss.

Hastig, fast im Stakkato, erzählte ich den Polizisten alles. Jedes Detail. Alle Arten von Misshandlungen, die wir unter Ferhat erlebt hatten. Und vom Verlust unserer Eltern. Der Beamte war schockiert.

Mit so schwerwiegenden Anschuldigungen hatte er nicht gerechnet. »Es tut mir wahninnig leid, was ihr alles durchmachen musstet«, sagte er betroffen.

Kaum waren wir fertig, ging die Tür auf. Mir rutschte das Herz in die Hose. Ein Beamter steckte den Kopf herein.

»An der Pforte ist der Onkel dieser beiden Mädchen. Er möchte seine Nichten abholen«, sagte er.

»Oh mein Gott! Nein! Nein! Stopp! Hören Sie, er wird uns umbringen. Sie müssen jetzt unheimlich aufpassen, was Sie ihm sagen. Sagen Sie bitte auf keinen Fall, dass wir freiwillig mit Ihnen mitgekommen sind und auch nicht, dass wir nicht zurück wollen. Sie müssen ihm sagen, dass wir hier bleiben *müssen*! Bitte, wimmeln Sie ihn ab«, schrie ich panisch los. Ich hatte Todesangst, und die erkannte ich auch in Annas Augen.

»Die Mädchen können unter keinen Umständen zurück. Erklären Sie ihm, dass sie die Nacht über hier bleiben müssen. Und dann schicken Sie ihn weg!«, ordnete der besorgte Beamte am Schreibtisch an.

Seit diesem Tag habe ich meine Brüder nicht wiedergesehen. Ich will es auch gar nicht. Wo sie heute leben, will ich nicht wissen – vermutlich in irgendeiner kurdischen Community. An sie zu denken macht mir schon Angst. Wer weiß, wie sie heute drauf sind? Wer weiß, ob nicht auch sie gefangen sind in der Gewaltspirale, die sie in unserer Familie – angefangen mit unserem Erzeuger – miterlebt haben. Wer weiß, ob sie es geschafft haben, sich von dem patriarchalischen Männerbild zu befreien. Die Erfahrungen der Vergangenheit lassen mich da eher zweifeln. Besonders seit den Erlebnissen an diesem Abend.

16 WIE ICH EINE ANDERE WURDE

Drei Monate später stand ich wie festgenagelt vor dem großen silbergerahmten Spiegel in meinem Zimmer und konnte nicht aufhören, mich ungläubig anzustarren. Mannomann, sah ich verändert aus! Ich erkannte mich ja selbst kaum wieder unter den streichholzlangen Stoppeln, in die ich ungläubig mit meinen Fingern fuhr. Wie eine Reibe fühlten sie sich an, total ungewohnt! Immer hatte ich Haare gehabt, die mir bis zum Po reichten und meistens zu einem strengen Zopf gebunden waren – für Ferhat hatten offen getragene Haare etwas Aufreizendes, »die Schlampe«, behauptete er immer, wolle damit doch nur signalisieren, dass sie verfügbar sei. Und jetzt waren meine raspelkurz! Oh ja, ich wurde – zumindest äußerlich – allmählich eine Andere.

»Das wird ein Pixie-Cut! Ist gerade supermodern!«, hatte mir die korpulente Friseurin namens Ursula (»kannst aber Uschi zu mir sagen«) erklärt und resolut meine Vergangenheit abgeschnitten. Ich kniff dabei lieber die Augen fest zu, denn so heftig ich mir auch wünschte, anders als bisher auszusehen, so sehr fürchtete ich, was bei diesem Experiment herauskommen könnte. Bei dem Schnitt beließ Uschi es nicht, »wir machen noch ein bisschen Tönung rein, ja?« Und da sie nun schon einmal dabei war, mussten natürlich auch noch helle Strähnchen hinzugezaubert werden – »macht dich unwiderstehlich, Mädchen, und kostet kaum mehr«, behauptete sie.

Nach fast fünf Stunden, einem eingeschlafenen Hintern, einer stolzen Ursula, einem geschmälerten Portemonnaie und meinem entsetzten Blick in den Spiegel war das Werk vollendet. Für mich war ohnehin alles noch sehr fremd hier in Berlin: die große Stadt, die Menschen um mich herum, die neuen Aufgaben, die auf mich warteten – und nun war auch ich mir fremd. Aber immerhin, ich fühlte mich jetzt sicherer, gerade weil ich mich selbst kaum wiedererkannte. Niemand durfte und niemand würde mich so ohne Weiteres erkennen, wenn ich durch die Stadt lief.

»Jetzt kann die Party beginnen«, flüsterte ich meinem Spiegelbild ermutigend zu und trug noch ein bisschen Rouge auf die Wangen auf und zu guter Letzt ein knalliges Tomatenrot auf die Lippen.

Der veränderte Look, den Uschi meinem Kopf verpasste, war nicht die einzige Neuerung, der ich mich unterzog: Meine dicken schwarzen Augenbrauen hatten schon vorher dran glauben müssen, übrig geblieben war nur ein dünner Strich, der mich allerdings alles andere als wohlgefällig in den Spiegel blicken ließ – mir fehlte noch die Übung. Bei Papatya hatte ich plötzlich so viel freie Zeit gehabt, daran war ich nicht gewöhnt. Was hätte ich früher darum gegeben, mich mittags nach der Schule einmal kurz zu einem »Powernap« hinlegen zu dürfen! Jetzt aber war mir nicht mehr nach schlafen. Also wandte ich mich meinem Körper zu und machte all das, was ich schon lange hatte machen wollen: Endlich meine Beine rasieren zum Beispiel – der Spott meiner Mitschüler, die mich »Perserteppich« gerufen hatten, war mir noch im Ohr.

»Mann, du hast ja mehr Haare auf den Beinen als auf dem Kopf! Behaart wie ein Affe!«, hatten sie gehöhnt. Ich wehrte mich damals trotzig mit der Behauptung: »Für so'n Quatsch, mir die dauernd nachwachsenden Haare zu rasieren, hab ich gar keine Zeit!« Aber in Wahrheit peinigte es mich, dass ich die Einzige in meiner Realschulklasse war, die sich nicht die Beine enthaaren durfte.

Einmal benutzte ich Ferhats Rasierer, um mir zumindest die Haare unter den Achseln wegzumachen, ich wollte mich doch endlich wie ein richtiges Mädchen fühlen. Dabei war ich nicht achtsam genug gewesen, Ferhat fand anschließend einige Haare in der Klinge, die nur von mir stammen konnten.

»Wer hat meinen Rasierer benutzt? Dilan, warst du das etwa?«, tobte er. Ich leugnete, denn wenn man sich an irgendwelchen Sachen vergriff, die er ausschließlich für sich reklamierte, dann setzte es Prügel. »Komm ja nicht auf die Idee, dir die Beine zu rasieren«, drohte er. »Du weißt, was dann passiert. Kann ja sein, dass andere in deinem Alter das machen. Und für wen wohl? Schlampen sind das! Du kannst dir die Beine rasieren, wenn du mal verheiratet bist!« Ich hätte mich auch gern geschminkt, wie Dalia und andere Mädchen meines Alters es taten, aber weder hatte ich dafür Geld, noch hätte Ferhat es geduldet.

Dass ich mir jetzt endlich die Beine rasieren konnte, war für mich wie eine Befreiung von seinen zahllosen Verboten, und die glatte Haut, die ich danach unter meinen Händen spürte, eine beglückende Erfahrung, ich fühlte mich wie neugeboren und vor allem: wie eine richtige Frau.

Ich war nicht mehr bei Ferhat, die Polizei und unser Opferschutzbeauftragter hatten dafür gesorgt, dass Anna und ich nicht mehr zu meinem Onkel zurückkehren mussten, sondern für eine Übergangszeit in einem Heim unterkamen. Wenig später half Herr Wilke mir mit der Adresse von *Papatya*, der Schutzeinrichtung für Frauen, denen Gefahr von ihrer Familie drohte. Ich ging nach Berlin, zu Sabine und den anderen Frauen von Papatya. Aber auch dort hielt es mich irgendwann nicht mehr. Ich wollte hinaus in die Welt, mich erproben, vielleicht mein Abitur nachholen, jobben, Geld verdienen, Freunde finden. Ich hatte so viele Pläne – eine Zeit lang waren sie wenig konkret, aber der Drang, aktiv zu werden und mein Leben in die Hand zu nehmen, war da schon übermächtig. Ich hatte schließlich keine Zeit zu verplempern.

Sabine gab mir Adressen von diversen Projekten, betreute Wohngruppen, in denen meist zehn Mädchen zusammenlebten, viele von ihnen kaum älter als fünfzehn Jahre. Jedes Mädchen hatte eine Betreuerin, die das Geld und alle wichtigen Unterlagen verwaltete. Einige der Mädchen waren schon sehr selbstständig und benötigten kaum Unterstützung im Alltag, andere bekamen auch die einfachsten Dinge allein nicht hin.

Ich klapperte getreulich alle von Sabines Adressen ab, um eine Unterkunft zu finden, stellte mich vor und sprach über meine Ziele und Zukunftspläne. Die Wohngruppe entschied in solchen Fällen, ob man aufgenommen wird. Meistens wartete ich die Entscheidung allerdings erst gar nicht ab, sondern sagte von mir aus ab. Oft gefielen mir die Räumlichkeiten nicht, auch wenn mir klar war, dass man seine Ansprüche herunterschrauben musste, wenn man in einer dieser vom Jugendamt finanzierten Wohnungen unterkommen wollte. Sie waren ja nur als Zwischenstopp auf dem Weg zu einer selbstständigen Lebensgestaltung gedacht. Und auch bei den Mädchen, die ich in den Wohnungen antraf, fühlte ich mich nicht an der richtigen Adresse. Solange ich bei Papatya war, musste ich kurze Notizen über meine Eindrücke verfassen und in eine Tabelle eintragen, was in meinen Augen für oder gegen meinen Einzug in die von mir besuchten Wohngruppen sprach, und meistens war die »Kontra«-Spalte um einiges länger als die »Pro«-Liste. Ich verzweifelte allmählich, dass ich nichts fand, was zu mir zu passen schien. War ich zu wählerisch?

Zum Glück hatte ich Linda, die mir zugewiesene Betreuerin, eine Sozialarbeiterin, die mir vom ersten Moment an sympathisch war, energisch und zupackend – eine betuliche Schlaftablette wäre auch nichts für mich gewesen. Linda verstand meine Ungeduld, Ferhat hatte mir schon genug Jahre meines Lebens gestohlen. Bei unserem ersten Treffen hatte ich ihr die dreizehn Seiten meiner Geschichte in die Hand gedrückt, die ich bei Papatya zu Papier gebracht hatte. Als Linda zu Ende gelesen hatte, seufzte sie leise auf und meinte: »Wow, Dilan, das ist ja ziemlich harter Tobak, den du erlebt hast. Wie kann ich dich unterstützen? Wo brauchst du überhaupt meine Hilfe? Du scheinst ja schon sehr selbstständig zu sein.«

»Im Alltag werde ich schon allein klarkommen, mein Zimmer halte ich selbst in Ordnung, da muss mich keiner kontrollieren. Aber ich brauche Hilfe bei der Beantragung einiger Unterlagen. Ich möchte so schnell wie möglich meine Schwester nach Berlin holen, meinen

Namen ändern und neue Papiere bekommen. Außerdem brauche ich Unterstützung bei meiner ersten Wohnungseinrichtung. Das Jugendamt hat etwas gesagt von einem Pauschalbetrag für eine Erstausstattung, stimmt das?«

»Die Geschichte mit deiner Schwester sollten wir bei Gelegenheit einmal ausführlicher und in Ruhe besprechen«, schlug Linda vor. »Das ist ein längeres Thema. Das mit der Erstausstattung ist richtig, das kriegen wir auch hin. Die Namensänderung ist nicht so einfach, dafür muss es äußerst triftige Gründe geben. Ich habe einen solchen Fall noch nie gehabt, werde mich aber kundig machen. Weißt du denn schon, wie du mit neuem Vor- und Nachnamen heißen möchtest?«

»Sara. Ich will Sara heißen. Seit ich nicht mehr zu Hause wohne, nenne ich mich so, und den Namen möchte ich auch behalten. Einen passenden Nachnamen habe ich noch nicht. Vielleicht könntest du mir dabei helfen?«

»Darüber will ich gern nachdenken. Jetzt aber noch etwas anderes: Weißt du denn schon, ob du dein Abitur nachholen willst?«

»Sabine von Papatya hat mir von einem Vorbereitungskurs erzählt, in dem man fit gemacht wird für Tests und Vorstellungsgespräche und lernt, wie man eine Bewerbung schreibt und all so was. Der Kurs dauert sechs Monate und ist kostenlos. Den möchte ich erst mal machen, ich hab ja null Ahnung, was man alles tun muss, um sich erfolgreich zu bewerben«, lächelte ich Linda an. »Und dann würde ich auch gern noch ein Praktikum bei der Polizei machen und außerdem …«

Linda unterbrach mich lachend: »Langsam, langsam. Ich kann ja verstehen, dass du jetzt am liebsten gleich loslegen willst, liebe Sara«, nannte sie mich zum ersten Mal bei meinem neuen Namen, »aber alles braucht seine Zeit. Der Vorbereitungskurs ist sicher ein guter Einstieg«, lobte sie mich, »aber heute schauen wir uns erst einmal eine Wohnung an, in der noch ein Zimmer für dich frei ist. Sie ist nur zwei Straßen von hier entfernt, einziehen darf da eine junge Frau wie du, die keine Intensivbetreuung mehr benötigt. Hoffentlich bewilligt das Jugendamt die Kosten dafür, denn bei Volljährigen – und dazu gehörst du ja schon – wird das nur in Ausnahmefällen gestattet. Das kläre ich mit dem Amt. In der Wohnung wohnt Vanessa, aber für eine Person ist sie viel zu groß. Vanessa ist übrigens so alt wie du, ihr werdet euch gut verstehen. Sie hat mir einen Schlüssel gegeben, damit wir uns alles anschauen können, sie freut sich auf dich. Vielleicht kann sie dir auch helfen, dich hier in Berlin zurechtzufinden, sie ist Berlinerin, und du kennst dich bisher wahrscheinlich kaum aus in der Großstadt, oder?«

Das stimmte. Mir kam die Stadt riesig vor, viel, viel größer und unüberschaubarer als meine bisherigen Lebensstationen. Ich war noch ziemlich orientierungslos. Nur das U-Bahn-Netz hatte ich einigermaßen im Kopf. In der letzten Zeit war ich oft ohne Ziel mit meiner Monatskarte durch die Stadt gefahren, damit mir die Decke nicht auf den Kopf fiel, ich war immer froh, wenn ich raus und unter Menschen kam.

Als Linda und ich uns auf den Weg zur Wohnung machten, fielen mir die vielen Graffiti an den Hauswänden und Bauzäunen auf, manche Gebäude wirkten ziemlich heruntergekommen, als sei seit dem letzten Krieg kaum etwas an ihnen gemacht worden. Sauber war in meinen Augen auch etwas anderes. Das beunruhigte mich, in welche Gegend würde es mich verschlagen?

»Sag mal, Linda, komme ich hier etwa in ein Ghetto?«

»Nein, nein«, lachte Linda. »Das ist definitiv kein Ghetto, sondern Berlins neue Mitte, die entwickelt sich gerade zu einem der teuersten Stadtbezirke.«

»Aha! Da, wo ich herkomme, sah es ganz anders aus, da stand Häusle neben Häusle, und alles war sauber und ordentlich. Und hier, für diese Lage, umgeben von so viel Dreck, soll man viel Geld bezahlen? Wie komisch«, sagte ich und schaute Linda an, als würde ich ihren Worten nicht recht trauen. »Manchmal verstehe ich die Menschen hier gar nicht. Neulich habe ich einer alten Frau in der U-Bahn meinen Sitzplatz angeboten. Ich wollte höflich sein. Und wie hat sie reagiert? Sie hat mich angepöbelt!«

»Glaub mir«, versuchte Linda, mich zu beruhigen, »du wirst den etwas rauen Charme dieser Stadt noch zu schätzen wissen, auch wenn die Berliner nicht immer von ausgesuchter Höflichkeit sind. In einigen Wochen wird dir die Stadt auch gar nicht mehr so groß vorkommen. Und dann wirst du sie entweder lieben oder hassen – so wie andere Leute auch.«

Als wir die von Vanessa bewohnte Altbauwohnung betraten, blieb ich andächtig auf der Schwelle stehen. Ein langer Flur mit honigfarbenen Dielen tat sich vor mir auf, von dem mehrere Türen abgingen, Licht flutete durch eine offen stehende Zimmertür herein, weiß gestrichene Wände machten alles hell, Stuck an den Decken – bei mir war es Liebe auf den ersten Blick. Ich war einfach hingerissen: ein größeres und ein kleines Zimmer, eine große Küche, ein Bad mit Badewanne, ein kleiner Balkon, der auf einen ruhigen Hinterhof hinaus ging; im Vergleich zu meinen bisherigen Behausungen war die Wohnung ein Traum.

Vanessa aber, das stellte sich schnell heraus, war es nicht.

Ich lernte sie wenige Tage später kennen, als ich abends mit meiner Tasche in mein neues Zuhause zog. Linda hatte mir nach der ersten Besichtigung einen Schlüssel nachmachen lassen. Ich rief ein fröhliches »Hallo«, als ich die Haustür wieder schloss, aber niemand antwortete. Vanessa schien nicht da zu sein.

Ich stellte meine Sachen in das kleinere Zimmer, das größere hatte Vanessa belegt, und packte meine Habseligkeiten in den ziemlich hässlichen Schrank, der auf wackligen Beinen neben dem Fenster stand. Vanessa hatte mir eine blaue Schlafcouch ins Zimmer gestellt, damit ich die erste Zeit, bis das Jugendamt mir eine Erstausstattung bewilligt hatte, nicht auf dem Boden schlafen musste. Aber die Couch stank wie ein Aschenbecher. Und darauf sollte ich schlafen?

So machte ich schon am ersten Abend Bekanntschaft mit einer der vielen Gewohnheiten von Vanessa, die in den nächsten Wochen dauernd Zoff zwischen uns heraufbeschwören sollten. Vanessa rauchte wie ein Schlot. Und zwar überall, wie ich bei einem Gang in die Küche feststellte, selbst dort war die Luft zum Schneiden. Herumstehende volle Aschenbecher schienen sie auch nicht zu stören. Aber mich.

Meine Hände waren staubig vom Einräumen, ich wollte mich ein bisschen frisch machen, bevor meine neue Mitbewohnerin nach Hause kam. Nichts ahnend öffnete ich die Tür zum Badezimmer. Der Anblick, der sich mir bot, war ein echter Kulturschock: Vanessa lag zusammen mit einem über und über tätowierten Muskelprotz in der Badewanne! Eine hastige Entschuldigung murmelnd, zog ich schnell die Tür wieder zu. Weder der Unbekannte noch Vanessa hatte auch nur ein Wort über die Lippen gebracht, nur der Blick, den mir die beiden zugeworfen hatten, war eindrucksvoll gewesen – wie zwei angeschossene Rehe hatten sie ausgesehen.

Wieso zum Teufel schloss Vanessa die Tür nicht ab? Sie wusste doch, dass ich heute einzog! Was machten die beiden da? Wie hatten die es überhaupt geschafft, sich zu zweit in die schmale Wanne zu zwängen? Mir war diese unvorhersehbare Begegnung sehr peinlich, Vanessa wollte ich danach erst einmal nicht sehen und verkroch mich in mein Zimmer. Schämte sich die denn gar nicht, nackt mit einem nackten Mann in der Badewanne zu liegen?! Eine Jungfrau war sie also bestimmt nicht mehr. Vielleicht war das für sie ja ganz normal, aber für mich nicht! Ich hatte bisher noch keinem Mann auch nur meine nackten Beine gezeigt!

In den nächsten Wochen zeigte sich, dass Vanessa und ich ein Gespann waren, wie man es sich gegensätzlicher nicht vorstellen konnte. Sie stammte aus Hellersdorf im Berliner Osten, hatte ziemlich unprofessionell platinblond gefärbte Haare, trug demonstrativ ihre Piercings und Tatoos zur Schau und wurde mir gegenüber schnell giftig. Warmherzigkeit schien gar nicht zu ihren Markenzeichen zu gehören. Vermutlich ist sie alles andere als glücklich darüber, dass sie ihr Domizil jetzt mit einer anderen Person teilen muss, dachte ich, ich bin hier unerwünscht.

Dabei hatte ich im Stillen gehofft, in ihr jemanden zu finden, mit der ich abends am Küchentisch zusammensitzen, der ich mich mit meinen Hoffnungen und Ängsten angesichts des neuen Lebensweges anvertrauen konnte, aber dafür war Vanessa nun wirklich nicht die Richtige. Wir waren von Beginn an eine reine Zweckgemeinschaft, in der nur das Nötigste beredet wurde – wer kümmert sich um den Abwasch, den Müll, das Putzen. Und selbst das reichte schon, um immer wieder zu streiten. Und dabei schenkten wir uns nichts.

In ihrer Wut stellte Vanessa mir einmal den Müll vor die Zimmertür. Als ich abends todmüde nach Hause kam, stank nicht nur mein Zimmer, sondern auch der Hausflur geradezu bestialisch, ich hatte mir am Vorabend Fisch gekocht. Vanessa liebte solche wortlosen Racheakte.

Wenn zwei, die nicht miteinander können, eine Wohnung miteinander teilen, kann offenbar selbst der Kühlschrank zum täglichen Zankapfel werden. Vanessa pflegte darin – ganz gegen ihre sonstige Gewohnheit – ständig »aufzuräumen«. Sie teilte ihn fein säuberlich in zwei Territorien ein, in ihrem befand sich selten etwas anderes als Fleischsalat, Bier und Ketchup, während meiner mit frischem Gemüse vollgestopft war, das sich um Himmels willen ja nicht auf »ihren« Bereich verirren durfte. Das aber fand fast unvermeidbar statt, denn ich brauchte einige Zeit, bis ich mich darauf eingestellt hatte, dass ich jetzt nicht mehr für einen mehrköpfigen Haushalt, sondern nur noch für mich selbst zu sorgen hatte. Ich kaufte ein und kochte in Mengen, als müsste ich auch noch für Diwan, Ferhat, Anna und Rezan sorgen. Vanessa meckerte oft über den vollen Kühlschrank: »Haben wir hier etwa eine ganze Truppe im Haus?«, rotzte sie mich an. Und mich wiederum ärgerte es maßlos, wenn Vanessa dann den Butterteller auf meine Hälfte zurückquetschte, sodass ich in Butter griff, wenn ich eigentlich die Möhren herausholen wollte. Ziemlich unnötig, dieser Quatsch, zumal ihr Fach doch nahezu gähnend leer war. Aber gut, wenn sie es so haben wollte! Der kleine Vorteil ihres Abgrenzungswahns war zumindest, dass ich dadurch allmählich lernte, weniger einzukaufen.

Da hatte Vanessa aber schon ein neues Feld gefunden, auf dem sie mir demonstrieren konnte, dass sie von einer harmonischen Zweier-

WG mit mir nichts hielt. Das Klopapier! Wenn sie neue Rollen eingekauft hatte, bunkerte sie die in ihrem Zimmer, damit ich mich daran nicht vergreifen konnte. Genauso machte sie es mit der Zahnpasta, der Seife, dem Spülmittel oder Waschpulver. In unserem Haushalt gab es alles in doppelter Ausführung, wir waren einfach unfähig, unser Zusammenleben wirklich zu teilen.

Und dass ich sie am ersten Abend mit einem Mann in der Wanne angetroffen hatte, war auch kein »Ausrutscher« gewesen: Sie hatte ständig wechselnde Männerbekanntschaften, die sich gegenseitig die Klinke in die Hand gaben. Dabei bevorzugte sie eindeutig das prollige Segment – fast alle waren laut, tranken ziemlich viel oder hatten, vom Aussehen her zu schließen, bereits intensive Freundschaft mit anderen Drogen geschlossen.

Ihr Favorit schien Justin zu sein – einer, der sich sichtlich zu oft auf der Solarbank ausruhte und stolz auf seinen Anabolikakörper war, berlinerte wie Vanessa und die gleichen Air Max wie sie trug – so gesehen passten die beiden gut zusammen. Mir war er zutiefst unsympathisch. Manchmal traf ich ihn in der Küche, aber mehr als ein flüchtiges »Hi« zwischen uns war nicht drin, lieber blieb ich auf meinem Zimmer, wenn er da war. Denn einmal hatte ich eine lautstarke Auseinandersetzung zwischen den beiden erlebt, die mir Angst gemacht hatte.

»Hol mir ein Bier aus dem Kühlschrank!«, kommandierte er. Vanessa tat wie geheißen, aber irgendetwas musste ihm offensichtlich dennoch nicht gepasst haben. Jedenfalls war bald darauf ein lautes Klatschen zu vernehmen, als schlüge jemand dauernd auf nackte Haut, und ein irres Fußgetrampel. Prügelte er sie etwa? Ich konnte die Szene nicht recht deuten. Von Vanessa war nichts zu hören, nur seine Stimme wurde immer lauter und aggressiver, den genauen Wortlaut konnte ich nicht verstehen, die Eskalation aber war unüberhörbar. Verdammt, was konnte ich tun? Ins Zimmer stürmen? Die Polizei rufen? Wenn ich das täte, würde sie mir vermutlich das nächste Mal die Mülltüte gleich unter die Bettdecke schieben! Ich wurde immer panischer und fing wieder an, in meinem Zimmer hin und her zu tigern – ich fühlte mich zurückgeworfen in eine Vergangenheit, die ich doch unbedingt hinter mir lassen und vergessen wollte! Zum Glück verstummten die Geräusche kurz darauf. Justin blieb uns noch einige Tage lang erhalten, aber weder ihn noch Vanessa wagte ich, auf den Vorfall anzusprechen.

Mich fand Vanessa ja ohnehin spießig und total uncool, nicht nur, weil ich mich vor schimmelnden Essensresten in der Wohnung ekelte und schmutziges Geschirr nicht leiden konnte, sondern auch, weil ich nie jemanden mit nach Hause brachte, schon gar keinen Mann, ich war unerfahren und schämte mich auch viel zu sehr für mein kleines Zimmer mit dem wackligen Schrank. Und Gäste wären vor Vanessas unberechenbaren Liebschaften in der Wohnung auch nicht sicher gewesen. Es war ohnehin nicht gerade eine Zeit, in der ich mich vor Freunden nicht retten konnte. Im Gegenteil – es waren Monate zäher Einsamkeit, in denen ich genug mit mir selbst zu tun hatte.

Zum Glück hatte sich inzwischen das Problem meiner stinkenden Couch erledigt. Bald nach meinem Einzug war mein Schutzengel Linda eines Tages beladen wie ein Packesel zu mir gekommen: »Schau mal, Sara. Ich habe dir neue Bettwäsche, Decken und Kissen besorgt«, sagte sie und überreichte mir die Sachen. »Am Montag können wir im Möbelhaus shoppen gehen und dir ein richtiges Bett besorgen. Brauchst du sonst noch was?«, hatte sie gefragt, als sie mir mein Verpflegungsgeld für den Monat aushändigte.

»Danke, Linda. Ich hab erst mal alles, was ich brauche«, behauptete ich tapfer. Über die stummen Kämpfe mit Vanessa verlor ich kein Wort mehr. Musste ich auch nicht, Linda hatte davon ohnehin schon genug mitbekommen. Ich mochte darüber gar nicht reden. Denn die Spannungen zwischen Vanessa und mir waren immer erdrückender geworden. Wir stritten inzwischen nicht einmal mehr miteinander, sondern schrieben uns bestenfalls kleine drohende Zettel, die wir uns gegenseitig an die Zimmertüren pappten. »Vanessa, wasch endlich das Geschirr ab! Es gibt keinen einzigen sauberen Teller mehr!«, oder: »Sara! Hast du etwa *meine* Spülung benutzt? Da ist kaum noch was drin!«

Erst Wochen später entwickelten wir ein ganz anderes Verhältnis zueinander.

»Übrigens, Sara, was ich dir noch erzählen wollte: Zwei Betreuerinnen verreisen mit allen Mädchen einmal im Jahr. Dieses Jahr geht's für zehn Tage ans Schwarze Meer nach Bulgarien«, kündigte Linda eines Tages bei einem ihrer regelmäßigen Besuchen an. »Das Jugendamt hat die Reise auch für dich bereits bewilligt. Ich hoffe, du freust dich! In fünf Wochen geht es los. Vanessa kommt auch mit. Übermorgen, wenn wir uns sehen, erzähle ich dir mehr. Aber heute hab ich es eilig.« Und damit verabschiedete Linda sich.

Ich war perplex: Wer hatte sich das denn ausgedacht? Ich freute mich zwar sehr darauf, zum ersten Mal seit meiner Kindheit in ein anderes Land zu reisen. Aber dass Vanessa mit von der Partie sein sollte, verdarb mir den Spaß. Musste das sein? Linda wusste doch, dass Vanessa und ich wie Feuer und Wasser waren.

Aber im Leben kommt es oft anders als erwartet. Der Urlaub in Bulgarien veränderte alles zwischen Vanessa und mir. Schon nach wenigen Tagen waren wir unzertrennlich – wie siamesische Zwillinge tauchten wir überall gemeinsam auf, ob am Wasser oder abends im Club. Ich brauchte Vanessa bei meinen ersten unsicheren Schritten auf ein neues Terrain, das mir bisher verboten gewesen war. Und darin war sie gut. Mit ihrer Hilfe lernte ich, ein anderes körperliches Selbstbewusstsein zu entwickeln.

Mir fiel es in den ersten Tagen noch schwer, im neuen Bikini zum Strand zu gehen, obwohl ich mir das fest vorgenommen hatte, seit ich das gute Stück bei H&M erstanden hatte. Aber die innere Hemmschwelle erwies sich als hoch, so freizügig hatte ich mich nur in der dritten Klasse im Schwimmunterricht gezeigt, und da war es ein Badeanzug gewesen. Ich zierte mich.

Vanessa aber verstand es, mir gut zuzureden: »Was willst du eigentlich, Sara? Du machst doch eine super Figur in dem Bikini. Seit wann bist du denn so schüchtern? So kenne ich dich ja gar nicht! Hast doch sonst immer 'ne große Klappe!«, sprach sie mir Mut zu, während ich noch unschlüssig vor dem Spiegel stand und an meinem Oberteil herumrückte.

»Sehe ich damit nicht billig aus?«, fragte ich verunsichert.

»Ach, Quatsch. Was redest du denn? Du hast doch 'ne Meise«, lachte sie, und dann liefen wir einträchtig zum Strand.

Für Vanessas Ermutigung revanchierte ich mich: Bevor wir abends mit der ganzen Mannschaft die einheimischen Clubs stürmten, frisierte ich mithilfe von Glätteisen und Kamm ihr Haar, darin hatte ich ja Übung. Vanessa war immer ganz aus dem Häuschen, wenn sie sich danach im Spiegel anschaute. In Sachen Make-up und Haarstyling war sie nicht gerade ein Ausnahmetalent. Im Gegenzug beriet sie mich beim passenden Outfit – ich hatte doch noch nie einen Club von innen gesehen, und vom Flirten hatte ich erst recht keine Ahnung.

In Bulgarien wurden Vanessa und ich Freundinnen – eine Freundschaft, die auch über die Urlaubswochen hinaus hielt.

17 KEIN ZURÜCK

»Ich koch nachher was, aber wollen wir nicht vor dem Essen noch mal laufen gehen?«, fragte ich Vanessa, die am Küchentisch saß und sich eine Zigarette drehte. Laufen gehörte zu den Gewohnheiten, die ich inzwischen entwickelt hatte.

»Ach nee, lass mal, ich hab Kohldampf! Laufen können wir doch auch morgen noch. Aber fürs Kochen hab ich kaum noch was im Kühlschrank«, meinte sie etwas kleinlaut. Das wunderte mich nicht – Vanessa hatte doch nie etwas Brauchbares im Kühlschrank.

»Kein Ding, ich hab genug für uns beide.« Die unsichtbare Mauer im Kühlschrank war inzwischen gefallen, ich konnte mich darin nach Herzenslust ausbreiten. »Es macht sowieso viel mehr Spaß, für zwei zu kochen!« Und damit stellte ich entschlossen Töpfe und Pfanne auf den Herd und griff zum Basmati-Reis auf dem Regal.

»Wenn ich doch nur so gut kochen könnte wie du, Sara!«

»Glaub mir, das ist keine Zauberei, einfach nur jahrelange Erfahrung. Du kannst dir nicht vorstellen, wie oft mir früher der Reis angebrannt ist oder versalzen war. Als Kind hab mich dafür auch nicht interessiert, da kochte meine Oma noch für uns. Meine Mama hatte kaum Zeit dafür, nach Omas Tod musste ich ran. Niemand hat es mir beigebracht, und ein Kochbuch gab es bei uns nicht. Ich musste mir wohl oder übel alles selbst beibringen«, erwiderte ich und ließ das scharfe Küchenmesser durch das Gemüse flitzen. Auch Vanessa kannte meine wahre Geschichte nicht.

»Ich hoffe, du hast nicht vergessen, dass wir uns heute ins Berliner Nachtleben stürzen wollen«, stieß Vanessa mich lachend mit der Hüfte an.

»Keine Sorge, ich kann es schon gar nicht mehr abwarten! In Bulgarien haben wir ja schon bleibende Eindrücke hinterlassen, jetzt ist Berlin dran«, grinste ich sie an, während ich das Olivenöl-Zitronen-Dressing vorbereitete.

»Heute Abend gehen wir erst einmal in einen harmloseren Hip-Hop-Club. Im Dante, das ist direkt am Hackeschen Markt, steigt eine coole Party, der Eintritt ist für Mädels bis Mitternacht frei, und es gibt einen kostenlosen Prosecco. Ich hab noch eine Flasche Wein im Kühlschrank, die könnten wir vorher killen«, stellte sie in Aussicht.

»Das klingt super. Ich habe mir letzte Woche neue High Heels gekauft, die werde ich heute ausführen.«

Abends warf Vanessa ihre Musikanlage an, wir brachten uns richtig in Stimmung. Ich sollte sie natürlich frisieren. Längste hatte ich mich mit ihren Haaren angefreundet und wusste genau, wie sie es gerne hatte – zum Ausgehen am liebsten mit einer Clip-Extension, die ihre Haare zwanzig Zentimeter länger machten, dann noch alles durchs Toupieren kaschieren, zum Schluss ein bisschen Haarspray, dann war Vanessa glücklich. Und ich auch, weil es ihr gefiel. Bei meinen kurzen Haaren war nicht viel zu machen, aber mit Make-up sparte ich nicht, vor allem der Lidstrich war ein Muss. Noch einige Drinks, und dann sollte es losgehen, ich wollte endlich tanzen – in Bulgarien war ich richtig auf den Geschmack gekommen, so lange hatte ich darauf gewartet, nicht mehr nur heimlich und allein vor meinem Kleiderschrankspiegel zu tanzen.

Vorher aber musste ich noch etwas Wichtiges mit Vanessa klären, der Wein half mir, endlich meinen ganzen Mut zusammenzunehmen, denn den brauchte ich bei diesem Thema.

»Äh, Vanessa, sag mal, ehm …« – wie sollte ich bloß anfangen?

»Nun sag schon, was willst du mir erzählen?« Vanessa wurde bei meinem Herumgedruckse schon leicht ungeduldig.

»Ich habe mir neulich aus deiner Box …, also im Badezimmer, deine Tampons, also, ich habe mir einen rausgenommen«, platzte ich endlich heraus.

»Ja und? Ist doch keine große Sache!«

»Ja, ich weiß. Aber ich muss dich dazu was fragen. Meine Freundinnen früher haben immer gesagt, dass man seine Jungfräulichkeit verliert, wenn man ein Tampon benutzt. Stimmt das?« Vanessa brach in lautes Gelächter aus und konnte sich kaum wieder einkriegen. Als sie sah, dass meine Wangen sich röteten, wurde sie ernst.

»Mann, Sara, wer hat dir denn diesen Blödsinn erzählt? Das ist völliger Quatsch. Du musst dir da keine Sorgen machen, davon verlierst du sie definitiv nicht. Vielleicht solltest du mal zu meiner Frauenärztin gehen und ihr all die Fragen stellen, die dir auf der Seele brennen. Scheint ja nötig zu sein. Meine Mutter hat mich, als ich 13 oder 14 war, zu ihrer Gynäkologin mitgenommen, damit die Ärztin ein erstes aufklärendes Gespräch mit mir führt. Mir war das damals total peinlich, vor allem, als sie mir zum Schluss auch noch Kondome in die Hand drückte. Aber ihre Informationen haben mir sehr geholfen, schließlich hatte ich ja kaum ein Jahr später schon mein erstes Mal. Früher oder später solltest du dir eh eine gute Gynäkologin suchen, spätestens wenn du mit einem Mann schläfst«, erklärte sie mir. Ich war erleichtert, dass Vanessa meine alberne Frage so ernsthaft beantwortete.

Wie dumm, dass ich so gedacht hatte, ein bisschen schämte ich mich doch. Heute muss ich selbst über die Vorstellungen lachen, die sich im Kopf eines unaufgeklärten Mädchens einnisten konnten. Aber unter meinen jesidischen Freundinnen war dieser Irrglaube, dass man sich mit Tampons entjungferte, weit verbreitet. Woher sollten sie und ich es auch besser wissen? Nicht nur Sevda, sondern auch mir war die Nutzung des Internets untersagt, und so hatte mich selbst nach so langer Zeit noch quälende Unwissenheit ergriffen, wenn ich im Badezimmer Vanessas große OB-Packung sah. Ich war ja schon froh, dass ich mir Binden kaufen konnte und nicht mehr wie früher mit diversen Lagen an Servietten meinen Menstruationsfluss auffangen musste. Aber OBs? Doch ich war auch neugierig und hatte mir deshalb eins stibitzt. Sicherheitshalber wartete ich aber den Tag ab, bis ich Vanessa ausfragen konnte, so lange behielt ich das Ding in einer Schublade meines Schreibtisches.

Mit ihren Erklärungen nahm Vanessa mir eine Last von der Seele. Wenige Tage später vereinbarte ich einen Termin bei ihrer Frauenärztin. Heute gehe ich sehr offen mit dem Thema Sexualität um. Warum auch nicht? Ich fühle mich wohl in meiner Haut. Früher konnte ich mich nackt kaum anschauen – jeden meiner Blicke empfand ich wie einen Peitschenhieb, ich mochte nicht, was ich sah. Aber vielleicht geht das ja jedem Mädchen in der Pubertät so. Heute bin ich stolz auf das, was ich sehe, mein Körper gibt mir Selbstbewusstsein. Aber bis ich dahin kommen konnte, mich frei von den Fesseln zu fühlen, die mir die Vergangenheit angelegt hatte, dauerte es. Ich sollte noch zu spüren bekommen, dass ich davon völlig überraschend eingeholt werden konnte.

Dieser Tag war gerettet, ich war so erleichtert, als wir die Wohnung verließen und endlich loszogen. Im Bus und in der U-Bahn alberten wir herum, und dann fragte ich Vanessa nach Justin; das Erlebnis vor einigen Wochen, als ich voller Angst die Auseinandersetzung zwischen ihm und Vanessa mit angehört hatte, lag mir immer noch im Magen.

»Sag mal, was war da vor einiger Zeit bei dir eigentlich los, als Justin da war? Ist ja schon ein bisschen her, aber ich würde es gern wissen!«

»Warst du etwa zu Hause?« Sie warf mir einen aufgeschreckten Blick zu.

»Na klar, wo denn sonst? Um die Uhrzeit? Ich war in meinem Zimmer und habe alles gehört. Ich habe mir Sorgen gemacht! Was willst du bloß von dem?«

»Das tut mir leid, Sara.« Sie starrte auf ihre Bierflasche. »An dem Abend hat er mich gezwungen, mit ihm zu schlafen. Ich wollte das nicht. Ich habe ihm danach gesagt, dass ich ihn nicht mehr sehen will, und auf seine Nachrichten habe ich auch gar nicht mehr reagiert. Daraufhin hat er gedroht, unsere Tür einzuschlagen. Am Anfang war er ja superlieb, aber inzwischen ist er richtig aggressiv. Ich habe Angst vor ihm. Bis vor einigen Monaten saß er noch im Gefängnis wegen schwerer Körperverletzung. Wie werde ich den bloß wieder los? Schließlich weiß er, wo ich wohne!«

»Das ist ja furchtbar! Was glaubt er denn, wer er ist? Denkt er, er kann dich zwingen, mit ihm zusammen zu sein? Wir müssen was tun! Wir können zur Polizei gehen. Weiß deine Betreuerin eigentlich davon?«

»Nein, du bist die Einzige. Aber wenn ich zur Polizei gehe, flippt der aus und wird mir erst recht etwas antun!«

»Der Typ kommt uns nicht mehr ins Haus, das kann ich dir versichern. Ich werde nicht zusehen, wie er sich nimmt, was er will. Wir gehen morgen zur Polizei. Und dann wird er nicht mehr wagen, sich dir zu nähern, oder er riskiert, wieder in den Knast zu wandern. Deine Betreuerin solltest du auch informieren. Aber du musst ein bisschen vorsichtiger sein, wen du mit nach Hause nimmst. Es gibt, glaube ich, ziemlich viele Verrückte hier in Berlin!« Und damit war das Thema erst einmal durch. Wir waren auch schon am Hackeschen Markt angekommen.

Im Dante war es rappelvoll. Als ich mich mit der 1,75 m großen Vanessa, meinen superhohen Absätzen und meiner hautengen Röhrenjeans durch die dicht gepackte Menge wühlte, folgten uns die Blicke der Männer. In Bulgarien waren sie mir noch unangenehm gewesen. Bei meinen ersten Clubbesuchen hatte ich ständig das Gefühl, meine Vergangenheit wäre mir auf die Stirn geschrieben, deshalb starrten mich alle so an – beim Flirten war ich viel unsicherer als beim Gehen auf meinen High Heels. Auch wenn ich inzwischen selbstbewusster war, Komplimente und begehrliche Blicke waren mir immer noch sehr fremd, fast ängstigten sie mich. Und gleichzeitig waren sie wie ein angenehmer Rausch, von dem ich wünschte, dass er nicht so schnell wieder zu Ende gehen möge. Wer hätte das gedacht, ging es mir durch den Kopf, ich tanze mit meiner deutschen Freundin in einem Club, einen Gin Tonic in der Hand, und zu Hause wartet niemand auf mich, der mich dafür zur Rechenschaft zieht und bestraft! Ich bin ein Glückspilz, Mensch! Ich musste unwillkürlich lächeln.

»Hey, ich bin Murat«, tippte mich ein gut aussehender dunkelhaariger Typ an, als ich gerade eng umschlungen mit Vanessa tanzte. »Wollen wir kurz rausgehen? Hier drin kann man sich bei dem Lärm ja kaum unterhalten.«

»Ja, gern.« Ich zwinkerte Vanessa zu und folgte meinem Jäger. Vor dem Club standen hauptsächlich Raucher herum. Ich ließ mich auf eins der riesigen bunten Sitzkissen fallen, zupfte meinen neuen trägerlosen Glitzerfummel zurecht und schlug die Beine übereinander, wie es sich für eine Lady gehörte. Ich war gespannt, was jetzt kommen würde. Wie würde er es wohl anfangen, mich zu ködern? Was er dann von sich gab, war allerdings anders, als ich es erwartet hatte.

»Sag mal, hast du keine Brüder?«, fragte Murat mich inquisitorisch, kaum dass er sich niedergelassen hatte, und warf mir dabei einen höchst kritischen Blick zu. Ich dachte, ich hätte nicht richtig gehört, eine Charmeoffensive war das ja nicht gerade, eher eine sehr ungewöhnliche Art der Anmache!

»Wie bitte? Was geht dich das denn an?«, gab ich leicht gereizt zurück. Der führte sich ja auf wie mein einstiger kurdischer Klassenkamerad Hikmet! Ich war verblüfft, zugleich aber auch verunsichert. Stand mir meine Vergangenheit doch ins Gesicht geschrieben? Wieso kam der bei mir auf eine solche Frage? Hätte er Vanessa auch so angequatscht? Nun ja, sagte ich mir im gleichen Atemzug, die hat ja auch keine Brüder. Dass ich gleich drei davon hatte, würde ich ihm nicht auf die Nase binden, war doch auch vollkommen irrelevant! Aber Murats Frage war ohnehin nur rhetorisch gewesen, der selbst ernannte Kontrolleur war noch nicht fertig mit seinem Verhör.

»Wissen deine Brüder, wie du hier herumläufst? Und um diese Uhrzeit in einen Club gehst? Schämst du dich nicht?« Murat sprach nicht nur so laut, dass alle Umstehenden anfingen, uns neugierige Blicke zuzuwerfen, sondern zeigte bei diesen Worten auch noch auf mein eng sitzendes Top. Ich sank tiefer und tiefer in das blaue Sitzkissen, während der bis eben noch Unbekannte sich aufführte, als sei er mein eifersüchtiger Freund, der glaubte, mich zurechtweisen zu können. Allmählich kochte Wut in mir hoch.

»Warum zum Teufel sollte ich mich schämen? Guck dir doch mal die anderen Mädchen hier an, im Verhältnis zu denen bin ich doch fast verschleiert!« Verdammt, ich fing auch noch an, mich zu rechtfertigen! »Aber was geht dich das alles an?« Ich merkte, dass ich um Fassung ringen musste.

»Du bist doch Muslimin, oder?«, fragte er jetzt schon in einem etwas leiseren Ton.

»Was? Wie kommst du denn darauf? Nein! Bin ich definitiv nicht!«, erwiderte ich brüsk. Stimmte ja auch, ich bin zwar Kurdin, aber eine jesidische Kurdin, und die sind keine Muslime. Bei dieser Aussage schien er sich etwas zu beruhigen. Ich aber nicht. Vorsichtshalber schob ich nach: »Ich bin halb Deutsche und halb Griechin. Mein Vater ist Grieche, seine Familie kommt aus Thessaloniki.«

»Olala, eine Griechin! Hi, ich bin Murat. Du siehst toll aus«, schaltete er plötzlich höflich um und streckte mir die Hand entgegen. Ich ignorierte sie, ich hatte genug von Murat. Was glaubte der denn, sich erlauben zu können? Wäre ich Muslimin gewesen, hätte er mir womöglich befohlen, schnell wieder nach Hause zu verschwinden. Mit so einem wollte ich nichts zu tun haben, ich stand mit einem Ruck auf und lief empört in den Club zurück. Zu Vanessa.

Die aber schien sich inzwischen mit einem Mann an der Bar eingelassen zu haben, ich sah, wie sie ihm mit einem Drink zuprostete. Da wollte ich lieber nicht stören. Inzwischen hatte die Band zu spielen aufgehört, nun legte ein DJ einen tollen Song nach dem anderen auf. Der DJ gefiel mir, die Musik auch, und so fing ich an, auf der schmalen Fläche, die bisher als Standort für die Band gedient hatte, zu tanzen. Das war ein ziemlich exponierter Ort, eben eine etwas erhöhte Bühne, unvermeidlich zog ich Blicke auf mich. Damit ließ das nächste Drama nicht lange auf sich warten: Ein offensichtlich stark Angetrunkener rückte mir auf die Pelle, tanzte mich an, griff mit seinen Händen nach mir und umarmte mich schließlich. Ekelhaft. Es nützte nicht, dass ich mich immer wieder wehrte, er ließ nicht ab von mir. Ich warf einem jungen Mann in meiner Nähe, der dem zurückgelassenen Murat ähnelte, einen hilflosen Blick zu. Er kapierte meinen Wink, kam auf mich zu und riss den Aufdringlichen von mir los.

»Hör auf, meine Freundin zu belästigen«, sagte er, legte den Arm um meine Schultern und zog mich fort von der Bühne.

»Danke! Der war echt nervig«, sagte ich und verschwand lieber gleich ganz von der Tanzfläche, auf der ich mich nicht mehr sicher fühlte. Auf dem Weg zur Garderobe traf ich Vanessa.

»Da bist du ja! Wollen wir gehen?«, fragte sie.

»Ja, lass uns gehen. Ich hab genug. Ich hole unsere Jacken. Das kann ein bisschen dauern, steht 'ne lange Schlange davor. Aber du kannst inzwischen ja draußen eine rauchen!«

»Hey, gehst du etwa schon?«, sprach mich mein Retter an, als ich mit den Jacken zum Ausgang eilte. Er folgte mir.

»Ja, es reicht für heute. Danke noch mal, dass du den Irren davongejagt hast. Coole Aktion!«, lächelte ich ihn an.

»Nicht der Rede wert. Ich hab doch gesehen, dass du ziemlich verzweifelt warst. Ich heiße übrigens Kamal. Und du?«

»Sara. Ich muss los. Meine Freundin wartet.«

»Du, ich will dich nicht mit einem blöden Spruch anmachen und nach deiner Handynummer fragen«, meinte er. »Aber wenn du Lust hast, meldest du dich einfach bei mir. Ich würde mich jedenfalls freuen!« Er drückte mir einen Bierdeckel in die Hand, auf dem seine Nummer notiert war, und war im nächsten Moment auch schon wieder im Getümmel verschwunden.

In der Nacht wälzte ich mich unruhig im Bett hin und her. Der Zwischenfall mit Murat ließ mir keine Ruhe. Unfassbar, wie sich sein Verhalten schlagartig verändert hatte, als ich ihm vormachte, Griechin zu sein. Plötzlich hatte er sich ganz anders benommen – wäre ich eine Muslimin, hätte ich in seinen Augen kein Recht gehabt, mich im Club zu vergnügen?? Wie absurd!

Ich musste mit Lindas Hilfe meine Namensänderung auf den Weg bringen! Als ich noch herumgerätselt hatte, welchen Nachnamen ich mir geben sollte, hatte Linda Mouskouri vorgeschlagen.

»Das war in meiner Jugendzeit eine berühmte Schlagersängerin, die auch in Deutschland sehr erfolgreich war. Weiße Rosen aus Athen«, Linda fing plötzlich an zu trällern. Als sie meinen pikierten Blick bemerkte, hörte sie gleich wieder auf und meinte: »Na ja, das war schon einige Jahre, bevor du überhaupt geboren wurdest. Aber was hältst du von dem Namen? Das war eine beeindruckende Frau, die sich damals in Griechenland, als dort noch die Militärs eine Diktatur aufrechterhielten, aufseiten des Widerstands engagierte. Ich weiß allerdings, ehrlich gesagt, nicht, ob sie noch lebt, ich muss das nachschauen. Spielt aber für deine Namensänderung keine Rolle.«

Mir war der Name eigentlich ganz egal – aber was wusste ich schon von Griechenland?

»Mindestens«, sagte Linda, »solltest du dich im Internet ein bisschen schlau über Thessaloniki machen, damit du im Zweifelsfall irgendwas erzählen kannst, was dein Vater dir angeblich erzählt hat.«

Das hatte ich bis zum gestrigen Abend natürlich noch nicht gemacht, ich hatte die Namensänderung überhaupt ein bisschen aus den Augen verloren, es gab so viel anderes zu tun. Aber die Begegnung mit Murat hatte mir vor Augen geführt, dass ich das Thema nicht länger vertagen durfte. Mit einer kurdischen Identität würde es mir nie gelingen, ein neues Leben aufzubauen. Da wäre ich nicht nur durch meine Familie gefährdet, sondern auch durch wildfremde Männer, die offenbar glaubten, über mich bestimmen zu dürfen oder mir Rechtfertigungen abzuverlangen. Danke, Murat, dass du das Thema rechtzeitig wieder auf die Tagesordnung gesetzt hast! Gleich morgen früh, so nahm ich mir vor, würde ich Linda darauf ansprechen. Ich wollte endlich auch offiziell Sara Mouskouri sein.

Dabei dachte ich auch an Anna, sie sollte eine solche Szene wie ich mit Murat nicht erleben müssen. Ich hatte sie längst zu mir geholt und hoffte, dass sie später ihren Namen ebenfalls in Mouskouri ändern könnte, damit wir weiterhin als Schwestern durchgingen. Aber bevor sie nicht volljährig war, stand das bei ihr noch nicht an, denn dafür hätte sie – so absurd das in unserem Fall auch sein mochte – die

Zustimmung eines noch lebenden Elternteils einholen müssen, und das wäre die unseres Erzeugers gewesen!

Zumindest aber trug auch Anna schon einen neuen Vornamen. Als ich zu Sara überwechselte, hatte ich ihr Rita vorgeschlagen. Anna war einverstanden gewesen, aber ich fremdelte lange mit diesem neuen Namen – er kam mir so nichtssagend vor. Es fehlte ihm die Lebendigkeit, die ich immer mit Anna verbunden hatte. Und es machte mich traurig, diesen schönen Namen aufgeben zu müssen, nach dem wir so lange mit Mama gesucht hatten und der meiner Ané so wichtig gewesen war.

Glücklicherweise verfüge ich über einen zuverlässigen Schutzengel – meine Vernunft. Für das Leben in Freiheit musst du Opfer bringen, und dies ist eines davon!, hörte ich sie sagen, wenn ich mal wieder damit haderte, wie hoch der Preis meiner neuen Freiheit war. An die Opfer, die ich dafür bringen musste, hatte ich früher nicht gedacht, außerdem war diese uns abverlangte Umstellung leichter gesagt als getan. Anna und mir passierte es oft, besonders wenn wir stritten, dass wir vergaßen, wie wir einander anreden mussten. Der Konflikt zwischen der wahren und einer erfundenen Identität stellt einen im Alltag vor ganz neue Herausforderungen. Wenn ich in der Kneipe am Nachbartisch jemanden Kurdisch sprechen hörte und zwar einen ziemlichen Blödsinn, dann war die Versuchung groß, sich schnell mal durch einen Zwischenruf einzumischen. Ich musste ständig auf der Hut sein. Wenn ich, weil ich großen Appetit darauf hatte, bei Vanessa mal ein kurdisches Gericht kochte, dann behauptete ich: »Das Rezept hab ich neulich in einer Frauenzeitschrift gelesen, Berija heißt diese Reispfanne, die wollte ich mal ausprobieren.« Vanessa staunte: »Wie du das mit diesen fremden Gewürzen gleich auf Anhieb so hinbekommst!«

Die Muttersprache zu verleugnen, die Herkunft, in der man doch allen Veränderungen zum Trotz Wurzeln hat – das fiel mir schon schwer genug, am schmerzhaftesten aber war die Lüge, dass ich, außer Anna, angeblich keine Geschwister hatte. Die Sehnsucht nach der Familie, nach dem gemeinsamen Essen, dem Lachen und

Tratschen bei unseren Fernsehabenden – sie begleitet mich auch heute noch, nach so vielen Jahren. Selbst die Zankereien mit Rezan fehlen mir, und wie mag es Dogan inzwischen gehen? Wie viele Kinder hat er wohl? Bis heute kann ich keine Songs ertragen, die ich damals mit meinen Geschwistern gesungen oder gehört habe. Sie lassen mich in ein tiefes Loch fallen, also meide ich diese Musik. Manchmal fühle ich mich deshalb so leer, auch wenn ich daran denke, dass ich nie so eine große, pompöse Hochzeit inmitten der Familie haben werde, wie ich sie in unserem baden-württembergischen Dorf erlebt hatte. Jedes jesidische Mädchen träumt davon, darin unterscheide ich mich nicht von anderen. Wenn ich einmal heirate, wird von meinen Eltern oder Geschwistern niemand außer Anna dabei sein. Sie alle zu verlassen hat eine Wunde hinterlassen, die nicht verheilen will. Sie sind die Einzigen, mit denen ich Erinnerungen an unsere gemeinsame Kindheit austauschen könnte. Aber vielleicht ginge das gar nicht mehr – selbst wenn wir heute alle wieder vereint und versöhnt wären. Roza habe ich einmal im Traum besucht, er war schön, weil meine Schwester darin ein modernes Leben führte, wie ich; aber der Traum war auch ernüchternd, vielleicht nur realistisch, denn wir saßen uns in ihrem Wohnzimmer gegenüber und hatten uns nach so vielen Jahren, die wir uns nicht gehabt hatten, nicht wirklich etwas zu sagen. Und dennoch empfinde ich den Verlust meiner Familie mit Abstand als das größte Opfer, das ich für ein selbstbestimmtes Leben bringen musste.

Auch wenn ich meine neue Geschichte akzeptiere und es mich beruhigt, dass die Menschen, die ich kennenlerne, sie hinnehmen und mir dadurch das Leben erleichtern – so ganz habe ich mich trotzdem nie mit meiner Legende anfreunden können. Sie fühlt sich an wie ein Kleid, das nicht richtig sitzt. Immer wieder packt mich bittere Traurigkeit, dass ich niemandem meine wahre Herkunft offenbaren kann, vor allem jetzt, in einer Zeit, in der ich so viel über die Jesiden in den Nachrichten höre oder lese, die vor dem IS aus dem Irak geflohen sind. Wie gerne würde ich meinen Freunden erzählen, wie auch ich vor vielen Jahren durch Flüchtlingsheime gegangen bin, oder ihnen schildern, wie es mir in den ersten Jahren in diesem fremden Land ergangen ist.

Mit Lindas Hilfe, die mich zu allen Behördengängen begleitete und mir alles genau erklärte, bevor ich etwas unterschrieb, dauerte es nur drei Wochen, bis ich, ganz offiziell, meine Papiere auf den neuen Namen ausgestellt bekam. Vorher musste ich zu einer Psychologin, die ein Gutachten über mich erstellen sollte. Sie war genau so, wie ich es befürchtet hatte: Sie stellte unsinnige Fragen zu meinen Gedanken oder Gefühlen in bestimmten Situationen, und mich nervte dabei vor allem der gelangweilte Ton, in dem sie es tat. Ich musste da schnell wieder weg und drückte ihr, um die Sache abzukürzen, einfach meinen dreizehnseitigen Lebenslauf in die Hand.

Das war das erste und zugleich letzte Mal, dass ich mit einer Psychologin über meine Vergangenheit sprach. Mich hatte schon früher immer dieser gut gemeinte Ratschlag verfolgt, ich solle eine Therapie machen – wer meine wahre Geschichte kannte, wie Linda, legte mir das dringend nahe. Ich wehrte mich dagegen. Ich hatte gar keine Zeit dafür, es gab so vieles, was mir wichtiger erschien. Ich hatte auch nie das Gefühl, eine Therapie zu brauchen, und gar keine Lust, meine Vergangenheit noch einmal in allen Einzelheiten durchzukauen.

»Es kann ja sein, Linda, dass sich in meiner Vergangenheit einige Traumata tummeln – aber sie stören mich nicht, sie hindern mich nicht. Möglich, dass eines Tages alles wieder hochkommt, meine Geschichte mich einholt und ich nicht damit fertigwerde. Dann, aber wirklich erst dann, bin ich willens, eine Psychologin aufzusuchen. Dir erzähl ich gern alles über mich, aber bitte schick mich nicht zu irgend so einer desinteressierten Psycho-Tante!«

Linda war mir Hilfe genug, auch wenn ich ein bisschen ängstlich auf meinen 19. Geburtstag schielte, denn dann würde das Betreuungsverhältnis enden. Anfangs hatte ich mir noch gar nicht vorstellen können, bis dahin eine eigene Wohnung zu haben, meine Miete selbst zu zahlen, Verträge abzuschließen und jeden Monat Geld zu verdienen, um Rechnungen zu begleichen. Ganz allein meinen Weg zu gehen schien mir, solange ich Vanessa und Linda hatte, noch ganz weit weg.

»Möchtest du nicht lieber dort anrufen?«, bettelte ich bei Linda, wenn es um irgendeinen Vertrag ging. »Ich kann mich nicht so gut ausdrücken wie du. Du kannst das doch besser! Ich bin immer so tierisch aufgeregt, schon wenn es nur klingelt, habe ich die erste Schweißperle auf der Stirn«, bettelte ich. Aber Linda blieb zum Glück standhaft. »Das schaffst du schon, Sara. Je öfter du es machst, desto leichter wird es dir fallen. Ich kann gern dabei neben dir stehen, aber du musst selbst versuchen, deinen Handyvertrag zu kündigen und die dafür notwendigen Gespräche zu führen. Lass dich von deiner Unerfahrenheit und manchen schlecht gelaunten Mitarbeitern nicht einschüchtern«, predigte Linda in solchen Momenten. Ich konnte dann noch so sehr das Gesicht verziehen, es machte auf sie keinen Eindruck. Damals enttäuschte mich das sehr, heute bin ich ihr für ihre Hartnäckigkeit dankbar.

Nachdem ich das Gutachten der Psychologin hatte und Herr Wilke, unser Opferschutzbeauftragter, eine Stellungnahme verfasst hatte, ging die Namensänderung sehr schnell über die Bühne. Überflüssig schien mir nur die Belehrung durch eine etwas mürrische Beamtin auf dem Einwohnermeldeamt: »Ich hoffe, Sie haben sich die Sache und den neuen Namen gut überlegt!«, mahnte sie, über ihre starken Brillengläser zu mir hinauf schauend, als ich vor ihrem Schreibtisch stand. »Denn noch einmal ändern können Sie ihn nicht!« Was wusste die denn schon von meinen nächtelangen Quälereien mit neuen Namen, von meiner Selbstbefragung, ob ich auch alles bedacht hatte, von meinen Gedanken an Anna, wie ich auch sie am besten absichern könnte! Ich trat ungeduldig von einem Fuß auf den anderen. Zum Glück überreichte die Beamtin mir, nachdem sie ihre Stempel auf einige Dokumente geknallt hatte, meine Papiere und verabschiedete mich mit einem festen Händedruck

Ich fühlte mich wie neugeboren – so wie damals, als wir alle nach acht Jahren endlich die deutsche Staatsbürgerschaft erhalten hatten. »Ich gratuliere Ihnen, Sie sind jetzt offiziell Deutsche«, hatte der alte

Herr im Rathaus mit einem breiten Lächeln gesagt und jeden von uns einzeln aufgerufen, um uns die Urkunde zu überreichen. Wir waren glücklich – trotz der hämischen Witze, die wir anschließend zu Hause darüber rissen. »Auch du bist jetzt ganz offiziell eine deutsche Kartoffel«, rief Roza Diwan über den Tisch zu. »Als ob wir mit dieser blöden Urkunde keine Kurden mehr wären«, antwortete der. Dabei war uns durchaus klar, dass wir mit der neuen Staatsbürgerschaft Vorteile genossen, vor allem ein unbefristetes Aufenthaltsrecht. Und Mama war besonders stolz, dass wir das ohne Afsan geschafft hatten. Denn der bekam die neue Staatsbürgerschaft nicht, vermutlich weil er schon mit dem Gesetz in Konflikt geraten war. Aber er war bei diesem feierlichen Akt ohnehin mal wieder nicht anwesend, sondern seit Tagen verschollen. Aber das kannten wir ja.

»Ich bin so stolz auf uns, Linda! Jetzt müssen wir nur noch ein bisschen Papierkram hinter uns bringen, und dann wird mein neuer Name an meinem Briefkasten hängen! Was für ein Erfolg!«

Ich erinnere mich noch ganz genau an diesen Tag. Es war schon September, ein halbes Jahr lebte ich nun schon in dieser neuen aufregenden Welt, und das Wetter entsprach ganz meinem Gefühl – der Sommer war noch nicht vorbei, der Herbst klopfte schon ganz sanft an die Tür, die Wende der Jahreszeiten kündigte sich an. Ich war richtig aufgeregt, als mir bewusst wurde, dass es nun kein Zurück mehr gab. Ich spürte den Schnitt, den ich gemacht hatte. Ich war jetzt eine Andere – zumindest auf dem Papier.

18 DAS ERSTE MAL

Zu Hause putzte ich, räumte auf und machte große Wäsche. Dabei fand ich in der Tasche einer meiner Hosen den Bierdeckel, den Kamal mir zum Abschied in die Hand gedrückt hatte. Eigentlich hatte er sich doch wie ein richtiger Gentleman verhalten, sinnierte ich vor mich hin. Schlau von ihm, mir die Entscheidung zu überlassen, ob ich den Kontakt wieder aufnehmen wollte. Wollte ich? Immerhin lag unsere erste Begegnung nun schon Wochen zurück. Vielleicht würde er sich gar nicht an mich erinnern. Egal. Ich wollte ihn wiedersehen und dachte dabei an seine Augen, seinen Dreitagebart und seinen Arm auf meiner Schulter. Ich warf die Hose in die Waschmaschine und lief mit meinem Handy nach draußen, um bei dem Anruf die letzten Sonnenstrahlen zu genießen. Vorsichtshalber rief ich mit unterdrückter Nummer an, ich wollte sichergehen, dass er keiner von Murats Spezies war.

»Hallo?«, meldete sich Kamal. Schweigen am anderen Ende der Leitung. Ich wusste nicht, wie ich in das Gespräch einsteigen sollte. »Wer ist da?«, fragte Kamal. Immerhin, dachte ich, geht er ans Telefon, ich hingegen nehme grundsätzlich keinen Anruf mit unterdrückter Nummer an, ich fürchte immer, es könnte jemand aus meiner Familie sein. Dabei hatte kaum jemand meine Handynummer, außer Vanessa und Linda natürlich. Anderen Bekannten gab ich sie nicht, Männern schon gar nicht.

»Hier ist Sara. Die von neulich …«, stotterte ich herum, als Kamal mich unterbrach: »Ich weiß, wer du bist. Schön, dass du anrufst! Ich dachte, du würdest dich gar nicht mehr melden. Oder wolltest du mich zappeln lassen, um dich interessant zu machen? Hast du aber nicht nötig.« Vermutlich stand er da jetzt irgendwo lächelnd und rauchte, zumindest hörte es sich so an.

Seine Lässigkeit gefiel mir, noch mehr aber hatte seine tiefe Stimmfarbe es mir angetan. Nachdem wir fast eine Stunde lang geplaudert hatten und inzwischen die Sonne untergegangen war, bat er mich endlich um ein Date.

»Können wir uns mal sehen? Ich muss jetzt zum Dienst in die Kaserne nach Stendal, da habe ich keinen Empfang. Aber am Freitag bin ich wieder in Berlin und dann das ganze Wochenende da. Wollen wir dann was essen gehen, und du erzählst mir, was dich so ganz allein nach Berlin verschlagen hat?«, fragte er, bevor wir das Gespräch beendeten.

Was für eine Frage? Natürlich wollte ich – und ob ich mit ihm essen gehen wollte! Schon bei dem Gedanken daran schlug mein Herz Purzelbäume.

Bis zu dem Samstag, an dem wir verabredet waren, hörte ich nichts von ihm. Das machte mich etwas nervös. Vielleicht wollte er sich für die lange Pause revanchieren. Inzwischen stellte ich meinen Kleiderschrank auf der Suche nach dem passenden Outfit auf den Kopf. Nichts schien mir richtig für diesen Anlass, und so landete ich schließlich doch wieder bei einem spießigen Bleistiftrock mit Seidenbluse. Schon in meiner Ferhat-Zeit hatte ich mich eher elegant und schlicht, mit anderen Worten: ziemlich spießig angezogen. Ich wollte als Dame auftreten, das gefiel mir – mit der »Dame« war es dann eh vorbei, wenn der erste Satz meinen Mund verließ. Ich war eben keine richtige Lady, höchstens von außen – dieser Widerspruch verunsicherte den einen oder anderen Mann, dem ich begegnete. Männer wussten dann nicht, wie sie mich einschätzen sollten.

Am entscheidenden Tag bat ich Vanessa um eine Begutachtung von Bleistiftrock und Seidenbluse. »Du siehst toll aus«, meinte sie, »das ist absolut das Richtige – wenn du in einer Bank arbeiten würdest. Mann, Sara, du hast ein Date, du bist 18, mach dich doch mal locker, und zieh dir was an, was nicht aussieht, als gingest du zu einer Beerdigung!« An Direktheit ließ Vanessa es nicht fehlen und fing jetzt selbst an, in meinem Kleiderschrank herumzuwühlen und nach brauchbarem Material zu suchen.

»Meinst du wirklich? Okay, die Bluse tausche ich gegen ein Top, aber ansonsten fühle ich mich wohl in diesen Klamotten. Und das ist wichtig! Ich bin doch so aufgeregt, Vanessa. Ob er es auch ist? Was wird er von mir wissen wollen? Am Telefon klang er supersympathisch!«

»Hey, Sara, sag mal, ist das etwa dein erstes Date? Und heißt das, du bist noch Jungfrau!?« Blöde Frage! Sie musste doch mitgekriegt haben, dass ich noch nichts mit einem Mann hatte. Vanessa schaute mich mit diesem Mitleidsblick an, den ich gar nicht schätzte.

»Ja, ich hatte noch nie ein Date, und ja, ich bin noch Jungfrau – und stell dir vor, ich habe einen Mann in meinem Leben bisher gar nicht vermisst. Man kann nichts vermissen, was man noch nie gehabt hat!« Ich ging lieber gleich in die Offensive. Im Spiegel sah ich, als ich gerade den Lidstrich nachzog, wie sich das Mitleid in Vanessas Gesicht in abgrundtiefes Erstaunen verwandelte.

»Wie das denn? Haben deine Eltern das von dir verlangt? Wegen der Religion? Aber du bist doch keine Muslimin, oder etwa doch? Ich denke, dein Vater war Grieche?«, fing sie an, lauter Fragen an mich abzufeuern. Vanessa machte immer wieder Erfahrungen mit mir, die ihr Rätsel aufgaben.

»Das ist ganz einfach, Vanessa, ich wollte immer auf den Richtigen warten, und bisher hat er eben noch nicht angeklopft.« Ich dachte an meinen Mr. Right, wenn ich mich vor Ferhats Fäusten in meine Traumwelt katapultierte – aber davon wusste Vanessa ja nichts. »Das klingt vielleicht romantisch, aber ich mag die Vorstellung, wie stolz mein Zukünftiger wohl sein wird, wenn er sagen kann, dass außer ihm noch keiner mit mir geschlafen und mich berührt hat. Ich wäre dann etwas Besonderes!« Vanessa schwieg. »Ich bin auch nicht religiös erzogen worden«, plapperte ich weiter, »meine Eltern haben mir selbst die Entscheidung überlassen, woran ich glauben wollte. Besonders meine Mutter sagte immer, dass ich in allem, was ich tue, selbst wissen müsse, was das Richtige für mich ist. Ob ich als Jungfrau in die Ehe gehe oder es vorher passiert – beides sei okay, sollte aber eine bewusste Entscheidung sein. Mit der Einstellung bin ich bisher gut gefahren. Ich glaube an einen Gott, aber weder bete ich, noch gehe ich regelmäßig in die Kirche. Ich glaube an das Gute in jeder Religion und Kultur, aber ich richte mich nicht unbedingt nach einer einzigen, sondern fische mir das heraus, was mir sinnvoll erscheint und was ich mit meinem Gewissen vereinbaren kann. Ich möchte meinen Kindern später auch die Möglichkeit geben, selbst zu entscheiden, woran sie glauben, und Menschen mit anderen Ansichten sollen sie tolerieren«, erklärte ich meiner Mitbewohnerin.

Ich staunte selbst, wie flüssig mir dieses Märchen, das mit meiner tatsächlichen Vergangenheit wenig zu tun hatte, von den Lippen ging. Natürlich hatten meine Eltern mich so nicht erzogen, selbst Mama nicht. Aber ich mochte die Vorstellung, dass meine Ané so gesprochen haben könnte, auch wenn es bloßes Wunschdenken war. Und außerdem schien mir diese »aufgeklärte«, tolerante Position besser zu meiner Lebensgeschichte aus griechischem Elternhaus zu passen. Entscheidend war, dass ich selbst an diese Haltung glaubte. In Wahrheit hatte ich ja beide Seiten kennengelernt – die meiner deutschen Freunde wie Nils, die sich überhaupt nicht für Glaubens- und religiöse Fragen interessierten; und dann die andere, in der Religion als Rechtfertigung für Verbote diente, wie in Sevdas Familie, oder ein Abgrenzungsinstrument war, wie für meine jesidischen Klassenkameraden, wobei ich unter ihnen die eine war, die ihrem Glauben immer eine Schippe weniger Aufmerksamkeit geschenkt hatte als andere. Und für mich hatte sich das nie falsch angefühlt – warum sollte ich mir mit Verweis auf heilige Schriften etwas vorschreiben lassen, wenn diese doch von Menschen verfasst worden waren? Und warum sollte, was vor Jahrhunderten niedergeschrieben worden war, in der modernen Welt von heute noch Gültigkeit besitzen? Auf solche Fragen wusste ich keine Antwort, und Herrn Voss konnte ich nicht mehr konsultieren.

»Ich integriere aus den Glaubenswelten einfach das, was in mein

Leben passt, Vanessa. Und dabei hat schlussendlich mein Bauchgefühl das letzte Wort.«

»Das ist doch auch völlig in Ordnung, Sara. Ich staune einfach nur, weil ich, wenn ich mich recht erinnere, meinen ersten Freund schon mit vierzehn hatte. Und mein erstes Mal ist auch schon einige Jahre her. Deine Einstellung ist heutzutage wohl auch nur deswegen so ungewöhnlich, weil die Kids ja immer früher damit anfangen – gegen die bin ja selbst ich eine Spätzünderin. Und das erste Mal ist wirklich etwas Besonderes. Also lass dir nichts einreden. Aber jetzt sag schon, wo triffst du deinen Traumprinzen? Holt er dich ab?« Erwartungsvoll schaute Vanessa mich an.

»Wir gehen indisch essen. Er wollte mich abholen, aber ich habe darauf bestanden, selbst dorthin zu fahren. Schließlich bin ich doch eine unabhängige Frau.«

Als ich dann tatsächlich in der U-Bahn saß, musste ich mir eingestehen, dass ich mir die Fahrt gern erspart hätte. Dieses Abwarten! Von Station zu Station wurden meine Hände feuchter und ich immer nervöser. Noch ein letzter Halt, dann öffnete sich endlich zischend die U-Bahn-Tür. Und da stand er tatsächlich: Kamal. Er sah genauso aus, wie ich ihn in Erinnerung hatte. Jetzt bloß nicht stolpern, Dilan – äh, Sara –, sagte ich mir, vermutlich ist er genauso nervös wie du.

Gestolpert bin ich nicht, aber die erste peinliche Situation ließ nicht lange auf sich warten. Während er nach einem Kuss auf die rechte und linke Wange seinen Kopf wieder zurückzog, versuchte ich, wie ich das von zu Hause und unter Kurden kannte, ihn ein drittes Mal zu küssen. Voll daneben! Ich lief rot an, und meine gerade erst wieder trocken gewordenen Hände fühlten sich danach an, als hätte ich vergessen, sie abzutrocknen.

Das Restaurant, das wir kurz darauf betraten, war edel, teuer und schick eingerichtet, der Kellner dementsprechend aufmerksam. Kaum saß ich auf dem Stuhl, den mir der Kellner in die Kniekehlen geschoben hatte, bekam ich Panik, als ich das ganze Besteck sah, das links und rechts von meinem Teller sorgfältig aufgereiht war – wie das Folterinstrumentarium beim Zahnarzt. Ich hatte keinen blassen Schimmer, was wozu gut sein sollte und wofür man so viel Werkzeug überhaupt brauchte. Zu Hause hatten wir fast ausschließlich mit einem Löffel gegessen. Und wenn ich in der Zeit, als ich meinen Geschwistern bessere Tischsitten beibringen wollte, den Löffel gegen Messer und Gabel tauschte, flog mir schon der erste »Guck-mal-unsere-deutsche Kartoffel«-Spruch an den Kopf. Vor Kamal wollte ich mir meine Unsicherheit nicht anmerken lassen und wartete, bis er zugriff.

»Wollen wir noch eine Flasche Wein bestellen? Ich liebe Rotwein!«, fragte mein edler Ritter mit tiefer Stimme in seinem Holzfällerhemd, das derzeit der letzte Schrei war.

»Ja, gern. Ich bin dabei«, lächelte ich ihn heuchlerisch an. Dabei erinnerte ich mich mit Grausen an jenen Abend, als ich heimlich einen Schluck von Ferhats Rotwein genippt hatte, die Flasche hatte er von einer seiner Gespielinnen geschenkt bekommen. Der Wein schmeckte scheußlich – wie, um Himmels willen, konnte man so etwas freiwillig trinken wollen? Na gut, fügte ich mich eben in mein Schicksal, obwohl ich jetzt schon meine übliche Cola vermisste. Der Kellner in seiner langen weißen Schürze kam mit einer Flasche in der Hand angeglitten und präsentierte uns mit ausführlichen Erklärungen den Wein, den Kamal, ganz Weltmann, ausgewählt hatte. Ich gab mir größte Mühe, interessiert zuzuhören. »Fantastisch!«, nickte ich, nachdem ich, wie ich es aus Filmen kannte, zunächst am Wein gerochen, mein Glas geschwenkt und einen kleinen Schluck im Mund gerollt hatte. Kamal sah mich überrascht und, wie mir schien, beeindruckt an – ich spürte, wie ich ihm immer besser gefiel.

»Wo liegen deine Wurzeln, Sara? Eigentlich bin ich ganz gut darin, das einschätzen zu können, aber in deinem Fall finde ich es schwer. Du könntest Türkin oder Iranerin sein. Das hörst du sicherlich oft, oder?«, fragte Kamal.

Dass ich für eins von beidem gehalten wurde, war mir in der Tat nicht neu. Ich sehe eben so aus, dass beides passen könnte. Mit Linda hatte ich damals auch diese Möglichkeiten erwogen, aber ich hatte mich schließlich dagegen entschieden, denn angesichts meines unabhängigen Lebensstils könnte das bei manchen Vertretern der großen türkischen oder iranischen Communities, die in Deutschland leben, Fragen oder Spekulationen provozieren. Mich dagegen zu wappnen schien mir zu anstrengend, besser halb Deutsche, halb Griechin. Das verhinderte allerdings nicht, dass mich, vor allem in Neukölln, dauernd Leute auf Türkisch anquatschten. Gerade neulich wieder, als ich müde, mit einem Croissant in der Hand, auf dem Bahnsteig stand, und eine kleine alte türkische Dame sich vor mir aufbaute und fragte: *»Sen türk müsün?«* – »Bist du Türkin?« Ich war in dem Moment etwas neben mir, mit meinen Gedanken noch ganz bei meinem Vorbereitungskurs, von dem ich gerade kam. Als ich nicht reagierte, sondern sie nur wie ein großes Fragezeichen ansah, wurde sie laut und ihr Gesichtsausdruck immer verärgerter. Sie hielt mich wohl für unhöflich. Erst als ich *»hayir«*, nein, sagte, hörte sie auf zu schimpfen.

Die wenigen Brocken Türkisch hatte Selcan, eine Türkin aus meinem Kurs, mir beigebracht. Selcan war eine auffällige Erscheinung, eine selbstbewusste, moderne und unabhängig wirkende junge Frau mit den schönsten tiefblauen Augen, die ich je gesehen hatte. Wenn andere Teilnehmerinnen unseres Kurses morgens müde in den Raum geschlurft kamen, saß Selcan schon wie aus dem Ei gepellt mit ihrem Coffee-to-go an ihrem Platz und begrüßte alle freundlich. Ihr Komplimente zu machen fiel mir leicht, denn sie hatte dieses besondere Strahlen an sich, das gar nicht unbedingt etwas mit Schönheit zu tun hat, sondern aus dem Inneren einer Person kommt. Die meisten Frauen sind verdutzt, wenn ich ihr Outfit oder ihr Make-up bewundere – Komplimente unter Frauen scheinen nicht gerade üblich zu sein. Ich gehe damit großzügig um, sie kosten doch nichts und machen anderen eine Freude. Manchmal werde ich dabei allerdings auch missverstanden, es kommt schon vor, dass jemand glaubt, ich stünde auf Frauen.

Selcan genoss es, wenn ich sie für ihr Aussehen bewunderte. Ich hätte sie gern als wirkliche Freundin gewonnen. Aber je länger wir uns kannten, desto mehr musste ich mir eingestehen, dass mein erster Eindruck getrogen hatte – eine unabhängige Frau war sie nicht. Sich mit ihr privat in einem Club zu verabreden war nicht möglich, für jeden Ausgang musste sie die Erlaubnis ihrer Eltern einholen, und jenseits ihres Quartiers durfte sie sich kaum bewegen.

»Ich beneide dich so, Sara. Du musst tolle Eltern haben! Sie vertrauen dir und lassen dich sogar ausziehen, weil *du* es für richtig hältst. Wie gern würde auch ich gehen können, wann und wohin ich möchte. Aber meine Familie würde mir nie eine eigene Wohnung gestatten, nicht einmal, wenn diese nur eine Straße entfernt wäre. Selbst bei meinen Berufswünschen muss ich Abstriche machen. Auf keinen Fall darf es eine Arbeit sein, bei der hauptsächlich Männer tätig sind. Am liebsten sähen meine Eltern mich als Friseurin oder bei Aldi an der Kasse. Wenn ich verheiratet bin und mein Mann mir meinen Job verbieten sollte, dürfte ich bei ihnen nicht auf Unterstützung zählen!«

In solchen Momenten klang Selcan verzweifelt. Ich konnte sie gut verstehen und wusste, dass meine Versuche, sie mit hoffnungsvolleren Aussichten zu trösten, in Wahrheit ziemlich unglaubwürdig waren. Nur wenn Selcan sich mit aller Kraft ihrer Familie widersetzte, hätte sie eine Chance, sich ein selbstbestimmtes Leben zu erkämpfen. Und das bedeutete meistens die Trennung von der Familie – wie traurig, dass junge Frauen wie sie zu diesem unzumutbaren Verzicht gezwungen sind. Der Spagat zwischen einem modernen, auf Selbstverantwortung setzenden Umfeld und einem an rückständigen Traditionen festhaltenden Elternhaus kann solche Mädchen zerreißen. Ich war so dankbar, dass mir ein anderer Weg offenstand – auch wenn er hart und steinig war. Schade, dass Selcan nie die Freundin für mich sein würde, mit der zusammen ich die Welt erobern konnte!

Kamal saß immer noch mit erwartungsvollem Gesicht vor mir am Restauranttisch und holte mich aus meinen Gedanken an Selcan. Ihm tischte ich dann auch meine Legende von der Halbgriechin auf.

»Oh, halb deutsch, halb griechisch, wie interessant! Da passen wir doch gut zusammen: Meine Mutter ist Deutsche, mein Vater Inder. Ich werde auch sehr oft für einen Türken gehalten. Und bevor du mich nach meinen Sprachkenntnissen fragst, ich spreche nur deutsch. Leider«, lächelte er mich an.

»Mach dir nichts draus. Ich kann auch kein Griechisch. Zu Hause bei uns wurde nur Deutsch gesprochen, meine Eltern bestanden darauf, ich sollte kein Kind mit Migrationshintergrund und schlechten Deutschkenntnissen sein.«

Der Abend mit Kamal verlief sehr harmonisch, er war anregend, und das lag nicht nur am Wein. Als nur noch wir im Restaurant saßen, bestellte ich die Rechnung, die Kamal sich aber nicht abhandeln ließ. Da keiner von uns beiden schon nach Hause wollte, schlug Kamal einen Spaziergang vor. Erst vor unserer Haustür befiel mich wieder Unruhe – wie sollte ich mich verabschieden? Zu einem Kuss war ich noch nicht bereit, obwohl ich meinen Begleiter längst anhimmelte. Kamal fand eine salomonische Lösung, er gab mir charmant einen Kuss auf die Stirn. In diesem Moment hatte ich das Gefühl, fliegen zu können.

Von nun an gingen wir jedes Wochenende aus, und immer brachte er mich nach Hause. Je länger wir zusammen waren, desto sicherer wurde ich in der Beziehung. Auch wenn man mir das kaum angesehen haben dürfte, anfänglich hatte mich all das Neue, das Fremde an einem solchen Verhältnis verunsichert, selbst ein Kuss auf die Stirn. Aber es gefiel mir – die langen Spaziergänge, die wir oft machten, der italienische Weißwein, den ich bei unseren Essen trank. Ich fragte mich, wann in den letzten Jahren meines Lebens ich ein solches Glücksgefühl empfunden hatte – es hatte immer Druck und die Angst vor einer jederzeit möglichen Bestrafung geherrscht.

Mit Kamal ließ ich mir viel Zeit, und noch heute staune ich darüber, wie geduldig er mit mir war. Ich quatschte ihn voll mit Erzählungen über Anna, die ich auch vor ihm Rita nannte. Ich redete von den Schwierigkeiten, die sich einstellten, als sie in die Pubertät kam, weil sie nicht mehr widerspruchslos hinnahm, was ich für richtig hielt. Ich stellte nicht mehr die fraglose Autorität für sie dar, und mir selbst fiel es schwer, den Rollenwechsel von der »Mutter«, die ich lange für sie gewesen war, zur Schwester zu vollziehen. Es war aber nicht die übliche Rebellion einer Pubertierenden, auf die ich bei ihr stieß, sondern Anna schien *alles* abzulehnen, was mir wichtig war. Ich hatte unterschätzt, wie zerstörerisch sich die traumatischen Erfahrungen der ganzen letzten Jahre auf meine Schwester ausgewirkt hatten.

Anna war ein heikles Thema bei den Unterhaltungen mit Kamal, nicht nur, weil es mir selbst viel Kopfzerbrechen bereitete, sondern weil es ihn ins Grübeln brachte. »Wieso lebt deine Schwester denn nicht bei deinen Eltern in Baden-Württemberg? Wieso überlassen sie dir die Erziehungsaufgabe?«, wollte er wissen. Ich erzählte ihm dann, wie schwer Anna der Abschied von mir gefallen sei, als ich nach Berlin ging. Wegen der beruflichen Tätigkeit unserer Eltern hätten wir Schwestern immer ein sehr enges Verhältnis gehabt, uns ein Zimmer und oft auch das Bett geteilt – in gewisser Weise stimmte das ja auch. Noch heute vermisse ich ihre kleinen Hände, die mir früher den Rücken massierten, wenn wir in meinem Bett lagen.

Aber so ganz kaufte Kamal mir meine Geschichte von meinem Elternhaus nicht ab, ich erkannte das an seinem zuweilen misstrauischen Blick. Schließlich besuchten »meine Eltern« mich ja auch nie, und nie erhielt ich in seiner Gegenwart einen Anruf von ihnen. Das musste ihm auffallen. Aber er hakte zum Glück nicht weiter nach. Ich glaube, er wollte mich nicht mit Fragen in einen Erklärungsnotstand bringen. Und ihm muss unsere Beziehung ohnehin schon in mancher Hinsicht merkwürdig vorgekommen sein. Denn körperlich hielt ich ihn auf Abstand.

»Sei mir nicht böse, Kamal. Ich mag dich sehr, aber ich bin noch nicht so weit, dich in meine Wohnung einzuladen. Meine vier Wände sind mir heilig, und ich möchte warten, bis ich mich gut dabei fühle, wenn du mit mir in mein Zuhause kommst«, gestand ich ihm, wenn wir vor dem Haus standen, in dem ich mit Vanessa wohnte.

»Hey, Sara, du musst dich nicht rechtfertigen. Das ist doch in Ordnung, ich finde es sogar sehr sympathisch«, sagte er und nahm mich liebevoll in den Arm. Wenn ich Vanessa und Linda von solchen Erfahrungen erzählte, staunten sie nur. »Der muss dich wirklich mögen!«, meinte Linda. »Aber gut, dass du so offen mit ihm über dein Zögern sprechen kannst.«

Einige Zeit später lernte ich seine Eltern und seine Freunde kennen, mit denen ich mich super verstand. Anfänglich hatten sie mich, schon weil ich immerhin sieben Jahre jünger als Kamal war, ziemlich kritisch beäugt, aber das legte sich, denn wenn Kamal und ich zusammen waren, wirkten wir auf andere immer wie ein strahlendes, rundherum glückliches Paar. Mir selbst gaben diese neuen Bekanntschaften Gelegenheit, mich in der Erzählung meiner Legende zu trainieren, und je öfter ich von meinem erfundenen Leben sprach, desto überzeugender klang ich. »Du bist ganz allein nach Berlin gezogen? Ganz ohne Familie?«, staunte Kamals Mutter. Und dann spielte ich ihr die Selbstständige vor, die nicht mehr bei Mami und Papi wohnen, sondern sich etwas Eigenes aufbauen wollte – zumindest Letzteres stimmte ja auch. »Wie mutig von dir!«, meinte sie daraufhin anerkennend.

So ging es fast ein Dreivierteljahr. Und dann kam das für Kamal völlig überraschende Ende unserer Beziehung. Wir hatten ein Picknick im Lustgarten gemacht. Da überraschte ich ihn mit dem Vorschlag, dass wir uns doch noch zusammen eine DVD anschauen und dazu eine Pizza holen könnten. Kamal konnte es nicht glauben, er fürchtete, ich machte einen Scherz. »Du willst dir mit mir gemütlich einen Film anschauen??«, fragte er ungläubig. »Bei dir oder bei mir?«

»Bei dir. Brauchst mich aber gar nicht so zweifelnd anzuschauen – ich meine es ernst!« Ein bisschen mit ihm auf seinem Sofa zu kuscheln, das traute ich mir inzwischen schon zu, ich glaubte, über jede Situation die Kontrolle behalten zu können. Das war naiv.

Aus dem ersten romantischen Kuss, nun nicht mehr auf die Stirn, wurde mehr – wir schliefen miteinander. Für mich war es das erste Mal. Ich realisierte nicht wirklich, was ich tat – Kamal drängte mich nicht, ich ließ mich einfach von meinen Gefühlen treiben. Danach wollte ich allein nach Hause fahren. Und schon im Bus stürzte mich das Erlebnis in ein totales Gefühlschaos. Ich verstand mich selbst nicht mehr. Was hast du getan, Dilan! Jetzt wirst du nie wieder »nach Hause«, zu deiner Familie können! Meine Namensänderung, der Abbruch jeglicher Kontakte zu meinen Brüdern und meinem Onkel waren in deren Augen bestimmt schon schwere Vergehen, aber der Verlust meiner Jungfräulichkeit toppte das alles. Wüssten sie davon, wäre es mit ziemlicher Sicherheit mein Todesurteil! Wie hatte das nur passieren können?

»Bist du jetzt zufrieden? Hast du erreicht, was du wolltest?«, schrie ich Kamal noch aus dem Bus durchs Telefon an. Es waren zwar nur einzelne Fahrgäste, die zu dieser Stunde mit mir unterwegs waren, aber die guckten höchst neugierig zu mir hinüber, als ich mich mehr und mehr zur Furie entwickelte. »Das war doch von Anfang an dein Plan, tu doch nicht so scheinheilig!«

»Sara, Sara, beruhige dich doch! Was ist denn los mit dir? Ich habe dich doch nicht gezwungen! Und es war doch sehr schön!«, flehte mich der verstörte Kamal durchs Handy an. Er verstand die Welt nicht mehr. Ich eigentlich auch nicht.

Kamal hatte ja recht, er hatte mich zu nichts gezwungen, immer, die ganze Zeit unseres Zusammenseins, war er mir mit Verständnis begegnet, und dennoch hasste ich ihn plötzlich dafür, dass er mir etwas genommen hatte, was ich nie wieder bekommen konnte. Ich machte mir auch selbst schwere Vorwürfe, klagte mich an, bekam sogar einen regelrechten Heulkrampf und beschimpfte mich selbst, als wäre ich Ferhats Sprachrohr: Du bist eben doch eine Schlampe, Dilan, noch nicht einmal ein Jahr weg von deiner Familie und machst schon so was!

Zwar beruhigte ich mich im Laufe der nächsten Tage wieder, aber meine Beziehung zu Kamal überlebte diesen Zwiespalt nicht. Ich hatte mich damals noch nicht aus der Denkgefangenschaft jesidisch-kurdischer Sichtweisen lösen können. Meine Vergangenheit hatte mich eingeholt und mich mit einer Wucht überwältigt, mit der ich nicht gerechnet hatte. Ich glaubte, jeder würde mir ansehen, dass ich jetzt zu einer »Schlampe« geworden war. Erst allmählich merkte ich, dass das keineswegs der Fall war, andere begegneten mir nicht anders als zuvor.

Heute habe ich einen neuen Partner. Aber ich bin dankbar, mit Kamal mein erstes Mal gehabt zu haben. Er war der Richtige dafür. Und vermutlich war es kein Zufall, dass diese körperliche Nähe ausgerechnet an einem DVD-Abend entstanden war.

19 DER NOTRUF

Ich war hungrig auf mein neues Leben. Zu Recht mahnte Linda mich wiederholt, alles etwas ruhiger und besonnener anzugehen. Aber ich war nicht zu bremsen. Ich wollte alles auf einmal und vor allem keine Zeit mehr verlieren. Die hatte ich bereits die letzten Jahre im eisernen Käfig vergeuden müssen. Jetzt aber war ich ein freier Vogel, und Ausreden waren nun nicht mehr erlaubt – ich wollte erreichen, was ich mir vorgenommen hatte. Mitleid, davon mochte ich nichts wissen, Anerkennung wollte ich.

Meine Vergangenheit war vergangen, an ihr konnte ich nichts mehr ändern, aber meine Zukunft, die hatte ich noch vor mir, und die wollte ich jetzt gestalten. Aber welche? Was wollte ich denn aus meinem Leben machen? Welche Ziele hatte ich? Kinder haben, eine eigene Familie gründen? Diesen großen Traum hob ich mir für später auf. Klar, irgendwann einmal wollte ich sogar viele kleine Schreihälse haben, aber jetzt war nicht der richtige Zeitpunkt dafür. Ich musste doch noch so vieles nachholen, was bisher nicht möglich gewesen war. Ich hätte mich auch mit dem Geld, das ich, wie Vanessa, monatlich vom Jugendamt bekam, zufriedengeben und den ganzen Tag auf der Couch liegen können. Aber das wäre nicht das gewesen, was meine Ané gewollt hätte. Ich wollte den Weg weiter gehen, den sie vielleicht gegangen wäre, hätte sie eine Chance dazu gehabt. Und so machte ich Pläne über Pläne.

Es war eine Zeit der Ungewissheit, in der mir tausendundeine Überlegung den Kopf zustellten. Besonders abends, wenn ich nicht unterwegs und meinen Gedanken ausgeliefert war, fiel mir das Abschalten schwer. Angst vor dem Neuen, aber auch die Sehnsucht danach stellten sich dem Schlaf in den Weg. Ich wälzte mich manchmal die ganze Nacht im Bett herum, weil ich nicht aufhören konnte nachzudenken. Und mich zu fragen, was meine Brüder jetzt wohl machten. Albträume verfolgten mich in den ersten Jahren meines Alleinseins immer wieder, die Angst vor Entdeckung war allgegenwärtig. Zum Glück wurde sie über die Jahre weniger, los bin ich sie aber bis heute nicht.

Vielleicht war es die Sehnsucht nach Sicherheit gewesen, die mich schon bald, nachdem ich bei Vanessa eingezogen war, ein Bewerbungsschreiben an die Polizei hatte losschicken lassen. Als Polizistin wäre ich einer etwaigen Begegnung mit meiner Familie eher gewachsen. Ich wollte aber auch anderen jungen Mädchen helfen können, die einer ähnlichen Lage wie ich unter Ferhat ausgesetzt wären. Ich brannte geradezu darauf. Auf jeden Fall wollte ich ein Praktikum bei der Berliner Polizei machen, danach würde ich wissen, ob ich für diesen Beruf geeignet war und ob er mir zusagte.

Einen solchen Platz bei der Polizei zu bekommen war gar nicht so leicht. Die Zusage kam, als ich daran schon gar nicht mehr glaubte, es waren Monate vergangen, seit ich meine Bewerbung samt Führungszeugnis abgeschickt hatte. Der Stempel des Briefes, den ich aus dem Briefkasten nahm, versetzte mich im ersten Moment in ziemliche Unruhe. Vom Polizeipräsidenten? Das konnte nichts Gutes bedeuten. Womöglich ging es um meine Familie? Aber beim schnellen Überfliegen des Schreibens begriff ich, dass es die Praktikumszusage war. Meine Freude und Aufregung musste ich unbedingt mit jemandem teilen. Viel Auswahl hatte ich da ja nicht – also Linda anrufen.

»Linda, du wirst es nicht glauben! Wir haben doch vor einiger Zeit meine Bewerbung für ein Praktikum bei der Polizei abgeschickt. Ich glaube, noch vor der Bulgarienreise, vielleicht war's aber auch danach, weißt du noch?«

»Ja, klar. Hast du etwa eine Zusage erhalten?«

»Ja, ja, ja! Habe ich. Toll, oder? Ich hatte die schon gar nicht mehr auf dem Schirm! Nächste Woche bin ich zur ersten Einweisung eingeladen. Und gleich danach soll es losgehen. Cool!« Ich bedankte mich noch mal ausdrücklich für ihre Hilfe, Linda hatte mich bei meiner Bewerbung ohne Wenn und Aber unterstützt.

Und nun war ich bei meinem ersten mitternächtlichen Einsatz dabei. Wir bretterten im Streifenwagen mit Blaulicht durch die Berliner Straßen.

»Was ist denn passiert?«, fragte ich aufgeregt und hatte mir sicherheitshalber im Laufschritt von dem Aufenthaltsraum zum Streifenwagen die Einsatzweste übergezogen, die man mir gleich zu Anfang meines »Dienstes« gegeben hatte.

»Ein Notruf! Ein 17-jähriges türkisches Mädchen hat angerufen. Sie ist schwanger – aber nicht von ihrem Verlobten. Die Familie des Bräutigams steht vor dem Block, entsprechend außer sich nach dieser Nachricht. Wir müssen uns beeilen!« Ralf drückte aufs Gaspedal.

Zum Schichtwechsel wurden die Beamten immer in Teams aufgeteilt. Ich gehörte in dieser zweiten Woche meines dreiwöchigen Praktikums zum Team von Kommissar Ralf und Kommissarin Bettina, die ich schon tagsüber bei ihren Einsätzen begleitet hatte.

Die Fahrt kam mir trotz des Tempos, das Ralf vorlegte, endlos vor, ich war so wahnsinnig gespannt, was uns vor Ort erwartete. Alle Autos machten dem Blaulicht und der Sirene, die Ralf auf volle Lautstärke gestellt hatte, vorbildlich Platz, und trotzdem mussten wir einen ziemlichen Zickzackkurs hinlegen, um überall durchzukommen. Ich kam mir vor wie auf einer Achterbahn. Und als Ralf dann auch noch eine große Kreuzung bei Rot überquerte, kniff ich die Augen fest zu, am liebsten hätte ich aufgeschrien, aber vor meinen beiden Kollegen wollte ich mich nicht blamieren.

»Sara, du hältst dich, wie sonst auch, immer im Hintergrund und bleibst an unserer Seite, okay?« Bettina drehte sich zu mir auf der Rückbank um. Sie sah aus wie meine Friseurin Uschi – nur dass sie nicht in einem kitschigen Glitzerfummel, sondern in einer strammen Polizeiuniform steckte. Sie war sehr energisch, ziemlich schwergewichtig und auch schon etwas älter, ich konnte mir nicht recht vorstellen, wie sie einem Davonlaufenden nachsetzen könnte, wenn es darauf ankäme. Wie gut, dass Ralf bei uns war, der einen fitten Eindruck machte und seinen Job sehr ernst zu nehmen schien.

»Oh je. Hier ist aber was los! Mit diesen Typen ist bestimmt nicht gut Kirschen essen!«, murmelte ich, als ich die Menschenansammlung, vermutlich ja die Familie des betrogenen Bräutigams, vor dem Hauseingang sah. Bevor ich aus dem Wagen sprang, zog ich die Weste unter meiner Jacke noch einmal stramm und rückte mein Namensschild auf der Brust zurecht. Auch wenn ich in Zivil gekleidet war, sollten die Umstehenden doch wissen, dass ich zur anderen Seite gehörte. Ich blieb dich hinter meinen Kollegen, immer darauf bedacht, dass sich der Abstand zwischen uns nicht vergrößerte. Die aufgebrachten muslimischen Männer um uns herum sahen alle aus wie Ferhat – nur viel kräftiger. Ich gab mir größte Mühe, nicht eingeschüchtert zu wirken. Ihr könnt mir alle gar nichts, ich habe keine Angst vor euch, denn diesmal bin ich nicht allein, dachte ich und lief erhobenen Hauptes durch die Menschentraube.

Die Mutter der 17-Jährigen öffnete uns wortlos und mit gesenktem Kopf die Tür. In der kleinen Wohnung im dritten Stock herrschte dicke Luft, die Anspannung war mit den Händen zu greifen.

»Guten Abend, bist du Funda? Hast du uns alarmiert?« Bettina steuerte gleich auf das Mädchen zu, das auf der Couch saß, und kam direkt zur Sache, obwohl nicht nur Funda im Raum war, sondern ihre Eltern, ihre vier Geschwister und einige Verwandte. Funda schwieg und starrte auf die Wand.

Die Angst war ihr ins Gesicht geschrieben, sie sah aus, als wollte sie sich am liebsten in Luft auflösen. Ich hätte ich sie gern in den Arm genommen, getröstet und ihr ins Ohr geflüstert, dass sie keine Angst haben musste, dass doch alles wieder gut werden würde. Aber das durfte ich nicht, ich durfte nur stille Beobachterin des Geschehens sein. Und vermutlich wären meine Worte auch gelogen. Es sah nicht so aus, als ob für Funda alles wieder gut werden würde.

»Hast du uns angerufen?«, wiederholte Bettina ihre Frage.

Funda zeigte immer noch keine Regung, sie saß einfach nur da und verkrampfte die Hände ineinander. Stattdessen sprach jetzt ihr

Vater Özcan: »Sie wird es wohl gewesen sein, denn *ich* habe die Polizei nicht gerufen! Meine Tochter ist schwanger! Meine Tochter, die wir glaubten, gut erzogen zu haben! Schwanger nicht von Ari, ihrem Verlobten! Und das vor der Hochzeit, die bereits geplant ist. Und von wem sie schwanger ist, will sie uns nicht sagen!« Özcans Stimme überschlug sich fast, er war mindestens so wütend wie die Männer vor der Tür. »Aris Familie will jetzt das Brautgeld zurück und die Auflösung der Verlobung. So eine Schande! Wir können uns nirgends mehr blicken lassen«, tobte er. Auch die Löwen vorm Hauseingang brüllten immer lauter.

Mich erinnerte die Situation an die schrecklichen Momente zu Hause, an die Angst, die mir immer in die Knochen fuhr, wenn ich auf Ferhats Faust wartete. Am schlimmsten war es, wenn er mir die Prügel Stunden vorher ankündigte, das war schlimmer, als wenn sie plötzlich kamen. So musste sich die arme Funda gerade fühlen. Sie wusste, was sie erwartete. Als ich Funda sah, sah ich mich selbst.

»Okay, Funda. Du musst zumindest mit uns sprechen«, sagte Bettina, »sonst können wir kaum etwas für dich tun! Wir könnten dich in ein Frauenhaus bringen, aber auch das geht nur mit deinem Einverständnis!« Funda schwieg. Was sollte sie denn auch sagen, inmitten all der anderen Menschen, die im Raum waren? Als die Polizei Anna und mich damals, nach dem Kampf zwischen meinen Brüdern und meinem Onkel, mitnahm, musste ich auch mein Einverständnis dazu geben. Aber ich hatte das Glück, dass außer Anna keiner aus meiner Familie dabei war. Hätte Diwan oder Ferhat neben mir gestanden, hätte ich mich nicht getraut. Bettina begriff einfach nicht, in welcher prekären Situation das Mädchen steckte. Ich wusste, dass das für Funda Folgen haben würde.

Wir verließen schließlich unverrichteter Dinge die Wohnung – ohne Funda. Hätte man nicht mit ihr allein, vielleicht in einem Nebenzimmer, sprechen und ihr damit die Möglichkeit geben können, sich vielleicht doch frei zu äußern? Das wäre das Mindeste gewesen, was man auch ohne vertiefte interkulturelle Kenntnis der Verhältnisse in solchen Familien und Nachbarschaften hätte tun müssen.

Nach Ablauf meines dreiwöchigen Praktikums war ich um einige Erfahrungen reicher. Ich war überrascht, wie viele kleine Verkehrsunfälle jeden Tag passierten. Auch die Bearbeitung von gemeldeten Diebstählen stand täglich auf dem Dienstplan. Dass ich als Polizistin im mittleren Dienst nicht, wie in meiner naiven Fantasie, den ganzen Tag Verbrecher jagen oder Mädchen aus Zwangsverhältnissen befreien und für Recht und Ordnung sorgen würde, hatte ich bald kapiert. Aber dass Schreibtischarbeit ein großer Teil des Polizistenjobs ist, hatte ich nicht bedacht. Jeder Sachverhalt, mit dem wir zu tun hatten, musste genauestens dokumentiert werden. Das war nichts für mich. Und damit nahm ich Abschied von der Vorstellung, meine Zukunft als Polizistin zu verbringen.

Und nun? Mein Vorbereitungskurs war zu Ende, die Unterstützung vom Jugendamt ausgelaufen. Ehrlich gesagt: Ich wusste nicht recht weiter, Unruhe ergriff mich. Da half nur diszipliniertes Gegensteuern.

Also kaufte ich mir als Erstes einen Terminplaner, der helfen sollte, meine Termine auf den Ämtern zu koordinieren, vor allem aber auch meinen Kopf zu entlasten, damit ich mich auf das Wesentliche konzentrieren konnte. Der Terminplaner und mein großer Notizblock wurden meine treuen Helfer auf dem Weg ins neue Leben, sie waren für mich ein wichtiges Handwerkszeug, um immer wieder aufkommende Zweifel und Ängste zu bekämpfen. Wo mir etwas einfiel, ob in der U-Bahn, im Café oder zu Hause, ich notierte mir das alles sofort – Wünsche, Pläne, Einfälle. Danach wurde die Sammlung sortiert, Prioritäten wurden gesetzt, und wenn ich Linda sah, ging ich mit ihr Punkt für Punkt durch.

Jetzt stand Geld verdienen, dick unterstrichen, ganz oben auf meiner To-do-Liste. Das konnte in Berlin eigentlich nicht so schwer sein: Wenn ich in dieser riesigen lebendigen Stadt mit ihren unzähligen Cafés, Clubs und Restaurants keinen einträglichen Job finden konnte, dann würde ich ihn nirgendwo finden. Berlin war genau der richtige Ort für mich – schließlich braucht doch jeder Betrieb, egal ob Restaurant, Kino oder Bäckerei, gutes Personal, sprach ich mir

Mut zu. Ich hatte zwar keine Berufserfahrungen vorzuweisen, aber ich war lernwillig und zuverlässig, das musste überzeugen.

Wo und wie aber jemanden finden, den ich überzeugen konnte? Da ahnte ich noch nicht, dass mein Leben binnen weniger Wochen ein so rasendes Tempo aufnehmen sollte, dass ich abends schon beim Zähneputzen fast einschlief. Aber noch war ich auf der Suche nach den sprudelnden Quellen, die meine Träume finanzieren sollten. Reisen zum Beispiel. Ich hatte noch nichts von der Welt gesehen, und dabei gibt es so viele schöne Orte auf diesem Planeten. Aber wer in der Welt herumkommen will, braucht Geld. Das musste ich erst einmal verdienen. Aber wo? Und womit?

Linda schlug mir vor, einen kleinen Flyer zu erstellen, »das machen viele in Berlin so, die eine Dienstleistung anzubieten haben«. Eine gute Idee! Ich hatte solche Aushänger – Angebote fürs Babysitten, für Nachhilfe oder Handwerkertätigkeiten – auch schon gesehen, im Supermarkt am Schwarzen Brett oder an Laternen in der Stadt. Ich kaufte mir Buntstifte und malte drauflos, eine Sonne, ein Häuschen und ein Baby, alles sehr poppig, ich wollte mit Kindern arbeiten, und mein Angebot sollte auffallen. Dann noch ein knapper Text zu meiner Person und meine Handynummer zum Abreißen, so wie ich es mir von anderen abgeschaut hatte. Die im Copyshop vervielfältigten Exemplare verteilte ich hoffnungsfroh einfach überall, Flyer und Tesafilm hatte ich immer dabei.

Die Anfragen, die ich bekam, waren übersichtlich, höchst übersichtlich sogar: Es trudelten absolut keine ein, da konnte ich mein Handy noch so oft absuchen. Aber dann, nach Wochen, als ich die Hoffnung schon aufgegeben hatte, meldete sich eines Tages eine Dame auf meiner Mailbox: »Hallo, ich habe deinen Flyer bei Kaiser's entdeckt und suche für meinen neunjährigen Fabian Maximilian eine Nanny. Über einen Rückruf und ein persönliches Kennenlernen würde ich mich sehr freuen«, flötete die Unbekannte, deren schleppende Stimme mich sehr an meine Einmal-Therapeutin erinnerte – eigentlich kein gutes Omen, ging es mir durch den Kopf, aber ich war entschlossen zu nehmen, was ich kriegen konnte. Und mit einem

Fabian Maximilian würde ich schon noch fertig werden. Außerdem wohnte die Familie nur zwei Straßen von meiner WG entfernt. Also hin, Dilan!

»Hallo Sara, schön, dass du so kurzfristig vorbeikommen konntest. Komm rein! Wir essen gerade Abendbrot.« Mit diesen Worten öffnete Andrea freundlich die Tür. Ich staunte nicht schlecht, als sie mich durch die 120-Quadratmeter-Altbauwohnung führte. Hier regierte gehobene Ästhetik: nur Designermöbel und überall professionell geschossene Schwarzweiß-Fotos der Familie und ihrer Vorfahren.

»Das ist Fabian Maximilian, unser Sohn, und hier mein Mann Bernd«, stellte sie die beiden Personen am Esstisch vor. Was für ein Name – Fabian Maximilian! Klang doch mehr nach Adelssehnsüchten, dabei waren die Eltern, wie Andrea mir mehrfach mitteilte, beide auf das europäische Verfassungsrecht spezialisierte Anwälte. Und: Musste man den Namen ihres Sohnes immer in voller Länge aussprechen? Mich nervte das, aber ich setzte mein süßestes Lächeln auf.

Dabei wusste ich, was mich erwartete, als ich Maximilian mit seinen gestriegelten Haaren und seinem karierten Hemd sah – ein verzogener Klugscheißer, der bestimmt anstrengend werden würde. Deswegen überdachte ich flugs noch mal den Stundenlohn, den ich ursprünglich vorschlagen wollte, und stockte entschlossen auf. Seine Eltern wollten schließlich endlich mal wieder abends ausgehen können, warum sollten nur sie etwas von dem Deal zwischen uns haben? Nachdem mir Fabian Maximilian seine ganzen Hobbys und Vereinsmitgliedschaften – vom Querflötenkurs bis zum Ruderclub – aufgezählt hatte, durfte ich wieder gehen. »Der Stundenlohn ist völlig in Ordnung, Sara. Wir melden uns bei dir, wenn wir dich brauchen, okay?«

Andrea hielt Wort, im Abstand von ein bis zwei Wochen bereitete ich dem Besserwisser Abendbrot und brachte ihn ins Bett. Fabian – ich nahm die Kurzversion – hatte einfach alles, wovon ein Kind auch nur träumen konnte. Ihm fehlte nichts. Aber mein erster Eindruck hatte nicht getrogen: Er war daran gewöhnt, seinen Willen zu bekommen. Schon das gemeinsame Essen mit ihm war eine Tortur, aber nichts im Vergleich zum Schlafengehen. Manchmal brauchte ich zwei Stunden, bis er endlich im Bett blieb und nicht alle fünf Minuten wieder aufstand, um zu mir ins Wohnzimmer zu kommen. Er konnte stundenlang über jede Anordnung »diskutieren«. Und wenn es still blieb in seinem Zimmer, war das auch verdächtig – fast immer erwischte ich ihn dann beim Gameboy-Spielen.

Auf Dauer jedenfalls machte mir der Umgang mit einem verzogenen Kind keinen Spaß, und nach einigen Wochen kündigte ich wieder bei Andrea – ich hätte inzwischen einen Job, der auch abends meinen Einsatz erforderte. Und das war nicht einmal gelogen.

Schon während meines Vorbereitungskurses hatte ich mir gleich morgens in einem Spätkauf ein oder zwei Zeitungen gekauft, um in der U-Bahn, wo ich doch eh nichts zu tun hatte, schon mal Anzeigen zu studieren. Ich wollte wissen, was und in welcher Branche gesucht wurde, und ein Gespür dafür entwickeln, welche Anzeigen seriös klangen. Die markierte ich mit einem gelben Textmarker, und in der Mittagspause rief ich an. Für mich war das ein wichtiger Testlauf, der mir sehr half, als es ernst wurde und ich dann tatsächlich einen Job finden musste, um meinen Lebensunterhalt zu finanzieren. Ich hatte keinerlei Hemmungen, alle Adressen durchzutelefonieren, die mir vielversprechend erschienen. Oft blieb es bei einem Anruf, denn wenn mich dabei schon ein ungutes Gefühl beschlich, verzichtete ich lieber. Ich wollte und musste zwar schnell Geld verdienen, aber nicht um jeden Preis.

Das Gaststättengewerbe schien besonders großen Bedarf an Aushilfskräften zu haben, Barpersonal und Kellner wurden überall gesucht. So ein Job schien mir durchaus passend zu sein, auch wenn meine Unerfahrenheit mir schon beim bloßen Gedanken daran panischen Angstschweiß verursachte. Aber irgendwo musst du anfangen, also ran an den Speck, Dilan, ermahnte ich mich. Telefonisch vereinbarte ich sicherheitshalber gleich mehrere Vorstellungsgespräche und Probearbeitstage, bei denen ich ein bisschen flunkerte, was meine Erfahrung anbetraf. Ich musste einfach meine Chancen steigern, ohne eine solche Notlüge hätte mich niemand genommen. Schon nach dem ersten Probetag in einer Kneipe wollte man mir dort einen Job geben, aber ich wollte erst noch einige andere potenzielle Angebote prüfen. Meine Zuverlässigkeit kam bei Arbeitgebern gut an, das merkte ich schnell, selbst an solchen Probetagen war ich die Erste im Laden und ging erst, wenn man mir das ausdrücklich gestattete. Disziplin und Umsichtigkeit hatte ich schon zu Hause gelernt, für irgendetwas musste Ferhats drakonisches Regiment ja auch gut gewesen sein.

20 PERSISCHE PORZELLANPUPPE

Nach einigen Schnuppertagen hatte ich mich entschieden: In einer kleinen Kneipe mit einem großen Angebot an Biersorten wurde ich »Tresenkraft«, hauptsächlich zuständig fürs Zapfen. Klingt erst einmal nach einer ganz leichten Nummer – war es aber leider nicht. Ich gab mir zwar alle Mühe, die Bierkrüge so zu füllen, wie der Chef es mir gezeigt hatte, aber anfangs schwappte mir das Bier oft über, es dauerte, bis ich es irgendwann draufhatte. Wenn das Restaurant rappelvoll war, kam ich mit den Getränken, dem Öffnen der Weinflaschen und dem Zapfen gar nicht hinterher, und dann blieb schon mal das eine oder andere Bier länger stehen, als es sollte.

»Sara!«, bellte dann mein dicker zuckerkranker Chef. »Hier wird nicht rumgepanscht! Und abgestandenes Bier geht gar nicht! Wem soll das dann noch schmecken? Hast du überhaupt schon mal ein Bier probiert? Die meisten kommen nur wegen dem Bier Woche für Woche hierher, und das soll auch so bleiben!«

»Oh, das tut mir leid. Ich dachte, es wäre Verschwendung, das Bier einfach wegzukippen, bloß weil es hier ein bisschen gestanden hat. Und nein, ich trinke kein Bier. Ich habe nur mal dran genippt, es schmeckt scheußlich, für mich zu bitter«, erwiderte ich eingeschüchtert.

»Du solltest ruhig von jedem Bier mal kosten, du musst doch wissen, was du den Gästen hier servierst!« Mein Chef schüttelte den Kopf und schob sich vor lauter Verzweiflung eine Zartbitterschokoladentafel rein.

Manchmal hockte er sich direkt vor mich hin an den Tresen, was mir irre unangenehm war. Ich wurde dann supernervös und war entsprechend tollpatschig. Wenn er dann auch noch etwas dabei aß, vermied ich möglichst, ihn anzuschauen, denn oft hingen irgendwelche Essensreste in seinem langen weißen Bart. Er sah aus wie der böse Onkel des Weihnachtsmanns. Außerdem sprach er gern mit vollem Mund – ich hatte ohnehin noch nie jemanden gesehen, der wie er alles, was er auf den Teller bekam, mit großer Hast und ohne zu kauen in sich hineinstopfte. Aber das musste ich ignorieren, auch wenn ich ihn manchmal für seine herablassende Art und seine widerlichen Manieren hätte ohrfeigen wollen. Er zahlte mir einen ansehnlichen Stundenlohn, und manchmal erhielt ich von den Gästen ein zusätzliches Trinkgeld. Das war in Ordnung, aber nicht genug.

Also nahm ich noch einen Job als Bardame in einer ranzigen und heruntergekommenen Kneipe an. War ich mit dem einen Job fertig, fuhr ich erschöpft kurz vor Mitternacht in eine alte Berliner Kneipe und trat meine Nachtschicht an. Es wurde unglaublich anstrengend, was sich aber auch als Vorteil erwies. Ich schlief besser und fühlte mich seltener einsam. Körperlich ging das an meine Grenzen, aber früher bei Ferhat hatte ich auch lange schuften müssen und am Ende des Tages, falls es das überhaupt gab, nicht einmal ein billiges Dankeschön erhalten. Jetzt verdiente ich Geld für meine Arbeit, und das motivierte mich, denn ich hatte meine erste Fernreise und mein erstes eigenes Auto fest im Visier.

Bis sechs Uhr morgens musste ich nun Nacht für Nacht die Stellung halten. Die Kneipe war nicht groß, aber immer gut besucht, zumindest in meiner Schicht. Die Gäste hier waren fast ausschließlich Männer, die entweder die ganze Nacht an den zwei Spielautomaten hingen oder Alkoholiker waren, die ein Bier nach dem anderen in sich hineinkippten. In meiner Freizeit würde ich unter keinen Umständen so einen Laden betreten. Aber für mich war das hier ein Job und keine Freizeitbeschäftigung, ich würde eben auch Alkoholiker bedienen, was soll's? Waren ja auch nur Menschen, und wer konnte schon wissen, was sie auf diesen Weg getrieben haben mochte. Solange sie friedlich waren und bezahlten, konnte mir der Rest egal sein. Es war ja auch nur als vorübergehende Arbeit gedacht, bis ich bei einem Unternehmen einen richtigen Ausbildungsplatz ergatterte, beschwichtigte ich mich selbst öfters, wenn ich mit einem gewissen Widerwillen in den zugequalmten Laden kam, um meine Schicht anzutreten.

Es waren fast alles Stammgäste, und so kannte ich nach kurzer Zeit jeden beim Namen. Die einen starrten mich den ganzen Abend an, während sie ihr Bier tranken – was ihnen dabei durch den Kopf ging, wollte ich lieber gar nicht wissen –, die anderen waren richtige Plappermäuler, die mich mit Fragen bombardierten, auf die ich nicht antworten wollte. Also tat ich immer schwer beschäftigt, notfalls putzte ich auch noch die Schnapsflaschen. Schlimmer war der Zigarettenqualm, der mich ständig umnebelte, der machte mir echt zu schaffen. Selbst wenn ich zu Hause geduscht und mir die Haare gewaschen hatte, glaubte ich, immer noch den versifften Rauch riechen zu können.

Manchmal, wenn ich weniger zu tun hatte, setzte ich mich zu Rolf. Rolf war immer höflich und charmant, verlangte nach seinem kalten Budweiser, aber nach dem dritten Glas war bei ihm Schluss. Er gehörte zu den Redseligen, hatte aber auch Interessantes aus seinem Leben zu erzählen. Er war schon über sechzig, und seine Augen faszinierten mich – sie schienen einiges gesehen und erlebt zu haben. Ich war neugierig darauf und löcherte ihn mit Fragen.

»Sag mal, Rolf, du bist doch bestimmt gebürtiger Berliner, oder?«

»Klar doch, einer der wenigen noch. Bleib ich auch, Mädchen, darauf kannst du wetten. Aus meiner Wohnung musste ich jetzt zwar raus, neuer Eigentümer, der natürlich als Erstes die Miete erhöht hat. Vierzig Jahre hab ich in der gelebt. Und nun ist es vorbei. Aber ich bleibe hier, und wenn ich unter freiem Himmel schlafen muss, meine Heimat werde ich doch nicht verlassen«, sprach Rolf mit seiner kratzigen Stimme, während er genüsslich an seiner Zigarette zog. Was für ein Typ mochte er wohl gewesen sein, als er in meinem Alter war – ein Draufgänger, dem die Frauen zu Füßen lagen? Er war Ostberliner, wie hatte es sich als junger Mann in der DDR gelebt? Ich hatte viele Fragen. Und Rolf brachte mir die deutsche Geschichte nahe. Er konnte den Alltag in der DDR sehr plastisch beschreiben, außerdem antwortete er gern auf meine vielen Fragen, ein bisschen fühlte er sich auch geschmeichelt.

»Ach, Sara, damals war alles viel besser. Alle hatten Arbeit und eine bezahlbare Wohnung. Für Kinder gab es Krippenplätze. In der DDR ging es uns noch gut. Als die Mauer fiel, war ich plötzlich meinen Job los. Ich war Mechatroniker, so sagt man ja heute, aber mit diesem ganzen Computerkram, mit dem die Westfirma angerückt kam, die meinen Laden übernommen hat, konnte ich nicht mithalten. Solche Maschinen hatten wir im Osten ja nicht. Und um das alles noch zu lernen, dafür war ich schon ein bisschen zu alt. Auf einmal war eben alles anders. Kannst du dir vorstellen, wie schrecklich das war?«

»Also richtig vorstellen kann ich mir das nicht, Rolf. Der Fall der Mauer bedeutete doch auch Freiheit! Das ist doch der größte Gewinn. Ich möchte nicht mein Leben lang immer in derselben Stadt leben. Weißt du, wie glücklich ich bei dem Gedanken bin, eines Tages eine Weltreise zu machen? Wenn ich das gar nicht machen könnte, Mann, das würde mir aber überhaupt nicht gefallen!«

Ich mochte Rolfs Geschichten, aber für mich klangen sie manchmal fast wie Grimms Märchen. Wenn er von Telefonzellen redete zum Beispiel – die kannte ich doch fast gar nicht mehr! Meine Generation hat ein Handy, und das ist immer mit dabei. Telefonisch irgendwo, irgendwann nicht erreichbar zu sein, das gibt es für uns nicht mehr. Oder wenn er davon sprach, wie seine Frau die Babywindeln immer auskochte – Pampers in der DDR: Fehlanzeige. Und das waren nur die kleinen Unterschiede von damals zu heute, von Ost zu West. Ich war fast ein bisschen erschrocken, wie der Alltag vieler Menschen vor gar nicht so langer Zeit ausgesehen hatte, und hörte Rolf zu wie ein kleines Mädchen, aber, ehrlich gesagt, ich hätte unter solchen Verhältnissen nicht leben wollen!

Als ich von Rolf erfuhr, wie eingeschränkt die Rechte der Frauen auch in der Bundesrepublik lange Zeit gewesen waren, konnte ich es kaum fassen – trotz Gleichheitsgebot im Grundgesetz musste der Mann bis Ende der Fünfzigerjahre seine Zustimmung geben, wenn seine Frau arbeiten ging? Und er konnte ihren Job ohne ihre Zustimmung fristlos kündigen? Und das alles wurde im Bürgerlichen Gesetzbuch sogar erst Ende der Siebzigerjahre aktualisiert? Ich glaubte es nicht und musste zu Hause erst einmal googeln, aber tatsächlich: Rolf hatte recht! Ich kannte zwar die Eingeschränktheit der Frau aus meiner eigenen Kultur, aber zu meinem Bild vom modernen Deutschland passten diese gruseligen Erzählungen über die Herrschaftsverhältnisse in der Ehe nicht. Im tiefsten Anatolien, ja, da war es bestimmt so, aber in dem demokratischen Land, in dem ich aufgewachsen war?

Mit einem gewissen Bedauern dachte ich in solchen Stunden, wenn ich ihm zuhörte, an meinen armen Geschichtslehrer in der Schule zurück. Wenn der uns von Ost- und Westberlin, von Mauerbau und Mauerfall erzählte, hatte mich das herzlich wenig interessiert. Aber seit ich selbst in dieser Stadt lebte, in der Menschen aus aller Welt ihr Leben bestritten, war ich für die Geschichten, die Rolf zu erzählen wusste, viel aufgeschlossener.

Rolf war ein guter Geschichtslehrer, der mich – auch wenn unsere Ansichten oft meilenweit auseinander lagen – eines Tages am Ende unseres Gesprächs zu einem Schnaps einlud.

»Was soll's denn sein, Sara? Was trinkst du am liebsten?«

»Ich hab nur mal einen Jägermeister probiert, aber ein großer Fan bin ich dabei nicht geworden«, gestand ich ihm.

»Na, dann probier doch mal was Anderes, wie wär's mit Berliner Luft?« Ich starrte ihn fragend an. »Die grüne Flasche da, neben dem Jack Daniel's«, zeigte er auf den Pfefferminzlikör.

»Das nennt man Berliner Luft? Das riecht ja wie meine Mundspülung! Na, dann schenk ich uns mal zwei ein«, grinste ich und griff nach den gekühlten Schnapsgläsern im Gefrierfach.

So sehr mir die Kneipe und die Plaudereien mit Rolf auch gefielen, nach einigen Wochen ertrug ich den Gestank der Zigaretten und die deprimierende Stimmung meiner Gäste nicht mehr. Und auch Rolfs In-der-DDR-war-alles-besser-Gejammer fing an, mich zu nerven. Wie konnte man noch nach so vielen Jahren einer Gesellschaft nachtrauern, die so vielen Menschen die Freiheit verweigert hatte? Dass er immer da saß, sein Bier in sich hineinkippte, an den neuen Verhältnissen nur herumnörgeln konnte und eine Zigarette nach der anderen qualmte, regte mich zusehends auf. Und Rolf war nicht der Einzige, der sich nach dem Käfig zurücksehnte. Die meisten der in dieser Kneipe versammelten und verlebt aussehenden Alkoholiker hatten den Mauerfall nie akzeptiert.

Mit den anderen, den Spielsüchtigen, hatte ich weniger zu tun, mit ihnen wechselte ich selten mehr als einen Satz. Sie verließen ihre Automaten höchstens, um mich am Tresen zu fragen, ob ich ihnen einen Schein in Münzen wechseln könnte – besonders höflich waren sie dabei nicht, immer schwang ein ungeduldig-aggressiver Unterton in ihrer Bitte mit. Dann verschwanden sie wieder. Zum Glück. Denn ich mochte sie nicht, sie erinnerten mich an meinen Erzeuger: So ähnlich war er vermutlich auch aufgetreten, wenn er spielte, mit diesem starren Blick auf den Automaten gerichtet, dieser oft genug vergeblichen Hoffnung, der möge endlich mal Geld ausspucken statt nur zu schlucken. Ob diese Typen zu Hause auch Frau und Kinder hatten? Die sie prügelten? Und welches Geld verprassten sie wohl – ihr selbst verdientes oder das Geld ihrer Kinder?

Als ich mir eingestand, dass der Job an meiner Lebensfreude nagte, fackelte ich nicht lange: Ich kündigte. Ich wollte mich nicht infizieren lassen von der negativen Stimmung dieser verwahrlosten Wende-Loser, das war das Geld nicht wert, das ich dort verdiente, obwohl ich es dringend brauchte. Ich hatte auch keine Lust mehr, für andere den Seelentröster oder die interessierte Zuhörerin zu spielen und ständig mit ihrem Erinnerungsmüll konfrontiert zu werden. Mit Trinkgeld knauserten die meisten ohnehin, und es war an vielen Tagen ziemlich mühsam, bei allen das Geld für ihre Rechnungen einzutreiben. Manche behaupteten doch glatt, sie hätten ihr Geld vergessen oder verloren, dabei hatten sie es in den letzten Stunden am Automaten verprasst. Ich konnte froh sein, wenn nach meiner Schicht die Kasse stimmte.

Ich suchte mir einen neuen Job. In einer Anzeige wurde eine Bardame für eine sogenannte Champagner-Bar gesucht. Das konnte nicht groß anders sein als das, was ich bisher gemacht hatte, dachte ich. Und wenn es dort Champagner gab, dann sprach das für eine Kundschaft, die gehobener, vielleicht großzügiger mit Trinkgeld war. Ich rief an und wurde zwei Tage später zum Vorstellungsgespräch eingeladen.

Fast wäre ich an dem Etablissement vorbei gelaufen, es lag ziemlich versteckt zwischen lauter Restaurants und Cafés, die Scheiben waren abgedunkelt, außer einem leuchtend roten Herz blieb der Laden sehr unauffällig. Die Tür stand sperrangelweit offen, als ich ihn fand.

Die Bar war nur halb so groß wie meine bisherige Arbeitsstätte, an den Wänden hingen Bilder aus den Achtzigerjahren, die überwiegend leicht bekleidete Frauen zeigten, immer zusammen mit einem kleinen Mann, der von der Sonnenseite des Lebens stammen musste mit seinen unzähligen goldenen Kettchen um Hals und Handgelenke und einer dicken Zigarre im Mund. Er war es auch, der mich begrüßte: »Du musst die neue Bardame sein. Setz dich!«

Wir nahmen beide an der Bar Platz, ich konnte meinen Blick immer noch nicht von den frivolen Fotos lösen. Heute frage ich mich, wieso in mir nicht die ersten Warnsignale aufblinkten.

»Also, du willst hier abends arbeiten, ja?«, eröffnete er das Gespräch. Ich nickte. »Wie alt bist du denn? Du siehst noch sehr jung aus«, wollte er wissen. Ich stellte fest, dass er seit der Zeit, als die Fotos entstanden waren, sichtlich gealtert war. Wie damals sah er jedenfalls nicht mehr aus, eher wie der nette Mittsiebziger von nebenan.

»Ich bin neunzehn. Ja, ich suche einen Job als Bardame, Erfahrung habe ich auch.«

»Du bist wunderschön – siehst aus wie eine persische Porzellanpuppe«, meinte er träumerisch, sein kühl-taxierender Blick allerdings gefiel mir nicht. »Man möchte dich mit deinen dunklen Augen und deinem hellen Teint am liebsten ins Regal stellen – so eine unverbrauchte Puppe«, sinnierte er, während er mich von oben bis unten begutachtete. Ich fand seine Worte zwar ein bisschen merkwürdig, fühlte mich aber auch geschmeichelt.

Das Gespräch mit ihm, dem Unbekannten, dessen Namen ich nie erfuhr, dauerte fast zwei Stunden. Ich kam kaum zu Wort, er erzählte lauter Geschichten aus dem Berliner Nachtleben und der goldenen Zeit, die er damals mit seiner Bar erlebt hatte. Das Geschäft brummte – »kein Vergleich zu heute«, meinte er.

»Also, Sara«, fing er dann endlich an zu erklären, »das läuft hier so: Du bekommst einen Stundenlohn und eine prozentuale Beteiligung an jeder teuren Flasche, die du einem Kunden verkaufst. Verträgst du was? Bist du trinkfest?«

»Ehm, eigentlich nicht so, auch nicht Champagner. Also ich weiß nicht recht ...« Ich stotterte ziemlich herum und hielt mich an meiner Handtasche fest.

Dem Goldkettchen-Mann waren die Bedenken in meiner Stimme nicht entgangen. »Jetzt hör mal zu, Puppe. Sei nicht dumm, du kannst hier viel Geld machen. Die Männer, die hierherkommen, sind sehr spendabel. Aber sie erwarten dafür auch, dass du mit ihnen trinkst und dich mit ihnen anregend unterhältst. Die meisten sind Ausländer, die in Berlin abschalten und eine leckere Puppe wie dich dabei anschauen wollen. Du sollst ja schließlich nicht bis zur Besinnungslosigkeit trinken, sondern eher nippen. Von mir aus kannst du das Zeug auch wegkippen, aber nur, wenn keiner guckt. Kannst du mir folgen?« Er wurde schon ungeduldig.

»Ja, ja, ich hab schon verstanden. Das krieg ich schon hin«, versicherte ich ihm forsch – dabei zögerte ich in Wahrheit innerlich. Was war das hier?

»Na gut, dann bis heute Abend, 23 Uhr, sei pünktlich und richte dich ein bisschen her, zieh dir einen heißen Fummel an!«

Damit war ich entlassen. Wahnsinn! Ich sollte ein bisschen trinken, gut aussehen und quatschen – und damit konnte ich Geld verdienen? Kam mir, außer der Trinkerei, doch alles ziemlich entgegen!

Als ich abends vor der Bar stand, war die Tür geschlossen. Ich klopfte, nichts tat sich. Über mir entdeckte ich eine Kamera, die ich tagsüber gar nicht wahrgenommen hatte. Und rechts fand sich schließlich eine Klingel. Ich drückte entschlossen drauf, da ging ein Spalt in der Tür auf, und ein unbekanntes Gesicht erschien.

»Hallo, du musst Sara sein, ich mach dir auf«, sagte das Gesicht. Als ich hereinkam, begrüßte mich »Jacky«. »Ich arbeite schon seit einigen Monaten hier«, sagte sie, »ist alles ganz easy. Der Chef hat dir bestimmt schon genug erzählt, er kommt später auch noch vorbei. Macht er immer, jeden Abend. Wir beide sollen von nun an gemeinsam an der Bar stehen. Wenn ein Gast klingelt, öffnest du den Spalt und bittest um 10 Euro. Eintrittsgeld. Erst wenn bezahlt ist, öffnest du die Tür, okay?!«, plapperte sie drauf los, während ich nervös an meinem kurzen Kleid nestelte. Immerhin, ich hatte mir einen »heißen Fummel« angezogen, wie vom Chef gefordert. Jacky musste einen Latex-Fimmel haben. Obwohl sie sehr kräftig gebaut war, hatte sie sich in ein hautenges Minikleid aus Latex gezwängt, das nur knapp ihren Po bedeckte.

Es dauerte keine zehn Minuten, da klingelte der erste Kunde. Jacky bat ihn herein und gleich an die Bar. Obwohl sie sich wirklich alle Mühe gab, dass ihm nichts von ihren Reizen verborgen blieb, biss der norwegische Geschäftsmann, der so um die vierzig sein musste, groß gewachsen war und ein bisschen müde aussah, nicht an. Arme Jacky, sie wollte doch so gern ihre erste Champagnerflasche an dem Abend verkaufen.

Stattdessen taxierte der Norweger mich, ich spürte, wie seine Blicke meinen Körper hoch und runter fuhren. Jacky bemerkte das und sah sich herausgefordert. Sie textete den offensichtlich gestressten Geschäftsmann richtiggehend zu – es half aber nicht. Die Augen des Norwegers wanderten immer wieder zu mir. Ich fühlte mich zwar unbehaglich, redete mir selbst aber gut zu, endlich lockerer zu werden und mir einen Ruck zu geben. Ich setzte mich an seine Seite.

»Du siehst toll aus«, blitzte er mich an. »Wie heißt du?«

»Ich heiße Sara«, sagte ich nur. In der nächsten halben Stunde führten wir beide eine anregende Unterhaltung, der Norweger sprach sehr gut Deutsch und erzählte mir von seinen Erlebnissen in Berlin. Ich gab mich interessiert, darin war ich ja geübt, und lachte über jeden seiner Witze, auch wenn mir die Komik der meisten eigentlich gar nicht aufging.

»Wollen wir uns an einen der Tische setzen und zusammen etwas trinken?«, schlug er vor. Ich zögerte, stimmte aber zu. Ha! Er bestellte tatsächlich eine Flasche für mehrere Hundert Euro. Wie einfach konnte es doch sein, Geld zu verdienen! Als wir zum Tisch gingen, fing ich einen Blick von Jacky auf, sie guckte etwas säuerlich.

Kaum saßen wir, ich hatte erstmals am goldenen Tropfen genippt, rückte der Norweger mit jedem Satz, den er sprach, auf der roten Ledercouch näher an mich heran, seine Arme berührten bereits meine, und ich spürte, wie er sein Knie dicht an mein nacktes Bein drückte. Oh Mann, Dilan, auf was hast du dich eingelassen? Wie nah will der mir denn noch kommen? Zieht er mich gleich auf seinen Schoß? Aber ich grinste tapfer weiter, dabei bereute ich meine Zustimmung zu diesem Tête-à-tête schon.

Mittlerweile war mein Chef gekommen und saß mit einem anderen Kunden an der Bar. Er beobachtete mich eine Weile, dann sah ich ihn plötzlich vom Hocker rutschen und zu uns an den Tisch kommen.

»Darf ich Ihnen die Dame einmal kurz entführen?«, fragte er den Norweger, der leicht verblüfft nickte. Der Chef nahm mich mit nach hinten, wo sich zu meiner Überraschung einige weitere Räume befanden, der Laden war viel größer, als ich bisher registriert hatte. »Räume« war eigentlich übertrieben, es waren eher winzige Kabinen, jeweils mit einem Bett ausgestattet, die sich um einen zentralen Raum mit einer Poledance-Stange gruppierten. Verdammt, was ist das hier, fragte ich mich schon wieder, aber noch immer ging mir nicht wirklich ein Licht auf, auch nicht, als ich in einem Regal lauter Handtücher und farbige Kondome liegen sah. Ich war unglaublich naiv.

»Jetzt hör mal zu, Sara. Der Mann hat bei eurem Gespräch schon die zweite Flasche Champagner bestellt. Du hast Glück, er ist großzügig. Und offensichtlich in dich verschossen – merkst du das nicht? Mach was draus! Also, du musst nichts machen, was du nicht machen willst, aber sei mal ein bisschen offener, zugänglicher, schäker mit ihm herum, er tut dir doch nichts! Du entscheidest, wie weit du gehen willst. Aber ein bisschen was erwartet er dafür auch von dir, hörst du?« Und dann schickte er mich zurück zu meinem Verehrer.

Der hatte inzwischen am Champagner offensichtlich nicht nur genippt, sondern zugelangt. Er war betrunken, was ihn leider noch mutiger machte. Er legte gleich seine Hand auf meinen nackten Oberschenkel, mein Kleid war eben doch zu kurz! Aber damit war er zu weit gegangen, und vielleicht hatten sich die Signale dieser »Champagner-Bar« allmählich auch in meinem Hirn zu einem Bild zusammengefügt, wurde ja auch Zeit.

Ich sprang vom Sofa auf und schrie ihn an: »Grabsch mich ja nicht an!« Alles kam mir plötzlich so widerwärtig, so schmierig vor! Das schummrige Licht der Bar, der lauernde Blick meines Chefs, die neidische Jacky, der lauwarme Champagner! Und endlich, endlich fiel der Groschen. Ich riss meine Tasche an mich und verließ fluchtartig die Bar.

21 LERNE, GLÜCKLICH ZU SEIN!

Meinen Berufsvorbereitungs-Kurs hatte ich vor geraumer Zeit, mit der Versendung meiner Bewerbungsmappen an verschiedene Unternehmen, abgeschlossen. Die Tage und Wochen, in denen ich auf eine Rückmeldung wartete, zogen sich zäh dahin. Ständig wieder nach einem neuen Job suchen zu müssen war nicht, wovon ich geträumt hatte. Ich sehnte mich nach einem geregelten Tagesablauf und festen Arbeitszeiten. Immerhin trafen irgendwann die ersten Einladungen zu Einstellungstests in den Assessment-Centern verschiedener Unternehmen ein, ein kleiner Lichtblick. Ich bestand alle Tests, sofern mein Gefühl nicht trog, aber nun wartete ich schon ungeduldig auf das nächste Etappenziel – das Vorstellungsgespräch, die erfolgreich zu bestehende Vorstufe zu einem regulären Ausbildungsverhältnis. Jeden Tag öffnete ich den Briefkasten mit pochendem Herzen. Irgendjemand musste doch anbeißen! Und dann war es so weit.

»Endlich! Endlich eine Einladung zum Vorstellungsgespräch! Wer sagt's denn!?«, hopste ich eines Tages selig im Hausflur.

»Hast du im Lotto gewonnen, oder was ist los?«, fragte Vanessa, die am Tisch saß und sich gerade einen Fleischsalat reinlöffelte, als ich in die Küche gehüpft kam.

»Nein, viel besser! Rate mal!«, tat ich geheimnisvoll und las mir die Einladung immer wieder durch.

»Du hast Tickets fürs Tomorrowland bekommen, stimmt's?«

»Mann, nein! Was ist denn überhaupt Tomorrowland? Kenn ich nicht. Ich habe eine Einladung zu einem Vorstellungsgespräch, Vanessa! Montag in acht Tagen schon. Der Test hatte es wirklich in sich, aber ich habe ihn offensichtlich bestanden. Bei einer riesigen Wohnungsbaugesellschaft mit fast tausend Mitarbeitern. Und das Beste ist, dass die auch eine duale Ausbildung anbieten. Wenn ich da bestehe, dann habe ich am Ende eine Ausbildung *und* mein Abi in der Tasche, ist das nicht irre?!«

»Das ist ja großartig, Sara. Ich freue mich wirklich sehr für dich! Aber was Tomorrowland ist, solltest du nun wirklich wissen, gehört zum Allgemeinwissen, es ist eins der größten Festivals der Welt und mein größter Traum, da einmal hinzufahren. Ich zeig dir mal bei Gelegenheit Videos. Und übrigens, falls du mich wieder fragst, was du zum Vorstellungsgespräch anziehen sollst: Am besten wirfst du dich in deine seriöse Seidenbluse und in deinen abgefahrenen Bleistiftrock!«, lachte sie und verschwand in ihr Zimmer.

Aber ich fragte Vanessa gar nicht, mein Outfit hatte ich mir schon längst überlegt: weiße Bluse, dunkle Stoffhose und Schuhe mit kleinen Absätzen, die High Heels blieben im Schrank. Dezent, hatte Petra, unsere Dozentin im Vorbereitungskurs, gesagt, dezent müsst ihr zum Vorstellungsgespräch erscheinen, tiefer Ausschnitt geht gar nicht! Und genau so, wie von Petra empfohlen, saß ich dann einige Tage später im Flur der Ausbildungszentrale der Wohnungsbaugesellschaft.

Heute ist mein großer Tag, mein großer Tag, murmelte ich lautlos auf einem kühlen Plastikstuhl vor mich hin und wartete darauf, dass endlich die Tür aufging und die Personalchefin mich zum Gespräch rief. Ich war offenbar die erste Kandidatin, noch war niemand sonst da. Es war auch erst 8 Uhr, aber ich war bereits seit Stunden auf den Beinen. In der Nacht hatte ich vor lauter Aufregung einfach nicht schlafen können. Irgendwann war ich aufgestanden und hatte mit meinen Vorbereitungen begonnen. Diesmal durfte es kein aufwendiges Make-up sein, sogar den Lidstrich ließ ich weg. Ich wollte alles genau so machen, wie ich es zum Abschluss meines Kurses gelernt hatte.

Wir hatten in den letzten Tagen an unserem Auftreten gearbeitet. Dafür simulierte Petra mit uns Vorstellungsgespräche, die mit einer Kamera aufgenommen und im Anschluss von allen gemeinsam ausgewertet wurden. Durch den Video-Mitschnitt hatte ich viel zum Thema Körpersprache gelernt, was ich jetzt auf meinem Stuhl zu rekapitulieren versuchte: Blickkontakt wahren, nicht die Hände kneten, interessiert dreinschauen, nicht mit den Augen klimpern, nicht zu lässig dasitzen, nicht an den Haaren herumfummeln. Letzteres aber konnte ich ohnehin nicht, denn ich hatte mir einen strengen Pferdeschwanz gebunden, damit ich mich ja nicht hinter irgendwelchen Haarsträhnen versteckte – das kommt nicht gut an, hatte Petra mir gesagt, zeig dein Gesicht!

Ich muss die Stelle kriegen, ich muss!, sagte ich mir und zupfte immer wieder meine weiße Bluse zurecht. Ich war tierisch nervös, weil ich mich selbst so unter Druck setzte. Dabei hatte ich alles getan, um gut vorbereitet zu sein, mir die letzten Notizen aus dem Vorbereitungskurs noch einmal durchgelesen, die Homepage des Unternehmens studiert, mir einige ihrer Daten eingeprägt, um für etwaige Fragen gewappnet zu sein, und den Test bestanden. Und trotzdem waren meine Hände vor lauter Aufregung nass. Die Zeit wollte einfach nicht vergehen. Fürs Warten bin ich bis heute nicht gemacht.

»Kommen Sie bitte herein! Frau Mouskouri?« Endlich war die Tür aufgegangen, die Personalchefin, eine große blonde Frau mit Brille, reichte mir die Hand und lächelte mich freundlich an. Unser Gespräch zog sich ziemlich lange hin, sowohl aktuelle Themen als auch Fragen zum Unternehmen und meiner Person kamen vor. Nach der ersten Frage platzte der Knoten, ich taute auf, mein Puls beruhigte sich, und am Gesicht der Personalchefin konnte ich erkennen, dass ich meine Sache gut machte.

»Frau Mouskouri, könnten Sie sich denn auch vorstellen, Berlin zu verlassen und am Dienstsitz Frankfurt am Main die Ausbildung zu absolvieren? Die Übernahmechancen nach der Lehre sind dort viel höher, wenn nicht sogar sicher. Für die Dauer der Ausbildung würden wir Ihnen eine Wohnung aus unserem Bestand zur Verfügung stellen, Sie müssten sie nur noch streichen. Aber dafür liegt sie mitten in der Stadt und ist sogar bezahlbar – wir als Vermieter wissen ja nur zu gut, wie schwer es heutzutage ist, eine Wohnung zu finden, die man als Azubine bezahlen kann«, beendete die Personalchefin unser Gespräch. Damit hatte ich nicht gerechnet. Aber es klang fast schon wie eine Zusage.

»Das ist eine etwas überraschende Aussicht, aber ja, warum nicht? Ich war noch nie in Frankfurt, aber die Stadt soll toll sein«, antwortete ich. Es war mir nicht unlieb, mal wieder einen Kulissenwechsel zu vollziehen. So gern ich in Berlin war, es schien mir sicherer, den Wohnort wieder zu wechseln. Ich wollte auch Kamal hinter mir lassen, der mir ab und zu noch eine SMS schickte, auf die ich nicht reagierte. Und ich wollte meinen naiven Fehltritt als »Porzellanpuppe« vergessen.

Zu dem Neuanfang, vor dem ich jetzt stand, gehörte einfach eine neue Bühne! Eine Woche später rief mich die Assistentin an, ich hatte die Zusage zum Ausbildungsvertrag!

Kaum hatte ich unterschrieben, stand ich bereits in meiner ersten eigenen Wohnung. Eine gut geschnittene Einraumwohnung mit Küche und Duschbad, sehr zentral in Frankfurt gelegen. Jetzt musste sich zeigen, ob ich allein, ohne Linda, schwimmen konnte. »Meine erste eigene Wohnung! Meine eigenen vier Wände. Toll!«, staunte ich über diesen Qualitätssprung auf meinem Weg und machte mich mit Feuereifer an das Streichen der Wände. Ich hätte beim Umzug und beim Aufbauen meiner neuen Möbel oft Hilfe gebrauchen können, Dogan hätte vermutlich alles in Nullkommanichts aufgebaut. Einen Handwerker konnte ich mir nicht leisten, mein Erspartes litt ohnehin schon an Schwindsucht. Also suchte ich mir anderweitig Hilfe. Mit meinen Überredungskünsten und Ich-habe-niemanden-in-dieser-Stadt brachte ich den Hausmeister dazu, alle meine Möbel aufzubauen. Als Dankeschön machte ich ihm eine Portion gefüllter Weinblätter, sie schmeckten ihm.

Er war dann aber auch für lange Zeit der Einzige, den ich in diesem großen Mietshaus kennenlernte. Die Türen der anderen Wohnungen blieben geschlossen, meine allerdings auch. Nur im Flur traf ich zuweilen den einen oder anderen Nachbarn, dem ich dann ein freundliches Grußwort zuwarf. Die Hoffnung, mit anderen Azubis oder meinen Klassenkameraden an der Berufsschule feste Freundschaften aufzubauen, erwies sich als vergeblich. Die einen waren Jahre jünger als ich und noch ziemlich unreif, viele hatten nichts als Blödsinn im Kopf, weil Mami und Papi nun kein Auge mehr auf sie hatten. Die anderen mieden mich, vielleicht weil sie mein Auftreten oder meinen Humor nicht mochten, ich wusste es nicht. Möglicherweise war auch ein Neidfaktor im Spiel – wie kann die sich denn solche Markenklamotten leisten? Vom Azubi-Lohn doch wohl nicht! Liegt wohl ihren Eltern noch auf der Tasche! So hörte ich sie hinter meinem Rücken tuscheln. Eltern? Wohlhabende Eltern? Was für ein schlechter Witz! Ich hatte monatelang jeden erdenklichen Job angenommen und mir alles selbst erarbeitet. Auch in Frankfurt besorgte ich mir wieder einen Babysitter-Job, dieses Mal über eine Agentur, und verdiente mir etwas in einer Promotion-Agentur dazu. Meine kleine Waisenrente und mein Ausbildungslohn reichten nicht für den Luxus, mich und Anna zu verwöhnen, das aber wollte ich unbedingt auch weiterhin tun können, selbst wenn ich dafür mehrere Nebenjobs annehmen müsste.

Ich ging gern shoppen, ich genoss es, einzukaufen, was ich wollte, lange genug hatte ich darauf verzichten müssen. Was wussten denn meine lieben tuschelnden Kolleginnen schon, wie oft Mama traurig den Kopf geschüttelt hatte, wenn ich früher bei unseren gemeinsamen Einkäufen bei Aldi oder Lidl mit bittendem Augenaufschlag vor der Tiefkühltruhe stehengeblieben war, in der sich das leckere Fruchteis befand? Wir mussten auf den Cent gucken! Was ahnten meine Kolleginnen von der Treibjagd, die Ferhat mit mir durch die Gänge des Supermarkts veranstaltet hatte, damit ich bloß nicht auf die Idee kam, ihn um eine Tüte Nüsse zu bitten?

Für mich ist es ein Sieg über die Vergangenheit, wenn ich heute nach einem Stück herzhaftem Appenzeller, einem Prosecco oder einem richtig guten, aber sündhaft teuren Brot greifen und mir kaufen kann, wozu ich Lust oder worauf ich Appetit habe, ohne auf den Preis schauen zu *müssen*! Der Luxus, den ich mir leiste, ermöglicht mir ein Triumphgefühl, er versichert mir immer wieder: Du hast es geschafft, Dilan, du hast es geschafft!

Aber dennoch ließen mich die Anschuldigungen und Vorurteile anderer nicht kalt. Sie ärgerten mich mächtig. Aber was hätte ich dagegensetzen können? Ich konnte meine Vergangenheit nicht vor anderen auspacken. Also tat ich so, als hörte ich es nicht, oder nahm es einfach kommentarlos zur Kenntnis. Für die meisten war ich halt die hübsche und lustige Puppe Sorglos. Den Schein zu wahren, darin hatte ich ja Übung. Eigentlich war es mir sogar lieber, als die Schickimicki-Tussi zu gelten, das war immer noch besser als das irakische Mädchen aus gestörten Familienverhältnissen.

Meine Ausbildung, die mir enorme Disziplin abverlangte, gab meinen Tagen zwar ein Gerüst, aber abends, wenn die schwarzen Gedanken herankrochen, bekam ich zu spüren, dass das Leben allein in einer Wohnung, das ich mir so sehr gewünscht hatte, Tiefpunkte mit sich brachte. Und ungewohnt war. Ich vermisste Vanessa, die Gespräche mit ihr am Küchentisch, unser gemeinsames Essen, ihre Schnoddrigkeit, ja, sogar ihr Zigarettenqualm fehlte mir. Manchmal rief ich sie an, dann spielte ich ihr die Fröhliche vor, in Wahrheit aber fühlte ich mich oft einsam. Wenn ich aus dem Fenster schaute, sah ich in den gegenüberliegenden Häusern, wie Familien oder Paare am Essenstisch saßen oder vor dem Fernseher, wie jemand am Schreibtisch arbeitete oder wie Gäste empfangen wurden. Lange konnte ich da nicht hinsehen, ich zog dann lieber die Gardinen zu. Alle haben jemanden, mit dem sie etwas unternehmen, nur du, Dilan, sitzt zu Hause bis Mitternacht vor der Röhre! Oder ich starrte Löcher in die Luft und dachte an ein Gedicht des Komponisten Peter Cornelius, das mir viel bedeutete. Ich hatte es damals, wenige Jahre nach Mamas Tod, auswendig gelernt und habe es bis heute behalten:

Ich wandle einsam.
Mein Weg ist lang;
Zum Himmel schau ich
Hinauf so bang.

Kein Stern von oben
Blickt niederwärts,
Glanzlos der Himmel,
Dunkel mein Herz.
Mein Herz und der Himmel
Hat gleiche Not,
Sein Glanz ist erloschen,
Mein Lieb ist tot.

Und dann drohte ich, in Trauer zu versinken, Selbstmitleid war auch dabei. Dilan, du musst etwas tun, sonst wird dich das Gefühl des Verlorenseins irgendwann fest im Griff haben.

»Hey, was machst du hier so alleine?« Der Unbekannte nahm auf dem Barhocker neben meinem Platz.

»Ach, ich war eigentlich mit meiner Freundin verabredet, aber gerade eben hat sie mich versetzt. Per SMS. Blöd. Jetzt sitze ich hier und trinke eben noch meinen Wein aus«, antworte ich.

»Oh, das tut mir aber leid. Darf ich dich zu einem Drink einladen? Verzeihung – ich bin Lukas«, stellte er sich vor und gab mir die Hand. Lukas war mit Freunden unterwegs und bot an, mich auf ihre Partyreise mitzunehmen. Ich stimmte zu, das versprach endlich einmal ein bisschen Trubel, der mich aus meinem Trübsinn reißen könnte. Denn ich hatte natürlich gelogen, niemand hatte mich versetzt, aber ich konnte Lukas doch nicht erzählen, dass ich zwei Stunden zuvor in meiner Wohnung mal wieder gemerkt hatte, wie mich die Depression anflog – ein ungebetener Gast, der in diesen Wochen leider allzu häufig hereinschaute. Um ihm zu entkommen, hatte ich mich kurz entschlossen im Badezimmer aufgebrezelt, den unvermeidlichen Lidstrich aufgetragen, zügig ein Top aus dem Kleiderschrank und nach meinen High Heels gegriffen, um eine der vielen Bars aufzusuchen, deren Adressen ich mir vorsorglich von anderen Azubis hatte geben lassen, ich würde mich der häuslichen Einsamkeit nicht wehrlos ergeben! Die Partyreise mit Lukas war nicht anders als erwartet, wir zogen um die Häuser, überall ein lautes Hallo, viele Drinks, flüchtige Umarmungen, und der eine oder andere, auf den ich dabei traf, steckte mir seine Handynummer zu.

Schon an dem Abend erhielt ich mein erstes Drogenangebot – weitere sollten in anderen Nächten folgen. Ich war ziemlich erschrocken, wie viele Menschen, jung oder alt und egal aus welcher Branche, sich das Zeugs reinzogen. Amphetamine, Gras, Koks – ich fand das abstoßend, total unsexy. Ich hielt es für ein Symptom schwacher Persönlichkeiten, warum zerstörten die freiwillig ihren Körper? Ich hatte Angst vor Drogen, vor dem Kontrollverlust, der damit einhergehen könnte. Die Gefahr, mich verlieren zu können, hielt mich selbst in diesen wenig hoffnungsfrohen Zeiten davon ab zuzugreifen, wenn man mir Stoff anbot. So weit wollte ich es nicht kommen lassen!

So verbrachte ich so manchen leeren Abend, immer in einer anderen Bar oder Kneipe. Ich wusste, dass solche Unternehmungen kein wirksames Gegengift gegen meine Verlorenheit waren, aber zumindest taugten sie dazu, mich zu betäuben, mich für einige Stunden abzulenken. Auf Dauer aber war das nichts: anderen die versetzte Frau vorspielen, sich mit Fremden, die mir fremd blieben, ein bisschen die Zeit vertreiben und danach vielleicht noch zwei oder drei Mal eine SMS hin und her schicken. Das konnte doch nicht alles sein! Vor allem lenkte es mich nicht von den Fragen ab, die mich immer wieder heimsuchten: »War es das wirklich wert?«, und: »Wird es mir irgendwann im Leben wieder bessergehen?« Das musste es!

Ich machte mich an die Arbeit, einiges in meinem Tagesablauf zu ändern. Zunächst packte ich meinen Notizblock wieder aus, den ich in letzter Zeit sehr vernachlässigt hatte, und strich alle meine bereits erfüllten Zielvorgaben, wie beispielsweise die Namensänderung oder den Beginn einer Ausbildung, von meiner Liste. Ein eigenes Auto zu haben und damit einfach irgendwann über die Autobahn in eine andere Stadt zu brettern blieb gelistet. Aber bevor ich mir das leisten konnte, musste ich meine Ausbildung beendet haben – der Posten rückte also etwas weiter nach hinten auf meiner Prioritätenliste.

Lerne, dauerhaft glücklich zu sein – das blieb weit oben stehen. Dafür meldete ich mich in einer nahe gelegenen Tanzschule an, die sowohl Hip-Hop- als auch Yoga-Kurse anbot. Warum hatte ich das nicht längst schon gemacht? Schließlich wusste ich seit meiner Kicker-Zeit, wie wichtig Bewegung für mich war. Und Shoppingtouren, das hatte ich längst gemerkt, konnten bestenfalls für den Moment glücklich machen. Was hatte ich denn von meinen inzwischen auf ein gutes Dutzend angewachsenen Paaren High Heels und meinen schicken Kleidern, wenn ich sie nicht ausführen konnte? Außerdem tanzte ich schon immer wahnsinnig gern. Bewegung tat mir richtig gut, aber das reichte nicht.

Ich eignete mir bewusst bestimmte Gewohnheiten an, um nicht vom Weg abzukommen. Als Erstes galt es, die schlechten Gedanken zu bekämpfen, wenn ich ins Bett ging. Ich verordnete mir, nur noch mit dem Gedanken an etwas Schönes einzuschlafen, beispielsweise eine künftige Reise nach Asien. Ich sah mich dann in einem sattgrünen Reisfeld stehen oder an einem feinsandigen weißen Strand in einem farbenfrohen Bikini liegen und einen Campari trinken, während ich auf das glitzernde Meer schaute. Kitschig, klar, aber es half! Vor allem stieg ich dann morgens schon in guter Stimmung aus dem Bett. Zusätzlich warf ich noch meine Musikanlage an – doppelt hält besser! – vorzugsweise einen schnellen motivierenden Song, zu dem ich bereits im Club getanzt hatte. Musik konnte meine Stimmung beeinflussen, an guten wie an schweren Tagen, sie ließ mich leichter in meine Träume sinken und gab mir Hoffnung, diese eines Tages auch realisieren zu können. Meinen Riesenspiegel nutzte ich für eine kurze Tanzeinlage und ein Stretching, das ich in der Tanzschule erlernt hatte. Damit wurde mein Morgen schon zu einer kleinen Party, und ich verließ fortan meine Wohnung bereits mit einem Strahlen im Gesicht!

Nur mit Anna gelang mir ein solcher Parcours in Sachen Leichtigkeit und Lebensfreude nicht. Die Diskussionen mit ihr gestalteten sich allmählich immer anstrengender. Sie war mir nach Frankfurt gefolgt, fand sich aber in der neuen Stadt und in ihrer WG nicht zurecht und ließ nichts aus, was mich auf die Palme bringen konnte. Sie rauchte exzessiv und trank Alkohol, ihre Schulbesuche wurden immer unregelmäßiger. Von mir aus hätte sie sich die Haare kunterbunt färben oder sich einen Undercut verpassen können – aber die Schule durfte sie nicht vernachlässigen! Ich versuchte, mit meiner Schwester so zu reden, wie meine Ané es getan hätte, aber ich war nun einmal nicht ihre Mutter und als Schwester oder schwesterliche Freundin wollte Anna mich nicht mehr akzeptieren. »Lass mich in Ruhe! Alles willst du besser wissen als ich! Du bist ja schon *mir* peinlich, wenn wir uns sehen, erst recht wärst du mir das vor meinen Freunden, deswegen will ich gar nicht, dass du sie kennenlernst«, blaffte sie mich manches Mal an. Irgendwann begriff ich, so schwer es mir auch fiel, dass sie ihren eigenen Weg gehen musste. Ich konnte nichts anderes tun, als ihr zu sagen, dass ich sie lieb habe, dass sie mir wichtig ist – ohne sie wäre ich doch nie die geworden, die ich heute bin – und dass meine Tür, was immer auch passieren mochte, ihr immer offen stehen würde. »Du bist immer willkommen, Anna! Ich möchte nicht, dass wir im Zorn auseinandergehen – wie schnell kann plötzlich alles vorbei sein! Wir beide wissen das doch nur zu gut!«

22 MEINE SONNENBLUMEN

Ich hatte in Frankfurt Fuß gefasst, und plötzlich schienen die schlechten Gedanken, die Einsamkeit sich in Luft aufgelöst zu haben. Meine handgestrickte Anleitung zum Glücklichsein hatte ich im Laufe der Zeit erweitert und verfeinert und dabei festgestellt, dass nur der für andere ein Gewinn sein kann, der sich nicht selbst verliert.

Die Ausbildung schloss ich mit einem Zweier-Durchschnitt ab. Die Personalchefin hatte, was die Übernahmechancen betraf, völlig recht gehabt, ich bekam einen unbefristeten Arbeitsvertrag und wurde als Stadtteilmanagerin angeheuert. Die Tätigkeit lag mir, ich hörte mir die Sorgen und Probleme von Mietern an, sorgte für Abhilfe, unterstützte Projekte, die das mir anvertraute Stadtviertel lebendiger gestalteten, und kümmerte mich um ein großes Flüchtlingscamp, das am Rande des Quartiers in einem Containerdorf untergebracht war. Unter ihnen waren auch einige Jesidinnen aus dem nördlichen Irak, denen die Flucht vor dem sogenannten Islamischen Staat gelungen war. Immer wieder hatte ich diesen Funken Hoffnung, vielleicht Sibel zwischen ihnen zu entdecken. Ich traf Farida, Laila, Fahar, nicht aber meine Tante. Die Frauen sahen gezeichnet aus, Angst, Härte, Terror, die sie erlebt hatten, waren ihnen ins Gesicht geschrieben, und ich konnte nicht umhin, manchmal zu denken: So würdest du auch aussehen, Dilan, wenn du nicht Gelegenheit gehabt hättest, dein Leben in die Hand zu nehmen. Ich war so froh, ihnen etwas geben, ihnen zur Seite stehen zu können, ich wusste, wie wichtig eine helfende Hand ist, wenn man in der Fremde ausgesetzt wurde. Mir waren viele Hände gereicht worden – von Frau Steiner, Frau Meier, von Linda, den Frauen bei Papatya, von Herrn Wilke.

Ich fand Freunde, deutsche, türkische, iranische, obwohl ich bei jeder Freundschaft spürte, dass ein unüberbrückbarer Abstand zwischen mir und anderen blieb. Bei meinen deutschen Freundinnen vermisste ich die vielen kleinen und so selbstverständlichen Gesten der Warmherzigkeit, die ich bei meinen nichtdeutschen Freundinnen fand, aber von ihnen trennten mich meine Ansichten, die ihnen oft »zu deutsch« waren, besonders wenn wir in hitzige Wortgefechte über die Gleichstellung von Mann und Frau gerieten. Wenn meine iranische Freundin die Eifersuchtsszenen ihres Partners als Zeichen seiner Liebe zu ihr deutete, konnte ich nur den Kopf schütteln. Aber mit diesem Zwiespalt musste – und kann – ich leben.

Zur Belohnung für die harte Disziplin, mit der ich meine Ausbildung durchgestanden hatte, kaufte ich mir als Erstes eine Kaffeemaschine, mit der ich mir morgens einen Cappuccino zaubern konnte – für andere mag eine solche Maschine eine banale Anschaffung sein, für mich war das wieder ein Mosaikstein bei der Verwirklichung meines Wunsches, mir mein Leben so einzurichten, wie ich es mir vorstellte.

Und dann, endlich, ging ich eines Tages los und erstand mein erstes Auto, einen VW Golf. So lange hatte dieses Vorhaben schon auf meiner Liste gestanden, und nun wurde es in die Tat umgesetzt. Ich fühlte mich wie ein Vogel, wenn ich mit dem kleinen schnellen Brummer unterwegs war. Ich war nicht mehr auf Bus und Bahn angewiesen, die schweren Tüten vom Supermarkt kamen jetzt in den Kofferraum, ich musste sie nicht mehr durch die Stadt schleppen. Und an einem Wochenende holte ich meine iranische Freundin ab und bretterte mit ihr nach Paris! Einfach so – hin, einmal übernachten, wieder zurück. Verrückt, aber ich genoss die Mobilität, die mir der Golf ermöglichte.

Meine Einraumwohnung kündigte ich und zog in eine großzügige sanierte Zweiraumwohnung, die zur Straße hin einen schönen kleinen Balkon hat – mit Blick auf einen großen Kastanienbaum. Die erste Nacht, die ich dort auf einer Matratze verbrachte, war überwältigend – ich hatte meinen Schlafplatz ganz dicht an die Balkontür gelegt, sodass mich die Kastanie wie ein Schutzengel bis in meine Träume begleitete.

Unvermeidlich rief sie die Erinnerung wach an die Esskastanien, die wir früher mit Mama und Sumi gesammelt und im Ofen geröstet hatten. Aber es war ein schönes Gefühl, daran zu denken, nur noch von einem ganz leichten Schmerz durchzogen, der nicht wehtat, sondern wie eine Sehnsucht nach einstigem Glück daherkam – das war ein deutliches Zeichen, dass ich mich verändert hatte. Die Erinnerungen bedrohten mich nicht mehr, auch meine Träume, in denen ich meine Ané traf, wandelten sich: Während ich sie jahrelang nur umgeben von Requisiten der düsteren und blutigen Mordnacht gesehen hatte, macht sie heute in meinen Träumen ein Picknick, oder ich schaue ihr über die Schulter, wie sie ein kurdisches Festmahl zubereitet. Sie hat sich die Haare wachsen lassen, sie ist schöner als je zuvor, und sie lächelt mich, die ihr als erwachsene junge Frau gegenübersteht, zuversichtlich an. Wir umarmen uns lange, und ich flüstere ihr dabei zu: »Ich liebe dich, Mama.« Für mich sind das Momente des Glücks, in all den Jahren nach Mamas Tod habe ich mich danach gesehnt – als Kind hatte ich sie doch hauptsächlich angemotzt.

Der Fernseher ist heute nur noch Dekoration im Wohnzimmer, als Familienersatz brauche ich ihn nicht mehr, ich habe jetzt Mama wieder. Ich schalte ihn höchstens noch für meine Netflix-Serien ein, die ich mir am liebsten mit meinem Partner anschaue, der mich auf den Geschmack gebracht hat. Er steht mir sehr nahe, aber ich bin auch gern für mich. Während mir früher das Alleinsein Angst machte, erfreue ich mich heute an der Ruhe, die mich zur Besinnung kommen lässt. Ich brauche keinen Mann an meiner Seite, um mich zu Hause, aufgehoben zu fühlen, das Licht zu dimmen, ein Glas Rotwein zu trinken und den guten Appenzeller zu vertilgen. Mein Glück ist nicht von anderen abhängig. Ich warte nicht darauf, dass jemand mir Blumen schenkt. Ich kaufe sie mir selbst, besonders an schlechten Tagen hole ich sie in großen Mengen in meine Wohnung. Wenn sie bei mir sind, entspanne ich.

In den Blumenkästen meines Balkons habe ich Dutzende von Sonnenblumen gezogen. Im letzten Sommer wetteiferten sie mit der Sonne, die schon am Morgen ihre Strahlen zu ihnen schickte. Wenn ich dort mit einem Cappuccino sitze und auf den Kastanienbaum blicke, weiß ich, dass ich im nächsten Frühjahr wieder die kleinen schwarzweißen Kerne in die Erde stecken werde.

DANKEN MÖCHTE ICH

Meiner *Mutter* für die Stärke, die sie mir vermacht hat, und den Mut, der ihr selbst zum Verhängnis wurde, mir aber ein zweites Leben geschenkt hat; und für ihre Liebe, die sie mir neben meinen fünf Geschwistern reichlich gegeben hat – bis heute ist sie mir gewärtig.

Meinem Bruder *Rezan* für seine Tapferkeit, für seine Ermutigung, endlich auszupacken, und für die schönen nervigen Kindheitserinnerungen; ach, Rezan, es tut mir leid, dass ich auch dich zurücklassen musste.

Meinem Bruder *Dogan*, weil er immer ein guter Bruder und ein noch besserer Sohn war. Ehrgeiz und Hartnäckigkeit lernte ich von ihm.

Meiner Schwester *Anna*, die mir mehr bedeutet, als sie selbst weiß; für den Weg, den sie mit mir zusammen geht, für den Ruck, den ich brauchte, als sie – noch vor mir – erkannte, dass wir beide die Chance hatten, unser Leben zu wenden; durch sie begriff ich erst, dass es sich lohnen würde zu kämpfen.

Den *Frauen von Papatya*, die mir Schwimmflügel anlegten, als ich bei ihnen angeschwemmt wurde.

Herrn Wilke, unserem Opferschutzbeauftragten, der uns nie aus den Augen verlor, der da war, wenn wir ihn brauchten – gäbe es doch mehr Menschen wie ihn!

Linda, die meine zupackende Lotsin durch die Wirren und Abgründe eines neuen Anfangs war.

Meinem Partner, *meinem Freund*, von dem ich viel lerne und der mir einmal mehr zeigt, wie eine gleichberechtigte Beziehung gelingen kann; der mir Schutz und Geborgenheit schenkt, wenn ich Zuflucht suche; der mit mir lachen kann wie kein anderer.

Dem *Piper Verlag* für das Vertrauen, das er in mich setzte, und dass er mit meiner nicht unkomplizierten Autorenexistenz umzugehen weiß.

Yasemin für ihren unmissverständlichen Rat, mich ans Schreiben zu machen – sie hat etwas in mir gesehen, was ich damals selbst noch nicht sah, und mich dann in die einzig richtigen und besten Hände gelegt: die meiner *Lektorin.*

Ihr danke ich für die Geduld, für die Ermunterung, für die langen Gespräche mit Worten, die nicht spurlos an mir vorübergegangen sind. Sie ist für mich nicht nur eine erfahrene Begleiterin durch die Wirren der Erinnerungswelten gewesen, von der ich mich verstanden fühlte und der ich, die stets Misstrauische, ohne zu zögern mein Vertrauen schenken konnte, sondern auch ein prägendes Vorbild.